How to 新HSK 모의고사 해설집 1·2급

지은이 한국중국어교육개발원
펴낸이 임준현
펴낸곳 넥서스CHINESE

초판 1쇄 인쇄 2011년 1월 5일
초판 1쇄 발행 2011년 1월 10일

출판신고 2001년 12월 5일 제313-2005-00004호
121-840 서울시 마포구 서교동 394-2
Tel (02)330-5500 Fax (02)330-5555

ISBN 978-89-5795-189-7 13720
      978-89-5795-183-5 (세트)

저자와 출판사의 허락 없이 내용의 일부를 인용하거나
발췌하는 것을 금합니다.
저자와의 협의에 따라서 인지는 붙이지 않습니다.

가격은 뒤표지에 있습니다.
잘못 만들어진 책은 구입처에서 바꾸어 드립니다.

www.nexusbook.com
넥서스CHINESE는 (주)도서출판 넥서스의 중국어 전문 브랜드입니다.

How to
新 HSK
모의고사 해설집

한국중국어교육개발원 지음

1/2급

넥서스CHINESE

序言

这套《How to 新HSK模拟考试》是为想通过中国新汉语水平考试一级到六级的外国学习者编写的辅导材料。它可以用作考前辅导班培训教材，也可作自测用书。

本套书以中华人民共和国国家汉办制定的《新汉语水平考试大纲》为依据，在模拟《新汉语水平考试样卷》的基础上写成的。本套书分为《六级试题集》、《六级解说集》、《五级试题集》、《五级解说集》、《四级试题集》、《四级解说集》、《三级试题集》、《三级解说集》、《一、二级试题集》、《一、二级解说集》共十册，是迄今为止最新最全的新HSK试题集和解说集。

《六级试题集》、《五级试题集》、《四级试题集》、《三级试题集》各由五套模拟题组成。《一、二级试题集》由一级四套题和二级四套题组成。每套题又包含三部分内容：试题（听力、阅读、书写）、参考答案及听力文本。《六级解说集》、《五级解说集》、《四级解说集》、《三级解说集》、《一、二级解说集》包含试题翻译和答案说明。

试题在词汇的选择上紧紧围绕着新考试词汇大纲，旨在帮助考生扩大词汇量、掌握新HSK相关词汇，为考生扫清词汇上的障碍。本书的语法点是参照样题及真题的语法项目进行设计的，突出考试重点。听力材料丰富、话题新颖、贴近生活，是当下人们感兴趣的话题，也是新汉语水平考试极易选择的话题。阅读部分的模拟题相对听力要难一些，这正是阅读题的特点，考生不要畏惧，只要坚持，必有成效。总体说来，这套《How to 新HSK模拟考试》，难度适宜、题量适中、取材广泛、内容丰富、体裁多样、测试点明确、覆盖面广。解说集的试题翻译和答案说明也很有实用价值。说明的内容具体周到，说明用语浅显易懂，易于理解。

该套书每个主编都具有多年的对外汉语教学经验，熟悉汉语水平考试的内容，主编过多部汉语水平考试著作。相信这本书一定能为您顺利通过各级考试助一臂之力！

作者

머리말

新HSK 1, 2급 시험을 보려는 수험생들은 대부분 본인의 실력에 대해 점검해 보고 싶어하거나, 新HSK 문제에 빨리 적응하고 싶어합니다. 이러한 新HSK 1, 2급 수험생들의 필요를 충족시키기 위하여, 본 〈How to 新HSK 모의고사 해설집 1·2급〉은 각 영역별 문제에 빠르게 적응하고 효과적으로 학습할 수 있도록 심혈을 기울여 집필되었습니다.

1 우리말 해석은 중국어를 학습한 지 오래되지 않은 新HSK1, 2급 수험생들을 위하여 되도록 직역 위주의 해석을 하여 문장 속에서 단어 하나하나가 어떻게 활용되고 있는지 볼 수 있도록 하였습니다.

2 해설은 문법적인 지식이 없는 학습자라 할지라도 문제를 잘 이해할 수 있도록 쉽게 접근하였으며, 필요한 경우에는 부가적인 설명을 덧붙여 이해를 도왔습니다. 또한 해설을 통하여 학습자가 중국어의 문장 구조를 바르게 숙지할 수 있도록 염두에 두고 해설하였습니다.

3 듣기와 독해 영역은 문제를 푸는 데 관건이 되는 주요 표현과 어휘를 별도로 정리하였습니다.

4 1, 2급에 도전하는 수험생들이 놓쳐서는 안 되는 기본적이고 중요한 어휘와 어법 사항은 Tip으로 정리하여 이해를 도왔습니다.

5 각 문제마다 외워야 할 단어를 정리하였고 뜻과 더불어 품사까지 반복하여 정리함으로써 이후의 HSK 공부에도 도움이 되도록 하였습니다.

HSK에 첫발을 내딛는 수많은 수험생들이 HSK에 흥미를 가지고 한 단계 한 단계 성장할 생각을 하니 감사하고 벅찹니다. 출간에 이르기까지 아낌없는 도움과 조언을 주신 넥서스 편집진, 박용호 선생님께 깊은 감사의 말씀을 전합니다.

이지혜

이 책의 특징 및 활용법

문제
문제집을 다시 보지 않고 해설집만으로도 학습할 수 있도록 문제집의 문제를 그대로 다시 한 번 수록하였습니다.

해석
원문과 해석을 대조하기 편하도록 문제 바로 옆에 해석을 제시하였습니다.

정답 표시
정답을 한눈에 바로 체크할 수 있도록 굵은 글씨로 표시하였습니다.

단어
주요 단어의 뜻과 발음을 정리하여 어휘 학습에도 도움이 되도록 하였습니다. 또한 단어의 품사를 정확히 파악할 수 있도록 표시해 주었고, 여러 품사의 단어일 경우 품사별로 나누어 주었습니다.
(품사별 약어는 p7 하단 박스 참조)

해설
문제에 대한 해설을 상세히 달아 이해를 도왔습니다.

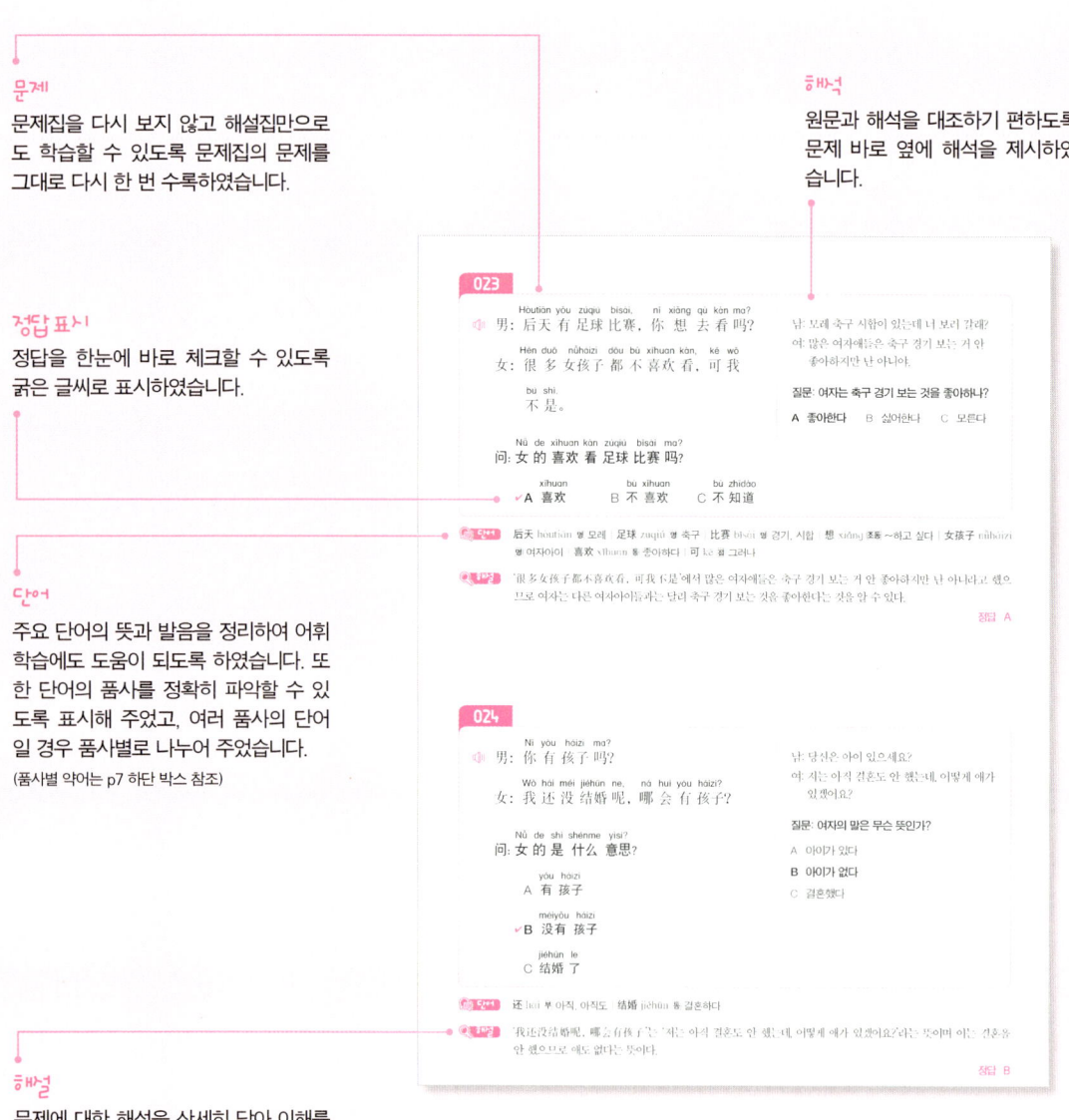

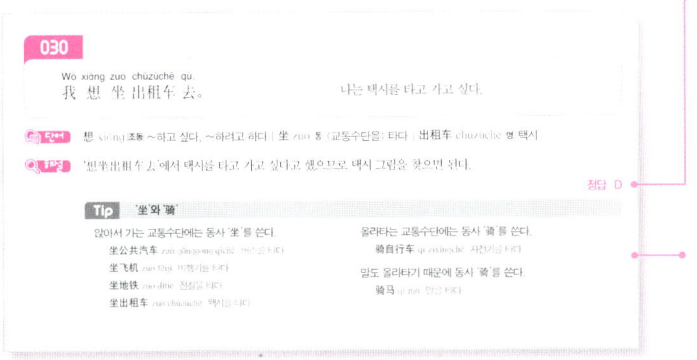

정답
답안지에 기재되는 최종 정답을 제시하였습니다.

Tip
문제와 관련된 어휘나 어법에 대한 Tip을 달아 학습자들이 효과적으로 학습할 수 있도록 하였습니다.

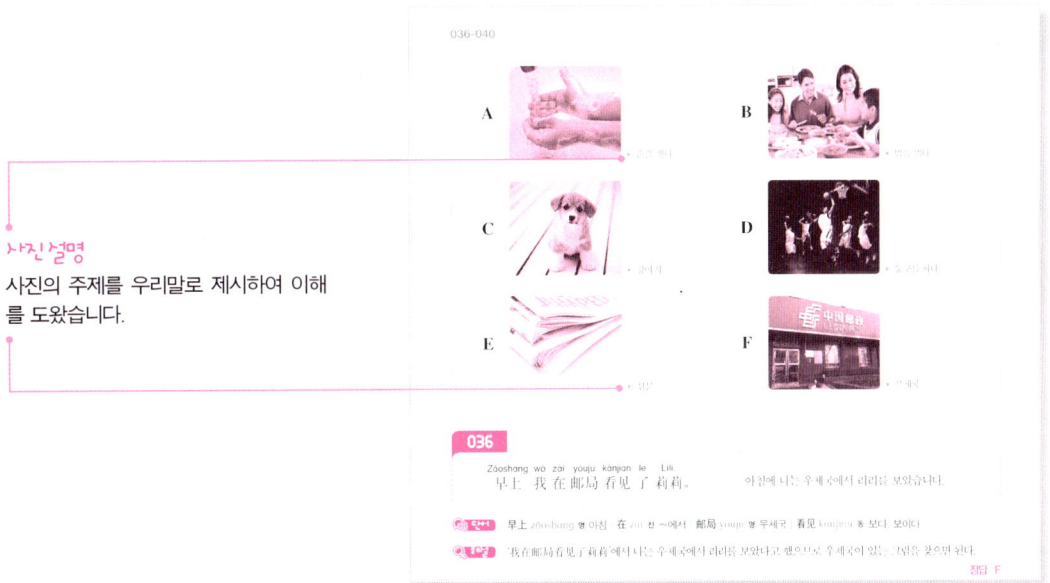

사진설명
사진의 주제를 우리말로 제시하여 이해를 도왔습니다.

약어

명 → 명사	동 → 동사	대 → 대사	형 → 형용사	부 → 부사	전 → 전치사
접 → 접속사	수 → 수사	감 → 감탄사	조 → 조사	양 → 양사	조동 → 조동사
수량 → 수량사	접미 → 접미사				

차례

머리말	4
이 책의 특징 및 활용법	6
차례	8
新HSK 1급 유형별 공략법	9
1급 모의고사 1회 해설	17
1급 모의고사 2회 해설	39
1급 모의고사 3회 해설	61
1급 모의고사 4회 해설	83
新HSK 2급 유형별 공략법	105
2급 모의고사 1회 해설	115
2급 모의고사 2회 해설	151
2급 모의고사 3회 해설	187
2급 모의고사 4회 해설	225

新HSK 1급 유형별 공략법

1. 听力(듣기)

第一部分

유형 주어진 그림과 들려주는 내용이 일치하는지 일치하지 않는지 판단하는 문제이다.

공략법1 주어진 그림의 중국어 표현을 먼저 생각하라.

예

kàn shū
看 书
책을 보다

➡ 여자가 잠들어 있는 그림을 보고 먼저 '자다(睡觉)'라는 표현을 떠올려야 한다. 그 후에 녹음에서 나오는 단어가 예상한 표현과 일치하는지 일치하지 않는지 파악해서 문제를 풀어야 한다.

공략법2 상황별로 단어를 정리하라.

예

tīng
听
듣다

➡ 주어진 그림과 들려주는 내용은 일반적으로 서로 연관성이 있는 경우가 많다. 예문에 주어진 그림은 '보다(看)'이나 들려주는 내용은 '듣다(听)'이다. 이렇듯 '보다'라는 그림이 나왔을 때 '중국어'나 '딸' 등 동떨어진 상황의 단어가 나오지 않고 대부분 '듣다'나 '말하다' 등 연관된 단어가 나오기 때문에 평소에 연관 있는 단어를 정리하며 학습하는 것이 도움이 된다.

第二部分

유형 주어진 여러 그림 중 들려주는 내용과 일치하는 것을 찾는 문제이다.

공략법 1 핵심 단어를 찾아라.

예

A　　　✔B　　　C

◁)) Zhège píngguǒ hěn dà.
　　 这个 苹果 很 大。　　이 사과는 아주 크다.

➡ 어떠한 문장이든 말하고자 하는 핵심이 있기 마련이므로 들려주는 문장을 잘 듣고 말하고자 하는 바가 무엇인지 재빠르게 파악해야 한다. 예문에서는 '苹果(사과)'가 핵심 단어이므로 사과 그림을 선택해야 한다.

第三部分

유형 들려주는 내용과 일치하는 그림을 보기에서 찾는 문제이다.

공략법 1 그림을 파악하라.

들려주는 내용과 그림을 일치시키는 문제이므로 그림이 나타내고자 하는 것을 잘 파악하는 것도 중요하다. 그림의 포인트가 되는 부분이 무엇인지 파악해야 한다.

공략법 2 대화의 주제를 찾아라.

예

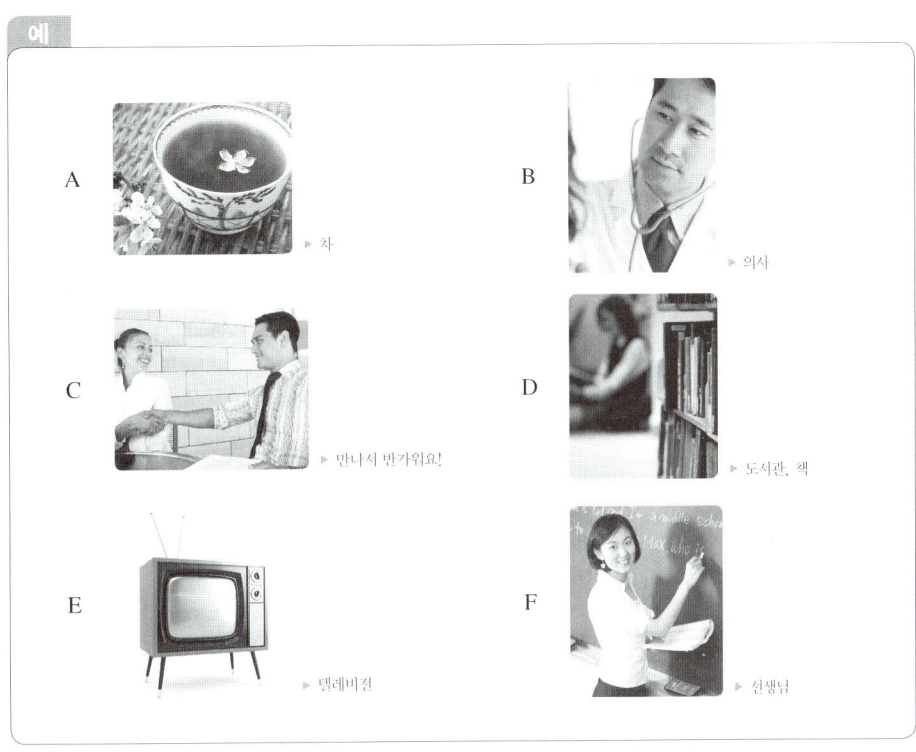

- A ▶ 차
- B ▶ 의사
- C ▶ 만나서 반가워요!
- D ▶ 도서관, 책
- E ▶ 텔레비전
- F ▶ 선생님

男: 她是谁? (Tā shi shéi?)
女: 她是我的老师。(Tā shi wǒ de lǎoshī.)

남: 그녀는 누구야?
여: 그녀는 우리 선생님이야.

⇒ 대화로 이루어졌기 때문에 대화의 주제를 파악하는 것이 중요하다. 예문에서는 그녀가 누구인지 묻고 있으므로 주제는 사람이고, 제시된 그림 중에서 사람과 관련된 그림이 답이라는 것을 알 수 있다. 이렇게 대략적인 주제를 찾은 후 '老师(선생님)'을 듣고 정확한 답을 찾아내야 한다.

第四部分

유형 내용을 듣고 질문에 알맞은 답을 고르는 문제이다. 대화문이 아니고 한 문장만 나오기 때문에 한 문장의 짧은 내용을 정확히 파악하는 것이 중요하다.

공략법 1 문장의 흐름을 읽어라.

예

Wǒ tóngwū yào qù tīng yīnyuèhuì.
我 同屋 要 去 听 音乐会。

Shéi qù tīng yīnyuèhuì?
问: 谁 去 听 音乐会?

  péngyou tóngxué
A 朋友 B 同学

  tóngwū
✓ C 同屋

내 룸메이트는 음악회에 가려고 한다.

질문: 누가 음악회에 가는가?

A 친구
B 학교 친구
C 룸메이트

⇒ 중국어 문장은 '누가/무엇을/어찌하다'로 구성되는데 문제에서는 이 중 '누가'를 묻든지, '무엇을'을 묻든지, '어찌하다'를 묻든지, 그 문장의 한 가지 포인트만 묻는다. 제시된 예문에서도 '我同屋要去听音乐会'라는 문장을 들려주고 '누가(谁)' 음악회에 가는지를 묻고 있다. 이렇듯 어느 부분이 문제가 될지 모르므로 문장 전체의 흐름을 잘 파악하는 것이 중요한데, 중국어의 기본 구조는 '주어+술어+목적어'이므로 제일 앞에 나오는 것이 주어이고, 가운데 제시된 말이 술어, 마지막이 목적어라는 것을 숙지하고 있으면 도움이 된다.

공략법 2 의문대사에 주목하라.

의문대사는 '谁(누가), 什么时候(언제), 哪儿(어디서), 什么(무엇을)' 등을 가리킨다. 이러한 의문대사를 사용하여 질문하는 문제는 어떤 의문대사로 물어보는지 파악하는 것이 문제를 푸는 열쇠이다. '지금 몇 시입니까?'는 '现在几点?'이고 '지금 3시입니다.'는 '现在三点'인 것처럼 중국어는 평서문과 의문대사를 사용한 의문문의 어순이 다르지 않다는 것도 알아 두자.

예

Huǒchēzhàn zài yīyuàn de qiánmiàn.
火车站 在 医院 的 前面。

Huǒchēzhàn zài nǎr?
问: 火车站 在 哪儿?

  yīyuàn qiánmiàn
✓ A 医院 前面

  yīyuàn hòumiàn
B 医院 后面

  yīyuàn lǐmiàn
C 医院 里面

기차역은 병원 앞에 있다.

질문: 기차역은 어디에 있나?

A 병원 앞
B 병원 뒤
C 병원 안

⇒ 질문에서 '哪儿'이라고 물어봤기 때문에 장소를 묻는 문제임을 알 수 있다. 장소는 흔히 '在~'로 나타내므로 '火车站在(기차역은 ~에 있다)'뒤에 이어져 나왔던 '医院的前面'이 답이다.

2. 阅读(독해)

第一部分

유형 제시된 그림과 단어의 의미가 일치하는지 일치하지 않는지 파악하는 문제이다.

공략법1 제시된 단어를 정확하게 파악하라.

⇨ 제시된 그림도 책이고 제시어도 '书'이다. 그러나 제시된 그림은 책이 한 권이고, 제시어는 '三本书' 즉, '책 세 권'이다. 정확하게 파악하지 않고 책만 보고 일치한다고 생각하지 않도록 해야 한다.

第二部分

유형 제시된 문장을 보고 보기에서 일치하는 그림을 찾는 문제이다.

공략법1 그림을 파악하라.

주어진 문장과 그림을 일치시키는 문제이므로 그림이 나타내고자 하는 것을 잘 파악하는 것도 중요하다. 그림의 포인트가 되는 부분이 무엇인지 파악해야 한다.

공략법 2 핵심 단어를 파악하라.

예

	Tā hěn xǐhuan yóuyǒng.	
	他 很 喜欢 游泳。	그는 수영하는 것을 좋아한다.

⇒ 예문의 핵심 단어는 '游泳'이다. 한 문장의 핵심 단어는 일반적으로 한 개이므로 핵심 단어를 정확하게 파악해야 문제를 풀 수 있다.

第三部分

유형 주어진 질문에 알맞은 대답을 찾아 연결하는 문제이다.

공략법 1 보기를 정확히 파악하라.

A부터 F까지의 보기를 잘 파악하는 것이 문제 풀이의 기본이다. 보기는 주로 '시간, 날짜, 장소, 교통수단' 등이 제시된다.

공략법 2 질문 내용을 파악하라.

제시된 질문에 어울리는 적절한 대답을 보기 중에서 찾아 대화문을 구성하는 문제이다. 그러므로 질문 내용을 잘 파악하여 무엇을 묻고 있는지 알아 내야 한다.

예

	jīdàn		xiàwǔ sān diǎn		Wǒ yǒu yí ge nǚ'ér.
A	鸡蛋	B	下午 三 点	C	我 有 一 个 女儿。
	계란		오후 3시		나는 딸이 하나 있다.
	Zhōngguógē		shì		Hǎo de, xièxie!
D	中国 歌	E	是	F	好 的，谢谢！
	중국 노래		그렇다		좋아, 고마워!

Nǐ xǐhuan chī shénme?
你 喜欢 吃 什么?   너는 무엇을 먹는 걸 좋아하니?

Jīdàn.
A 鸡蛋。   A 계란.

⇒ 예문에서 무엇을 먹는 걸 좋아하냐고 물었으므로 대답으로는 먹을 수 있는 것이 와야 한다는 것을 알 수 있다. 또한 '吃什么'라고 물었으므로 '吃鸡蛋'으로 쓸 수 있는지 확인하여 검토해 볼 수 있다.

第四部分

유형 문장 속 괄호에 들어갈 알맞은 단어를 보기 중에서 찾는 문제이다.

공략법 1 보기를 정확히 파악하라.

A부터 F까지의 보기를 잘 파악하는 것이 문제 풀이의 기본이다. 보기에 나온 단어들의 뜻, 품사나 쓰임 등을 정확히 파악해야 괄호에 알맞은 단어를 넣어 문장을 완성할 수 있다.

예

	huì		ne		hàomǎ
A	会	B	呢	C	号码
	~할 수 있다		동작의 진행		번호
	míngzi		tiānqì		zěnme
D	名字	E	天气	F	怎么
	이름		날씨		어떻게, 왜

공략법 2 앞뒤 문맥을 파악하라.

한 문장 속에 괄호가 있으므로 괄호의 앞뒤 문맥을 보고 들어갈 단어를 선택해야 한다.

예

女: 你的电话 C 号码 是多少?
　　Nǐ de diànhuà　hàomǎ shì duōshao?

男: 33244789。
　　Sān sān èr sì sì qī bā jiǔ.

여: 네 전화 C 번호는 몇 번이니?
남: 3324-4789입니다.

⇒ 예문에서 괄호 앞이 '너의 전화'이며 대답이 '33244789'이므로 문맥상 '너의 전화번호'를 묻고 있음을 알 수 있다. 이렇듯 괄호 앞뒤의 내용을 파악하여 단어를 선택해야 한다.

新HSK 모의고사 1級

1회 해설

一、听力

第一部分

● 1~5번 : 들려주는 내용과 그림이 일치하는지 판단해 보세요.

001

zuò qìchē
坐 汽车
차를 타다

단어 坐 zuò 동 (교통수단을) 타다 | 汽车 qìchē 명 자동차

해설 '坐汽车'는 '차를 타다'는 뜻이므로 사람들이 버스에 타고 있는 그림과 일치한다.

정답 ✓

002

kàn shū
看 书
책을 보다

단어 看 kàn 동 보다 | 书 shū 명 책

해설 '看书'는 '책을 보다'는 뜻인데 자고 있는 그림이므로 일치하지 않는다. '자다'는 '睡觉 shuìjiào'이다.

정답 ✗

Tip	看 + 목적어
看电影 kàn diànyǐng 영화를 보다	看电视 kàn diànshì TV를 보다	看书 kàn shū 책을 읽다

003

🔊 bā diǎn
八 点
8시

🔖 **단어** 八 bā ㊛ 8, 여덟 | 点 diǎn ㊛ 시

🔍 **해설** '八点'은 '8시'라는 뜻이므로 8시를 가리키고 있는 그림과 일치한다.

정답 ✓

004

🔊 kàn diànshì
看 电视
텔레비전을 보다

🔖 **단어** 电视 diànshì ㊐ 텔레비전

🔍 **해설** '看电视'는 '텔레비전을 보다'라는 뜻인데 여자가 책을 보는 그림이므로 일치하지 않는다. '책을 보다'는 '看书 kàn shū'이다.

정답 ✗

005

🔊 bàba
爸爸
아빠

🔍 **해설** '爸爸'는 '아빠'라는 뜻인데 그림에 여자가 나왔으므로 일치하지 않는다. 엄마는 '妈妈 māma'이다.

정답 ✗

> **Tip** 가족관계
>
> 爷爷 yéye 할아버지   妈妈 māma 엄마, 어머니   弟弟 dìdi 남동생
> 奶奶 nǎinai 할머니   哥哥 gēge 형, 오빠   妹妹 mèimei 여동생
> 爸爸 bàba 아빠, 아버지   姐姐 jiějie 누나, 언니

第二部分

● 6~10번 : 들려주는 내용을 잘 듣고, 알맞은 그림을 고르세요.

006

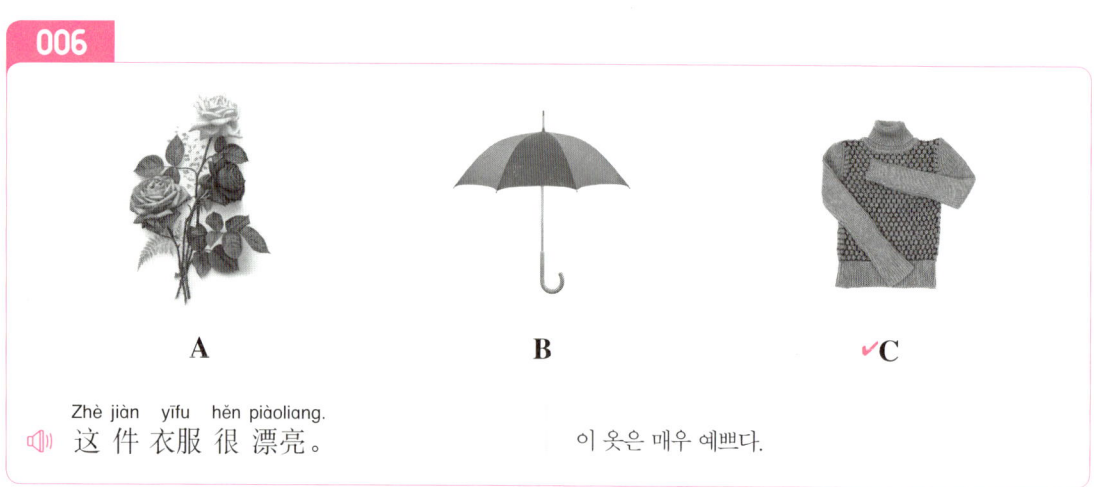

Zhè jiàn yīfu hěn piàoliang.
这 件 衣服 很 漂亮。

이 옷은 매우 예쁘다.

단어 这 zhè 때 이 | 件 jiàn 양 벌, 건(옷이나 물건 등을 세는 단위) | 衣服 yīfu 명 옷 | 很 hěn 부 매우, 아주 | 漂亮 piàoliang 형 예쁘다

해설 예쁜 것은 '这件衣服' 즉, '이 옷'이기 때문에 옷 그림을 선택해야 한다. 꽃은 '花 huā'이고, 우산은 '雨伞 yǔsǎn'이다.

정답_ C

007

Tā de gèzi hěn gāo.
他 的 个子 很 高。

그의 키는 매우 크다.

단어 他 tā 때 그, 그 사람 | 的 de 조 관형어 뒤에 쓰여, 관형어와 중심어 사이가 수식 관계임을 나타냄 | 个子 gèzi 명 (사람의) 키 | 高 gāo 형 높다, (키가) 크다

해설 '个子很高'에서 키가 크다고 했으므로 키가 큰 사람이 있는 그림을 선택해야 한다. 뚱뚱하다는 '胖 pàng'이고, 키가 작다는 '矮 ǎi'이다.

정답_ B

Tip 용모와 관련된 단어

| 高 gāo (키가) 크다 | 胖 pàng 뚱뚱하다 | 帅 shuài 잘생기다, 멋지다 |
| 矮 ǎi (키가) 작다 | 瘦 shòu 마르다, 여위다 | 漂亮 piàoliang 예쁘다, 아름답다 |

008

A

✓B

C

Jīntiān hěn rè.
今天 很 热。

오늘은 매우 덥다.

단어 今天 jīntiān 명 오늘 | 热 rè 형 덥다, 뜨겁다

해설 '很热'에서 매우 덥다고 했으므로 부채로 햇빛을 가리고 있는 그림을 선택해야 한다. 바람이 분다는 '刮风 guā fēng'이고, 비가 내린다는 '下雨 xià yǔ'이다.

정답 B

009

A

✓B

C

Zhōngguó cài hěn hǎochī.
中国 菜 很 好吃。

중국 요리는 아주 맛있다.

단어 中国 Zhōngguó 명 중국 | 菜 cài 명 요리 | 好吃 hǎochī 형 맛있다

해설 맛있는 것은 '中国菜'라고 했으므로 중국 음식인 '北京烤鸭' 그림을 선택해야 한다. 빵은 '面包 miànbāo'이고, 과일은 '水果 shuǐguǒ'이다.

정답 B

Tip 烤鸭 kǎoyā

'北京烤鸭(베이징 오리구이)'는 베이징의 전통 요리이자 중국의 유명한 요리이다. 껍질은 바삭하고 고기는 느끼하지 않고 부드러워 중국을 찾는 이들은 반드시 맛보길 원하는 요리이다.

010

 A

B　　　✓C

🔊 Wǒ hěn xǐhuan māma.
　　我 很 喜欢 妈妈.　　　　　　　나는 엄마를 아주 좋아한다.

단어　我 wǒ 대 나, 저 | 喜欢 xǐhuan 동 좋아하다 | 妈妈 māma 명 엄마

해설　'喜欢妈妈'에서 엄마를 좋아한다고 했으므로 엄마와 아이가 서로 안고 있는 그림을 선택해야 한다. 형은 '哥哥 gēge', 남동생은 '弟弟 dìdi'이며, 아빠는 '爸爸 bàba'이다.

정답_ C

第三部分

● 11~15번 : 들려주는 대화를 잘 듣고, 보기에서 알맞은 그림을 찾아 보세요.

011-015

011

男: Zhè jiàn yīfu duōshao qián?
　　这 件 衣服 多少 钱?

女: Bāshí kuài.
　　八十 块。

남: 이 옷은 얼마예요?
여: 80위안입니다.

단어 这 zhè 때 이 | 件 jiàn 양 벌, 건(옷이나 물건 등을 세는 단위) | 衣服 yīfu 명 옷 | 多少 duōshao 때 얼마, 몇 | 钱 qián 명 돈, 화폐 | 八十 bāshí 수 80 | 块 kuài 양 '元'에 해당하는 중국의 화폐 단위

해설 '这件衣服多少钱?'에서 옷의 가격을 묻고 있으므로 옷이 있는 그림을 찾으면 한다.

정답_ B

Tip 중국의 화폐 단위

문어체 – 元 yuán, 角 jiǎo, 分 fēn
구어체 – 块 kuài, 毛 máo, 分 fēn
2.00元 : 两块 liǎng kuài
17.5元 : 十七块五(毛) shíqī kuài wǔ (máo)
32.84元 : 三十二块八毛四(分) sānshí'èr kuài bā máo sì (fēn)

012

男: Nǐ ài chī shénme shuǐguǒ?
　　你 爱 吃 什么 水果?

女: Wǒ ài chī píngguǒ.
　　我 爱 吃 苹果。

남: 당신은 어떤 과일을 즐겨 드세요?
여: 난 사과를 좋아해요.

단어 你 nǐ 대 너, 당신 | 爱 ài 동 ~하기를 좋아하다, 사랑하다 | 吃 chī 동 먹다 | 什么 shénme 대 무슨, 무엇 | 水果 shuǐguǒ 명 과일 | 苹果 píngguǒ 명 사과

해설 '爱吃苹果'에서 좋아하는 과일이 사과라고 했으므로 사과가 있는 그림을 찾으면 한다.

정답_ A

013

男: Nǐ qù nǎr le?
　　你 去 哪儿 了?

女: Wǒ qù Zhōngguó le.
　　我 去 中国 了。

남: 너 어디 갔었니?
여: 난 중국에 갔었어.

단어 去 qù 동 가다 | 哪儿 nǎr 대 어느 곳, 어디 | 中国 Zhōngguó 명 중국

해설 '去中国了'에서 중국에 갔었다고 했으므로 중국 베이징에 있는 톈안먼 그림을 찾으면 한다. 톈안먼은 '天安门 Tiān'ānmén'이다.

정답_ D

> **Tip** 天安门
>
> 중국 베이징에 위치한 톈안먼은 우리나라에서는 자금성이라고 불리는 건축물로서 방이 999개에 이르러 궁궐로는 세계 최대 규모를 자랑하고 있다. 현재 톈안먼 앞엔 톈안먼 광장이 있으며 톈안먼 광장 좌우로 중국역사박물관과 인민대회당이 있다.

014

男: Tāmen zài zuò shénme ne?
他们 在 做 什么 呢?

女: Tāmen zài shàngkè ne.
他们 在 上课 呢。

남: 그들은 무엇을 하고 있나요?
여: 그들은 수업하고 있어요.

단어 他们 tāmen 때 그들, 저들 | 在 zài 분 마침 ~하고 있다 | 做 zuò 동 하다 | 上课 shàngkè 동 수업을 듣다, 수업을 하다

해설 '在上课呢'에서 수업하고 있다고 했으므로 교실에서 수업을 받고 있는 학생들의 그림을 찾으면 한다. '在'가 동사 바로 앞에 오면 마침 그 동작을 하고 있다는 뜻이다.

정답 **F**

015

男: Nǐ xǐhuan Zhōngguó cài ma?
你 喜欢 中国 菜 吗?

女: Wǒ xǐhuan Zhōngguó cài.
我 喜欢 中国 菜。

남: 넌 중국 요리를 좋아하니?
여: 난 중국 요리를 좋아해.

단어 喜欢 xǐhuan 동 좋아하다 | 菜 cài 명 요리 | 吗 ma 조 문장 끝에 쓰여 의문의 어기를 나타냄

해설 '喜欢中国菜'에서 중국 요리를 좋아한다고 했으므로 중국 음식이 있는 그림을 찾으면 한다.

정답 **E**

第四部分

● 16~20번 : 들려주는 내용을 잘 듣고, 질문에 알맞은 답을 고르세요.

016

Wǒ míngtiān qù Běijīng.
我 明天 去 北京。

Tā míngtiān qù nǎr?
问: 他 明天 去 哪儿?

　　　Běijīng　　　　Shànghǎi　　　　Shǒu'ěr
✓A 北京　　　B 上海　　　C 首尔

나는 내일 베이징에 간다.

질문: 그는 내일 어디에 가나?

A 베이징　　　B 상하이　　　C 서울

단어 明天 míngtiān 명 내일 | 去 qù 동 가다 | 北京 Běijīng 명 베이징 | 哪儿 nǎr 대 어디 | 上海 Shànghǎi 명 상하이 | 首尔 Shǒu'ěr 명 서울

해설 '我明天去北京'에서 내일 베이징에 간다는 것을 알 수 있다.

정답_ A

017

Míngtiān xiàwǔ, wǒ hé péngyou qù gōngyuán
明天 下午, 我 和 朋友 去 公园

wánr.
玩儿。

Tā hé shéi qù gōngyuán?
问: 他 和 谁 去 公园?

　　lǎoshī　　　　péngyou　　　　tóngxué
A 老师　　✓B 朋友　　　C 同学

내일 오후에 나는 친구와 같이 공원에 놀러 간다.

질문: 그는 누구와 공원에 가나?

A 선생님　　B 친구　　　C 학교 친구

단어 下午 xiàwǔ 명 오후 | 和 hé 전 ~와(과) | 朋友 péngyou 명 친구 | 公园 gōngyuán 명 공원 | 玩儿 wánr 동 놀다, 장난하다 | 谁 shéi 대 누구 | 老师 lǎoshī 명 선생님 | 同学 tóngxué 명 학우, 학교 친구

해설 '我和朋友去公园玩儿'에서 친구와 함께 공원에 간다는 것을 알 수 있다.

정답_ B

018

🔊
Wǒ jiā yǒu wǔ kǒu rén.
我 家 有 五 口 人。

　　Tā jiā yǒu jǐ kǒu rén
问: 他 家 有 几 口 人?

　　sān kǒu rén
A 三 口 人

　　sì kǒu rén
B 四 口 人

　　wǔ kǒu rén
✓C 五 口 人

우리 집은 다섯 식구이다.

질문: 그의 집 식구는 몇 명인가?

A 세 식구
B 네 식구
C 다섯 식구

단어 家 jiā 명 집 | 有 yǒu 동 있다 | 口 kǒu 양 식구(사람을 세는 단위) | 人 rén 명 사람

해설 '我家有五口人'에서 그의 집 식구는 다섯 명임을 알 수 있다.

정답_ C

> **Tip** 사람을 세는 양사 '口 kǒu'
> 사람을 세는 양사는 주로 '个'나 '位'를 쓰지만 '식구'를 셀 때는 '口'를 쓴다. 세 식구는 '三口人'이다.

019

🔊
Wǒ liù diǎn qǐchuáng.
我 六 点 起床。

　　Tā jǐ diǎn qǐchuáng?
问: 他 几 点 起床?

　　wǔ diǎn   liù diǎn   qī diǎn
A 五 点   ✓B 六 点   C 七 点

나는 6시에 일어난다.

질문: 그는 몇 시에 일어나는가?

A 5시　　B 6시　　C 7시

단어 六 liù 수 6, 여섯 | 点 diǎn 양 시 | 起床 qǐchuáng 동 일어나다 | 几 jǐ 수 몇

해설 '六点起床'에서 6시에 일어난다는 것을 알 수 있다.

정답_ B

020

🔊 Jīntiān shì wǔ yuè sān hào, xīngqīsì.
今天 是 五 月 三 号, 星期四。

Jīntiān shì xīngqī jǐ?
问: 今天 是 星期 几?

　　xīngqīsān　　　　xīngqīwǔ　　　　xīngqīsì
A 星期三　　B 星期五　　✓C 星期四

오늘은 5월 3일, 목요일이다.

질문: 오늘은 무슨 요일인가?

A 수요일　　B 금요일　　C 목요일

단어 今天 jīntiān 몡 오늘 | 是 shì 통 ~이다 | 月 yuè 몡 달, 월 | 号 hào 몡 일 | 星期四 xīngqīsì 몡 목요일 | 星期三 xīngqīsān 몡 수요일 | 星期五 xīngqīwǔ 몡 금요일

해설 문장 중에 '五月三号'와 '星期四'가 나왔지만 문제에서 요일을 묻고 있으므로 오늘은 목요일임을 알 수 있다.

정답_ C

Tip '日'와 '号'

회화에서 '1월 1일'을 말할 때 '一月一号'라고 한다. '日'도 사용하기는 하나, 일반적으로 편지나 일기 등 문어체에서 주로 쓰고, 회화에서는 '号'를 주로 쓴다.

二、阅读

第一部分

● 21~25번 : 제시된 그림과 단어의 의미가 일치하는지 판단해 보세요.

021

tā
她
그녀

해설 '她'는 3인칭 중에서도 남자가 아닌 여자를 가리키는 '그녀'라는 뜻이므로 남자가 나온 그림과 일치하지 않는다. 남자를 가리키는 '그'는 '他 tā'이다.

정답 ×

022

tóngxué
同学
학교 친구

해설 '同学'는 같이 공부하는 친구인 '학교 친구나 동창'을 뜻하는 단어이므로 두 아이가 교실에서 수업을 받는 그림과 일치한다.

정답 ✓

023

zuò
坐
앉다

🔍 해설 '坐'는 '앉다'라는 뜻인데 그림은 사람이 서 있으므로 일치하지 않는다. 서다는 '站 zhàn'이다.

정답_ ✗

Tip 여러 가지 동작

坐 zuò 앉다　　躺 tǎng 눕다　　跑 pǎo 뛰다
站 zhàn 서다　　走 zǒu 걷다

024

yǐzi
椅子
의자

🔍 해설 '椅子'는 '의자'라는 뜻인데 그림에는 책상이 제시되어 있으므로 일치하지 않는다. 탁자나 책상은 '桌子 zhuōzi'이다.

정답_ ✗

025

cài
菜
요리

🔍 해설 '菜'는 '요리'라는 뜻으로 그림에 많은 요리가 있으므로 그림과 일치한다.

정답_ ✓

第二部分

● 26~30번 : 제시된 문장과 일치하는 그림을 보기에서 찾아 보세요.

026-030

A ▶ 선생님
B ▶ 자전거
C ▶ 책
D ▶ 일하다
E ▶ 책을 보다
F ▶ 6식구

026

Tā zài gōngsī gōngzuò.
他 在 公司 工作。

그는 회사에서 일한다.

단어 在 zài 젠 ~에서 | 公司 gōngsī 몡 회사 | 工作 gōngzuò 동 일하다

해설 '在公司工作'에서 회사에서 일한다고 했으므로 남자가 일을 하고 있는 그림을 찾으면 된다.

정답 D

027

Shéi shì nǐmen de lǎoshī?
谁 是 你们 的 老师?

누가 너희 선생님이시니?

단어 谁 shéi 대 누구 | 是 shì 동 ~이다 | 你们 nǐmen 대 너희들, 당신들 | 的 de 조 관형어 뒤에 쓰여, 관형어와 중심어 사이가 수식 관계임을 나타냄 | 老师 lǎoshī 명 선생님

해설 '谁是你们的老师?'에서 누가 선생님인지 묻고 있으므로 선생님 그림을 찾으면 된다.

정답_ A

028

Tā míngtiān qù shūdiàn mǎi shū.
他 明天 去 书店 买 书。

그는 내일 서점에 책을 사러 갈 것이다.

단어 明天 míngtiān 명 내일 | 去 qù 동 가다 | 书店 shūdiàn 명 서점 | 买 mǎi 동 사다 | 书 shū 명 책

해설 '去书店买书'에서 서점에 가서 책을 산다고 했으므로 책이 있는 그림을 찾으면 된다.

정답_ C

029

Wǒ de zìxíngchē zěnmeyàng?
我 的 自行车 怎么样?

내 자전거 어때?

단어 自行车 zìxíngchē 명 자전거 | 怎么样 zěnmeyàng 대 어떻다, 어떠하다

해설 '我的自行车'에서 내 자전거라고 했으므로 자전거 그림을 찾으면 된다.

정답_B

Tip 怎么样

'어떻다, 어떠하다'는 뜻으로 '~이 어떠하니?'와 같이 의문문에 쓰인다.

我的衣服怎么样? Wǒ de yīfu zěnmeyàng? 내 옷 어때?
这个汉语书怎么样? Zhège Hànyǔshū zěnmeyàng? 이 중국어 책은 어때?
北京怎么样? Běijīng zěnmeyàng? 베이징은 어때?

030

Wǒ jiā yǒu liù kǒu rén.
我 家 有 六 口 人。

우리 가족은 여섯 식구입니다.

단어 家 jiā 명 가정, 집안 | 有 yǒu 동 있다 | 口 kǒu 양 식구(사람을 세는 단위) | 人 rén 명 사람

해설 '我家有六口人'에서 식구가 여섯 명이라고 했으므로 여섯 명의 가족이 모여있는 그림을 찾아야 한다.

정답_F

第三部分

● 31~35번 : 주어진 질문에 알맞은 대답을 찾아 보세요.

031-035

A 饺子 jiǎozi 만두	B 三口人 sān kǒu rén 세 식구	C 星期三 xīngqīsān 수요일
D 没关系 méi guānxi 괜찮아	E 北京 Běijīng 베이징	F 好的，谢谢！ Hǎo de, xièxie! 좋아, 고마워!

031

今天 星期 几?
Jīntiān xīngqī jǐ?

오늘 무슨 요일이니?

C 수요일.

C 星期三。
Xīngqīsān.

단어 今天 jīntiān 명 오늘 | 星期 xīngqī 명 요일 | 几 jǐ 수 몇

해설 '星期几'는 요일을 묻는 표현이므로 '수요일'이라는 '星期三'이 오는 것이 적합하다. 월요일부터 토요일까지는 '星期' 뒤에 '一'부터 '六'까지의 숫자를 붙여 표현하고, 일요일은 '星期天' 또는 '星期日'라고 한다.

정답_ C

Tip 요일

今天星期几? Jīntiān xīngqī jǐ? 오늘은 무슨 요일입니까?

星期一 xīngqīyī 월요일   星期二 xīngqī`èr 화요일   星期三 xīngqīsān 수요일
星期四 xīngqīsì 목요일   星期五 xīngqīwǔ 금요일   星期六 xīngqīliù 토요일
星期天 xīngqītiān / 星期日 xīngqīrì 일요일

032

你 喜欢 吃 什么?
Nǐ xǐhuan chī shénme?

너는 무엇을 즐겨 먹니?

A 만두.

A 饺子。
Jiǎozi.

단어 喜欢 xǐhuan 동 좋아하다 | 吃 chī 동 먹다 | 什么 shénme 대 무슨, 무엇

해설 '喜欢吃什么'에서 무엇을 즐겨 먹냐고 물었으므로 '만두'라는 '饺子'가 오는 것이 적합하다. 만두를 먹다는 '吃饺子'이고, 밥을 먹다는 '吃饭'이다. 상대방이 무엇을 먹는지 궁금할 때는 '吃' 뒤에 '무엇'이라는 뜻의 '什么'를 붙여 '吃什么(무엇을 먹니?)'라고 말하면 된다.

정답_ A

033

Duìbuqǐ, wǒ lái wǎn le.
对不起，我 来 晚 了。

늦게 와서 미안해.
D 괜찮아.

Méi guānxi.
D 没 关系。

단어 对不起 duìbuqǐ 동 미안합니다 | 来 lái 동 오다 | 晚 wǎn 형 늦다

해설 '对不起'에서 미안하다고 했으므로, 상대방이 미안하다고 했을 때 '괜찮다'라는 의미인 '没关系'가 오는 것이 적합하다.

정답 **D**

034

Nǐ jiā yǒu jǐ kǒu rén?
你 家 有 几 口 人？

너희 가족은 몇 명이야?
B 세 식구.

Sān kǒu rén.
B 三 口 人。

단어 你 nǐ 대 너, 당신 | 家 jiā 명 가정, 집안 | 有 yǒu 동 있다 | 几 jǐ 수 몇 | 口 kǒu 양 식구(사람을 세는 단위) | 人 rén 명 사람

해설 '你家有几口人？'은 상대방의 가족 수를 묻는 표현이다. 대답은 '几' 자리에 가족 수를 넣으면 되므로 '三口人'이 오는 것이 적합하다.

정답 **B**

035

Nǐ míngtiān qù nǎr?
你 明天 去 哪儿？

너 내일 어디 가니?
E 베이징.

Běijīng.
E 北京。

단어 明天 míngtiān 명 내일 | 去 qù 동 가다 | 哪儿 nǎr 대 어디, 어느 곳

해설 '去哪儿'에서 어디를 가냐고 물었으므로 장소를 나타내는 '北京'이 오는 것이 적합하다. 베이징에 가다는 '去北京'이다.

정답 **E**

Tip 중국 주요 지역 명칭

北京 Běijīng 베이징	广州 Guǎngzhōu 광저우	四川 Sìchuān 쓰촨	香港 Xiānggǎng 홍콩
上海 Shànghǎi 상하이	西安 Xī'ān 시안	天津 Tiānjīn 톈진	青岛 Qīngdǎo 칭다오

第四部分

● 36~40번 : 괄호 안에 알맞은 단어를 보기에서 찾아 넣어 보세요.

036-040

	zài		huǒchēzhàn		rènshi
A	在	B	火车站	C	认识
	~에 있다		기차역		알다
	míngzi		dōngxi		xuéxí
D	名字	E	东西	F	学习
	이름		물건		공부하다

036

Wǒ míngtiān qù shāngdiàn mǎi dōngxi.
我 明天 去 商店 买 **E 东西**。

나는 내일 **E 물건**을 사러 상점에 간다.

단어 明天 míngtiān 명 내일 | 去 qù 동 가다 | 商店 shāngdiàn 명 상점 | 买 mǎi 동 사다

해설 '사다'는 뜻을 가진 '买' 뒤에 괄호가 있으므로 '무엇을 사는지'가 나와야 하므로 '东西'가 와야 한다. '买东西'는 '물건을 사다'는 뜻이다.

정답_ E

037

Wǒ dìdi zài Běijīng Dàxué xuéxí Hànyǔ.
我 弟弟 在 北京大学 **F 学习** 汉语。

내 남동생은 베이징 대학에서 중국어를 **F 공부한다**.

단어 弟弟 dìdi 명 남동생 | 在 zài 전 ~에서 | 北京 Běijīng 명 베이징 | 大学 dàxué 명 대학 | 汉语 Hànyǔ 명 중국어

해설 괄호 앞부분은 '我弟弟在北京大学(내 남동생은 베이징 대학에서)'이며 괄호 뒷부분은 '汉语(중국어)'이다. 내용상 베이징 대학에서 중국어를 공부하다가 어울리므로 '学习'가 와야 한다. '学习汉语'는 '중국어를 공부하다'는 뜻이다.

정답_ F

038

他 去 **B** 火车站 看 朋友 了。
Tā qù huǒchēzhàn kàn péngyou le.

그는 **B 기차역**에 친구를 보러 갔다.

단어 看 kàn 동 보다 | 朋友 péngyou 명 친구

해설 '去' 뒤에 괄호가 있으므로 '去'와 어울리는 단어가 와야 한다. '去'는 '가다'라는 뜻이기 때문에 뒤에는 장소를 나타내는 '火车站'이 오는 것이 적합하다.

정답_ **B**

039

女: 喂, 王 老师 **A** 在 家 吗?
Wéi, Wáng lǎoshī zài jiā ma?

男: 她 不 在 家。
Tā bú zài jiā.

여: 여보세요. 왕 선생님 댁에 **A 계십니까**?
남: 그녀는 집에 없습니다.

단어 喂 wéi 감 (전화상에서) 여보세요 | 老师 lǎoshī 명 선생님 | 家 jiā 명 집 | 吗 ma 조 문장 끝에 쓰여 의문의 어기를 나타냄 | 她 tā 대 그녀 | 不 bù 부 아니다(부정을 나타냄)

해설 '왕 선생님'이라는 뜻의 '王老师'와 '집'이라는 뜻의 '家' 사이에 괄호가 있으므로 '왕 선생님이 집에 ~하다'라는 뜻을 만들 수 있는 동사가 와야 한다. '在'는 '어떤 장소에 있다'라는 뜻이며, '在家'는 '집에 있다'는 뜻이다.

정답_ **A**

040

男: 你 **C** 认识 张 老师 吗?
Nǐ rènshi Zhāng lǎoshī ma?

女: 当然 了, 她 是 我 的 汉语 老师。
Dāngrán le, tā shì wǒ de Hànyǔ lǎoshī.

남: 너 장 선생님 **C 아니**?
여: 당연하지. 그녀는 내 중국어 선생님이야.

단어 当然 dāngrán 부 당연히, 물론 | 是 shì 동 ~이다

해설 '너, 당신'이라는 뜻의 '你'와 '장 선생님'이라는 '张老师' 사이에 빈칸이 있으므로 동사가 와야 한다. '认识' 다음에 사람이 오면 그 사람과 단순히 아는 단계를 넘어 친분이 있다는 뜻이므로 '认识'가 와야 한다.

정답_ **C**

> **Tip** '认识'와 '知道'
>
> '认识'는 어떤 상황을 잘 이해하고 있다는 뜻이다. 사람이 목적어로 오면 '개인적인 친분이 있다'는 것을 의미한다.
> '知道'는 사물의 현상이나 정보 등을 통해 객관적으로 안다는 뜻이다. 사람이 목적어로 오면 '개인적인 친분은 없지만 유명한 사람이라서 안다'는 것을 의미한다.
> 중국어에서는 사람, 길 등을 안다고 할 때 주로 '认识'를 쓴다.

新HSK 모의고사 1級

2회 해설

一、听力

第一部分

● 1~5번 : 들려주는 내용과 그림이 일치하는지 판단해 보세요.

001

nǚ'ér
女儿
딸

해설 '女儿'은 '딸'이라는 뜻이지만 그림엔 남자아이가 있으므로 일치하지 않는다. 아들은 '儿子 érzi'이다.

정답_ X

002

xiě zì
写 字
글자를 쓰다

단어 写 xiě 동 쓰다 | 字 zì 명 문자, 글자

해설 '写字'는 '글자를 쓰다'라는 뜻이므로 글자를 쓰고 있는 남자아이 그림과 일치한다.

정답_ √

003

dǎ diànhuà
打 电话
전화를 하다

단어 电话 diànhuà 몡 전화

해설 '打电话'는 '전화를 하다'라는 뜻이므로 전화 통화를 하고 있는 그림과 일치한다.

정답_ ✓

004

tīng
听
듣다

해설 '听'은 '듣다'라는 뜻인데 제시된 그림은 돋보기로 보고 있는 것이므로 일치하지 않는다. 보다는 '看 kàn'이다.

정답_ ✗

> **Tip** 여러 가지 동작
>
> 看 kàn 보다　　　　　说 shuō 말하다　　　　　读 dú 글을 소리 내어 읽다, 낭독하다
> 听 tīng 듣다　　　　　写 xiě 쓰다

005

chuān yīfu
穿 衣服
옷을 입다

단어 穿 chuān 동 (옷을) 입다, (신발을) 신다 | 衣服 yīfu 몡 옷

해설 '穿衣服'는 '옷을 입다'는 뜻이므로 셔츠를 입고 있는 그림과 일치한다.

정답_ ✓

第二部分

● 6~10번 : 들려주는 내용을 잘 듣고, 알맞은 그림을 고르세요.

006

✓A

B

C

Wǒ xǐhuan shuǐguǒ.
🔊 我 喜欢 水果。

나는 과일을 좋아한다.

단어 喜欢 xǐhuan 동 좋아하다 | 水果 shuǐguǒ 명 과일

해설 '喜欢水果'에서 과일을 좋아한다고 했으므로 수많은 과일들이 진열된 과일가게 그림을 선택해야 한다. 계란은 '鸡蛋 jīdàn'이고, 커피는 '咖啡 kāfēi'이다.

정답_A

Tip 과일

苹果 píngguǒ 사과   葡萄 pútáo 포도   草莓 cǎoméi 딸기
香蕉 xiāngjiāo 바나나   西瓜 xīguā 수박   梨子 lízi 배

007

A

B ✓B

C

Tāmen zài jiā.
🔊 他们 在 家。

그들은 집에 있다.

단어 他们 tāmen 대 그들, 저들 | 在 zài 동 ~에 있다 | 家 jiā 명 집

해설 '他们在家'에서 그들은 집에 있다고 했으므로 아이와 아빠가 집에서 책을 보는 그림을 선택해야 한다.

정답_B

008

A

B

✓C

Tā zài yóuyǒng ne.
他 在 游泳 呢。　　　　　　　　　　그는 수영을 하고 있다.

단어 在 zài 문 마침 ~하고 있다 | 游泳 yóuyǒng 동 수영하다 | 呢 ne 조 서술문 뒤에 쓰여 동작이나 상황이 지속됨을 나타냄

해설 '在游泳呢'에서 수영을 하고 있다고 했으므로 수영하고 있는 그림을 선택해야 한다. 달리다는 '跑步 pǎobù'이며, 야구를 하다는 '打棒球 dǎ bàngqiú'이다.

정답 C

009

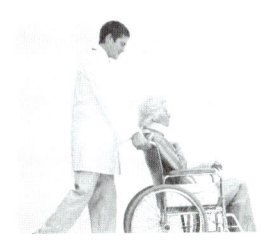
✓A

B

C

Tā qù yīyuàn le.
她 去 医院 了。　　　　　　　　　　그녀는 병원에 갔다.

단어 她 tā 대 그녀 | 去 qù 동 가다 | 医院 yīyuàn 명 병원

해설 '去医院了'에서 병원에 갔다고 했으므로 가장 적합한 휠체어를 타고 있는 그림을 선택해야 한다. 식당은 '饭店 fàndiàn'이고, 상점은 '商店 shāngdiàn'이다.

정답 A

010

A　　　　　　　✔B　　　　　　　C

Wǒmen zài shuōhuà.
我们 在 说话。　　　　　　　　　우리는 이야기를 하고 있다.

단어 我们 wǒmen 때 우리 | 在 zài 用 ~하고 있다 | 说话 shuōhuà 통 말하다, 이야기하다

해설 '在说话'에서 이야기하고 있다고 했으므로 여러 사람이 모여 회의하고 있는 그림을 선택해야 한다. 텔레비전을 보다는 '看电视 kàn diànshì'이고, 수업하다는 '上课 shàngkè'이다.

정답_ B

第三部分

● 11~15번 : 들려주는 대화를 잘 듣고, 보기에서 알맞은 그림을 찾아 보세요.

011-015

A ▶ 차
B ▶ 의사
C ▶ 만나서 반가워요!
D ▶ 도서관, 책
E ▶ 텔레비전
F ▶ 선생님

011

男: Tā shì shéi?
　　她 是 谁?

女: Tā shì wǒ de lǎoshī.
　　她 是 我 的 老师。

남: 그녀는 누구야?
여: 그녀는 우리 선생님이야.

단어 她 tā 떼 그녀 | 谁 shéi 떼 누구 | 老师 lǎoshī 몡 선생님

해설 '她是我的老师'에서 그녀는 우리 선생님이라고 했으므로 칠판에 글씨를 쓰며 수업을 하고 있는 여자 그림을 찾으면 된다.

정답_F

012

男: _{Māma,} _{Nǐ xiǎng hē shénme?}
妈妈, 你 想 喝 什么?

女: _{Wǒ xiǎng hē chá.}
我 想 喝 茶。

남: 엄마, 무엇을 마시고 싶으세요?
여: 나는 차를 마시고 싶어.

단어 妈妈 māma 명 엄마 | 想 xiǎng 조동 ~하고 싶다, ~하려고 하다 | 喝 hē 동 마시다 | 什么 shénme 대 무슨, 무엇 | 茶 chá 명 차

해설 '想喝茶'에서 차를 마시고 싶다고 했으므로 차(茶)가 담긴 찻잔 그림을 찾으면 된다.

정답 A

Tip 조동사 '想'

조동사 '想'은 동사 앞에 쓰여 '~하고 싶다'는 뜻을 나타낸다.
我想去中国。Wǒ xiǎng qù Zhōngguó. 나는 중국에 가고 싶다.
你想喝咖啡吗? Nǐ xiǎng hē kāfēi ma? 커피 마시고 싶니?

부정형은 '不想'이며, '~하고 싶지 않다'는 뜻을 나타낸다.
我不想去中国。Wǒ bù xiǎng qù Zhōngguó. 나는 중국에 가고 싶지 않다.

013

男: _{Nǐ qù nǎr?}
你 去 哪儿?

女: _{Wǒ qù túshūguǎn kàn shū.}
我 去 图书馆 看 书。

남: 너 어디 가니?
여: 난 책 보러 도서관에 가.

단어 去 qù 동 가다 | 哪儿 nǎr 대 어디, 어느 곳 | 图书馆 túshūguǎn 명 도서관 | 看 kàn 동 보다 | 书 shū 명 책

해설 '去图书馆看书'에서 책 보러 도서관에 간다고 했으므로 많은 책이 있는 도서관 그림을 찾으면 된다.

정답 D

Tip 장소를 나타내는 단어

超市 chāoshì 슈퍼마켓   书店 shūdiàn 서점   医院 yīyuàn 병원
咖啡厅 kāfēitīng 커피숍   百货商店 bǎihuò shāngdiàn 백화점   图书馆 túshūguǎn 도서관
商店 shāngdiàn 상점   邮局 yóujú 우체국   网吧 wǎngbā PC방

014

男: Zhège diànshì duōshao qián?
　　这个 电视 多少 钱?

女: Wǔshí kuài qián.
　　五十 块 钱。

남: 이 텔레비전은 얼마입니까?
여: 50위안입니다.

단어 电视 diànshì 명 텔레비전 | 多少 duōshao 대 얼마, 몇 | 钱 qián 명 돈, 화폐 | 块 kuài 양 '元'에 해당하는 중국의 화폐 단위

해설 '这个电视多少钱?'에서 텔레비전의 가격을 묻고 있으므로 텔레비전 그림을 찾으면 된다.

정답_ E

015

男: Nǐ bàba shì yīshēng ma?
　　你 爸爸 是 医生 吗?

女: Shì, tā shì yīshēng.
　　是, 他 是 医生。

남: 너희 아버지는 의사시니?
여: 맞아, 그는 의사셔.

단어 爸爸 bàba 명 아빠 | 医生 yīshēng 명 의사 | 吗 ma 조 문장 끝에 쓰여 의문의 어기를 나타냄

해설 너희 아빠는 의사냐는 질문에 여자는 '他是医生'에서 아버지가 의사라고 했으므로 의사 그림을 찾으면 된다.

정답_ B

第四部分

● 16~20번 : 들려주는 내용을 잘 듣고, 질문에 알맞은 답을 고르세요.

016

Bàba míngtiān qù Zhōngguó.
🔊 爸爸 明天 去 中国。

Bàba shénme shíhou qù Zhōngguó?
问: 爸爸 什么 时候 去 中国?

zuótiān　　　míngtiān　　　jīntiān
A 昨天　　✔B 明天　　C 今天

아빠는 내일 중국에 가신다.

질문: 아빠는 언제 중국에 가는가?

A 어제　　B 내일　　C 오늘

단어 爸爸 bàba 몡 아빠 | 明天 míngtiān 몡 내일 | 中国 Zhōngguó 몡 중국 | 什么 shénme 때 무슨, 무엇 | 时候 shíhou 몡 때, 시각 | 昨天 zuótiān 몡 어제 | 今天 jīntiān 몡 오늘

해설 '爸爸明天去中国'에서 아빠는 내일 중국에 간다는 것을 알 수 있다.

정답_ B

Tip 시간명사		
前天 qiántiān 그저께	今天 jīntiān 오늘	后天 hòutiān 모레
昨天 zuótiān 어제	明天 míngtiān 내일	

017

Wǒ tóngwū yào qù tīng yīnyuèhuì.
🔊 我 同屋 要 去 听 音乐会。

Shéi qù tīng yīnyuèhuì?
问: 谁 去 听 音乐会?

péngyou　　　tóngxué　　　tóngwū
A 朋友　　B 同学　　✔C 同屋

내 룸메이트는 음악회에 가려고 한다.

질문: 누가 음악회에 가는가?

A 친구　　B 학교 친구　　C 룸메이트

단어 同屋 tóngwū 몡 룸메이트 | 要 yào 조동 ~하려 하다, ~할 것이다 | 听 tīng 동 듣다 | 音乐会 yīnyuèhuì 몡 음악회 | 谁 shéi 때 누구 | 朋友 péngyou 몡 친구 | 同学 tóngxué 몡 학우, 학교 친구

해설 '我同屋要去听音乐会'에서 내 룸메이트가 음악회에 가려고 한다는 것을 알 수 있다.

정답_ C

018

Wǒ bù xiǎng kàn diànyǐng, wǒ xiǎng zài jiā kàn diànshì.
我 不 想 看 电影, 我 想 在 家 看 电视。

问: Tā xiǎng kàn shénme?
他 想 看 什么?

✓A 电视 diànshì　　B 书 shū　　C 电影 diànyǐng

나는 영화 보러 가고 싶지 않고 집에서 텔레비전을 보고 싶다.

질문: 그는 무엇을 보고 싶어 하는가?

A 텔레비전　　B 책　　C 영화

단어 想 xiǎng 조동 ~하고 싶다, ~하려고 하다 | 看 kàn 동 보다 | 电影 diànyǐng 명 영화 | 电视 diànshì 명 텔레비전 | 书 shū 명 책

해설 '想在家看电视'에서 집에서 텔레비전을 보고 싶어 한다는 것을 알 수 있다.

정답_ A

019

Tā huì shuō Hànyǔ.
他 会 说 汉语。

问: Tā huì shuō shénme?
他 会 说 什么?

A 法语 Fǎyǔ　　B 英语 Yīngyǔ　　✓C 汉语 Hànyǔ

그는 중국어를 할 줄 안다.

질문: 그는 무엇을 말할 줄 아는가?

A 프랑스어　　B 영어　　C 중국어

단어 会 huì 조동 ~할 수 있다, ~할 줄 알다 | 说 shuō 동 말하다 | 汉语 Hànyǔ 명 중국어 | 法语 Fǎyǔ 명 프랑스어 | 英语 Yīngyǔ 명 영어

해설 '会说汉语'에서 그는 중국어를 할 줄 안다는 것을 알 수 있다. '会'는 후천적으로 배워서 할 줄 안다는 의미를 나타낸다.

정답_ C

020

🔊 Wǒ xuéxí sān ge yuè Hànyǔ le.
我 学习 三 个 月 汉语 了。

问: Tā xuéxí duō cháng shíjiān Hànyǔ le?
他 学习 多 长 时间 汉语 了?

A 三天 sān tiān ✓B 三个月 sān ge yuè C 一年 yì nián

나는 중국어를 3개월 배웠다.

질문: 그는 얼마 동안 중국어를 배웠나?

A 3일　　B 3개월　　C 1년

단어 学习 xuéxí 동 공부하다, 배우다 | 个 ge 양 개(사물이나 사람 등에 두루 쓰이는 양사) | 月 yuè 명 달, 월 | 汉语 Hànyǔ 명 중국어 | 多 duō 부 얼마나 | 长 cháng 형 (시간이) 길다, 오래다 | 时间 shíjiān 명 시간, 동안 | 年 nián 명 년, 해

해설 '学习三个月汉语了'에서 중국어를 3개월 배웠음을 알 수 있다.

정답_B

> **Tip** 시량사
>
> 一个小时 yíge xiǎoshí 한 시간　　一个星期 yíge xīngqī 일주일　　一年 yì nián 일 년
> 一天 yì tiān 하루　　一个月 yíge yuè 한 달

二、阅读

第一部分

● 21~25번 : 제시된 그림과 단어의 의미가 일치하는지 판단해 보세요.

021

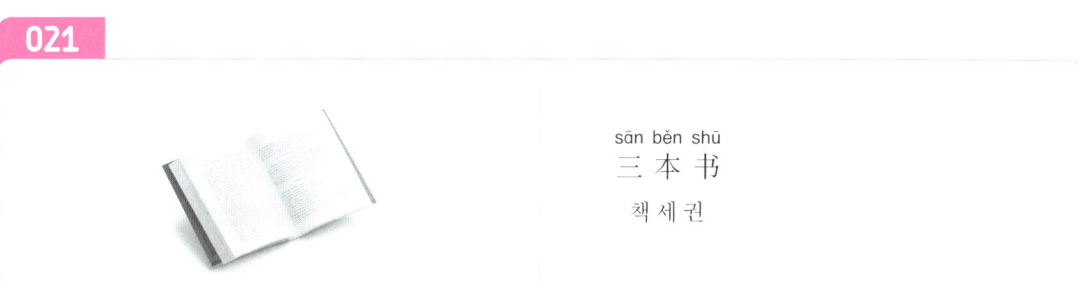

sān běn shū
三 本 书

책 세 권

 '三本书'에서 '책 세 권'이라고 했으나 그림에는 책이 한 권 밖에 없으므로 일치하지 않는다. 책 한 권은 '一本书'이다.

정답 ×

022

xuéxiào
学校

학교

 '学校'는 '학교'라는 뜻이므로 학교 정문 그림과 일치한다.

정답 ✓

023

wǒ
我
나

🔍 해설 '我'는 1인칭 단수를 가리키는 '나'라는 뜻인데 그림에는 여러 사람이 있으므로 일치하지 않는다. 우리는 '我们 wǒmen', 너희들은 '你们 nǐmen' 그들은 '他们 tāmen'이다.

정답_ ✗

Tip 인칭대사의 복수형		
我们 wǒmen 우리들	他们 tāmen 그들	它们 tāmen 그것들
你们 nǐmen 너희들	她们 tāmen 그녀들	

024

bēizi
杯子
컵

🔍 해설 '杯子'는 '컵'이라는 뜻이므로 그림과 일치한다.

정답_ ✓

025

xiǎojiě
小姐
아가씨

🔍 해설 '小姐'는 젊은 여자를 가리키는 '아가씨'라는 뜻이므로 그림과 일치한다.

정답_ ✓

第二部分

● 26~30번 : 제시된 문장과 일치하는 그림을 보기에서 찾아 보세요.

026-030

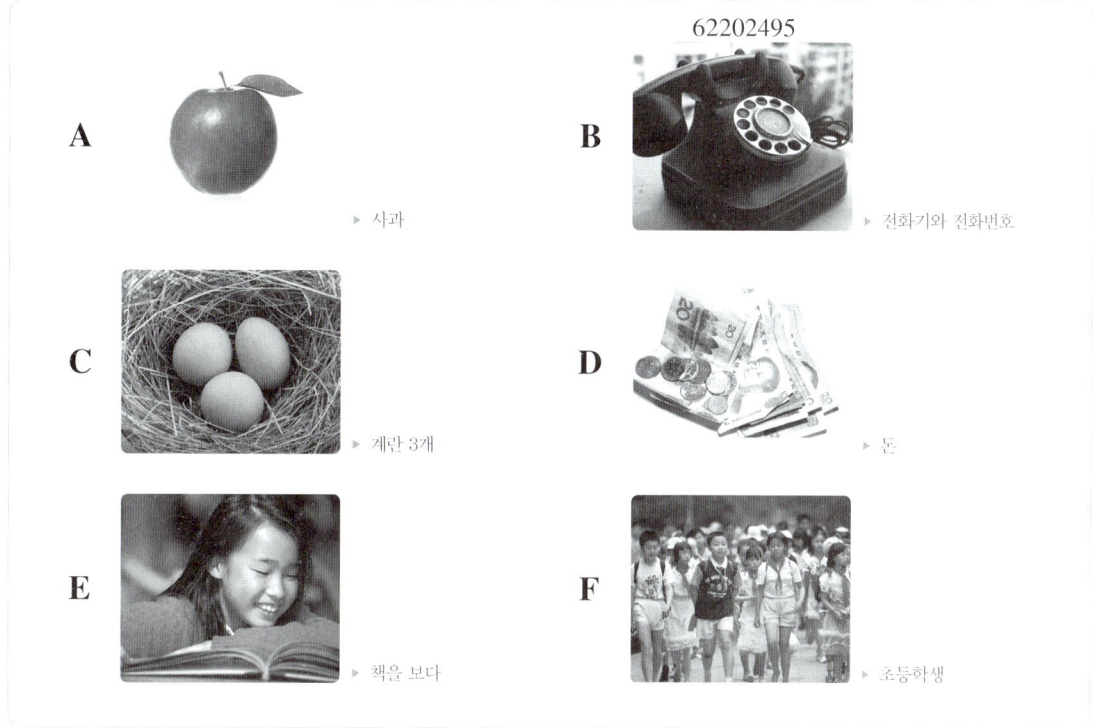

026

Wǒ chī sān ge jīdàn.
我 吃 三 个 鸡蛋。

나는 계란 세 개를 먹는다.

단어 吃 chī 동 먹다 | 个 ge 양 개(사물이나 사람 등에 두루 쓰이는 양사) | 鸡蛋 jīdàn 명 계란, 달걀

해설 '吃 三 个 鸡蛋'에서 계란 세 개를 먹는다고 했으므로 계란이 있는 그림을 찾으면 된다.

정답_ C

027

Píngguǒ yì jīn duōshao qián?
苹果 一 斤 多少 钱?

사과 한 근에 얼마예요?

단어 苹果 píngguǒ 명 사과 | 斤 jīn 양 근(무게를 재는 단위) | 多少 duōshao 대 얼마, 몇 | 钱 qián 명 돈, 화폐

해설 '苹果一斤多少钱?'에서 사과 한 근의 가격을 묻고 있으므로 사과 그림을 찾으면 된다.

정답_ A

Tip 중국에서의 '斤' 단위

중국에서는 과일이나 야채를 팔 때 '斤' 단위로 판매를 한다. 예를 들어 수박을 팔 때도 우리나라에서는 크기나 무게에 상관없이 수박 1개의 가격을 제시하고 있다. 그러나 중국은 '斤'을 기준으로 가격을 책정하여 수박마다 무게를 재어 무게에 따라 다른 가격에 판매를 한다.

028

Tā yǒu hěn duō qián.
他 有 很 多 钱。

그는 돈이 많다.

단어 有 yǒu 동 있다 | 很 hěn 부 매우, 아주 | 多 duō 형 (수량이) 많다

해설 '他有很多钱'에서 그는 돈이 많다고 했으므로 중국 돈인 인민폐가 있는 그림을 찾으면 된다.

정답_ D

029

Tā de diànhuà hàomǎ shì liù èr èr líng èr sì jiǔ wǔ.
他 的 电话 号码 是 62202495 。

그의 전화번호는 6220-2495입니다.

단어 是 shì 동 ~이다 | 电话号码 diànhuà hàomǎ 명 전화번호

해설 '他的电话号码是62202495'에서 전화번호를 말하고 있으므로 전화기와 전화번화가 쓰여져 있는 그림을 찾으면 된다.

정답 **B**

Tip 전화번호 읽는 법

전화번호는 하나씩 끊어 읽는다. 또한 '一'는 'yī'라고 발음하지 않고 'yāo'라고 발음한다.
010 - 2345 - 6789 líng yāo líng èr sān sì wǔ liù qī bā jiǔ

030

Tāmen shì xiǎoxuéshēng.
他们 是 小学生 。

그들은 초등학생이다.

단어 他们 tāmen 대 그들, 저들 | 小学生 xiǎoxuéshēng 명 초등학생

해설 '他们是小学生'에서 그들은 초등학생이라고 했으므로 초등학생들이 있는 그림을 찾으면 된다.

정답 **F**

第三部分

● 31~35번 : 주어진 질문에 알맞은 대답을 찾아 보세요.

031-035

A 十岁 shí suì 열 살	B 医生 yīshēng 의사	C 北京 Běijīng 베이징
D 玛丽 Mǎlì 마리	E 中国人 Zhōngguórén 중국인	F 好的，谢谢！ Hǎo de, xièxie! 좋아, 고마워!

031

你 住 在 哪儿？
Nǐ zhù zài nǎr?

당신은 어디에 사세요?

C 베이징.

C 北京。
Běijīng.

단어 住 zhù 동 살다, 거주하다 | 在 zài 전 ~에서 | 哪儿 nǎr 대 어디, 어느 곳

해설 '你住在哪儿？'에서 사는 곳이 어딘지 묻고 있으므로 지명인 '北京'이 오는 것이 적합하다.

정답_ C

032

她 几 岁 了？
Tā jǐ suì le?

그녀는 몇 살이니?

A 열 살.

A 十岁。
Shí suì.

단어 她 tā 대 그녀 | 几 jǐ 수 몇 | 岁 suì 명 살, 세

해설 '她几岁了？'에서 나이를 묻고 있으므로 나이를 대답해야 한다. 대답은 '几' 자리에 나이에 해당하는 숫자를 넣어서 말해야 하므로 '十岁'가 오는 것이 적합하다. 나이를 묻는 다른 표현으로는 '你多大？ Nǐ duōdà?'가 있다.

정답_ A

> **Tip** 나이 묻기
>
> 你几岁？ Nǐ jǐ suì?（어린 사람에게 나이를 물어볼 때）몇 살이니?
> 你多大？ Nǐ duōdà?（동년배나 젊은 사람에게 나이를 물어볼 때）몇 살이세요?
> 您多大年纪？ Nín duōdà niánjì?（나이 많으신 어른께 연세를 여쭐 때）연세가 어떻게 되세요?

033

Nǐ jiào shénme míngzi?
你 叫 什么 名字?

당신의 이름은 무엇입니까?
D 마리.

Mǎlì.
D 玛丽。

단어 叫 jiào 동 부르다 | 什么 shénme 대 무슨, 무엇 | 名字 míngzi 명 이름

해설 '你叫什么名字?'에서 이름을 묻고 있으므로 '玛丽'가 오는 것이 적합하다. 이름을 묻는 다른 표현으로는 '您贵姓? Nín guìxìng?'이 있는데 이는 존칭의 표현이다.

정답_ **D**

034

Nǐ shì nǎ guó rén?
你 是 哪 国 人?

당신은 어느 나라 사람입니까?
E 중국인.

Zhōngguórén.
E 中国人。

단어 哪 nǎ 대 어느 | 国 guó 명 국가, 나라 | 人 rén 명 사람

해설 '你是哪国人?'에서 국적을 묻고 있으므로 '中国人'이 오는 것이 적합하다.

정답_ **E**

Tip 나라 이름

| 韩国 Hánguó 한국 | 日本 Rìběn 일본 | 英国 Yīngguó 영국 | 加拿大 Jiānádà 캐나다 |
| 中国 Zhōngguó 중국 | 美国 Měiguó 미국 | 法国 Fǎguó 프랑스 | |

035

Nǐ māma zuò shénme gōngzuò?
你 妈妈 做 什么 工作?

너희 엄마는 무슨 일을 하시니?
B 의사.

Yīshēng.
B 医生。

단어 妈妈 māma 명 엄마 | 做 zuò 동 하다 | 工作 gōngzuò 명동 일(하다)

해설 '你妈妈做什么工作?'에서 엄마의 직업을 묻고 있으므로 의사라는 뜻의 '医生'이 오는 것이 적합하다.

정답_ **B**

第四部分

● 36~40번 : 괄호 안에 알맞은 단어를 보기에서 찾아 넣어 보세요.

036-040

	gāoxìng		fēijī		jiǎozi
A	高兴	B	飞机	C	饺子
	기쁘다		비행기		만두

	míngzi		méi guānxi		duì
D	名字	E	没 关系	F	对
	이름		괜찮아		맞다

036

Rènshi nǐ wǒ hěn gāoxìng.
认识 你 我 很 **A 高兴**。

당신을 알게 되어 매우 **A 기쁩니다**.

단어 认识 rènshi 동 알다, 인식하다 | 很 hěn 부 매우, 아주

해설 '认识你'는 상대방을 알게 되었다는 뜻이다. 누군가를 처음 만났을 때 '만나서 반갑다'는 말은 '认识你我很高兴'이다.

정답_ A

037

Nǐ chī jiǎozi háishi bāozi?
你 吃 **C 饺子** 还是 包子?

C 만두 먹을래 아니면 찐빵 먹을래?

단어 吃 chī 동 먹다 | 还是 háishi 접 또는, 아니면 | 包子 bāozi 명 (소가 든) 찐빵

해설 괄호 앞의 '먹다'라는 뜻의 '吃'와 어울리는 단어가 이어져야 하므로 '만두'라는 뜻의 '饺子'가 와야 한다. '还是'는 의문문에서 'A还是B?'의 형식으로 쓰여 선택 의문문을 만든다.

정답_ C

Tip 음식 명칭

饺子 jiǎozi 만두	面包 miànbāo 빵	鸡肉 jīròu 닭고기
包子 bāozi 속있는 찐빵	面条 miàntiáo 국수	猪肉 zhūròu 돼지고기
蛋糕 dàngāo 케이크	火锅 huǒguō 중국식 샤부샤부	牛肉 niúròu 소고기

038

> Tā zuò　　fēijī　qù Shànghǎi.
> 他 坐 B 飞机 去 上海。

그는 B 비행기를 타고 상하이에 간다.

단어 坐 zuò 동 (교통수단) 타다 | 去 qù 동 가다 | 上海 Shànghǎi 명 상하이

해설 괄호 앞의 '坐'와 어울리는 단어가 와야 한다. '坐'는 '(교통수단) 타다'라는 뜻이므로 '坐' 뒤에 교통수단인 '飞机'가 오는 것이 자연스럽다.

정답_ B

Tip 여러 가지 교통수단

飞机 fēijī 비행기	地铁 dìtiě 전철	船 chuán 배
出租汽车 chūzū qìchē 택시	公共汽车 gōnggòng qìchē 버스	自行车 zìxíngchē 자전거

039

> 　　　Nǐ shì Lǐ lǎoshī ma?
> 女: 你 是 李 老师 吗?
> 　　　Duì,　wǒ shì Lǐ lǎoshī.
> 男: F 对, 我 是 李 老师。

여: 당신이 이 선생님이신가요?
남: F 맞습니다, 제가 이 선생입니다.

단어 老师 lǎoshī 명 선생님 | 吗 ma 조 문장 끝에 쓰여 의문의 어기를 나타냄

해설 '你是李老师吗?'에서 당신이 이 선생님이냐는 질문에, 괄호 뒤의 대답 '我是李老师'를 통해 남자가 바로 이 선생님인 것을 알 수 있으므로, 어떤 물음에 대해 긍정하는 '对'가 와야 한다.

정답_ F

040

> 　　　Duìbuqǐ,　wǒ lái wǎn le.
> 男: 对不起, 我 来 晚 了。
> 　　　Méi guānxi.
> 女: E 没 关系。

남: 늦어서 미안해.
여: E 괜찮아.

단어 对不起 duìbuqǐ 동 미안합니다 | 来 lái 동 오다 | 晚 wǎn 형 늦다

해설 '对不起'에서 미안하다고 했으므로, 상대방이 미안하다고 했을 때 '괜찮다'라고 하는 말인 '没关系'가 와야 한다.

정답_ E

新HSK 모의고사 1급

3회 해설

一、听力

第一部分

● 1~5번 : 들려주는 내용과 그림이 일치하는지 판단해 보세요.

001

chī píngguǒ
吃 苹果

사과를 먹는다

단어 吃 chī 동 먹다 | 苹果 píngguǒ 명 사과

해설 '吃苹果'에서 사과를 먹는다고 했으나 그림에선 바나나를 먹고 있으므로 일치하지 않는다. 바나나는 '香蕉 xiāngjiāo'이다.

정답 ✗

002

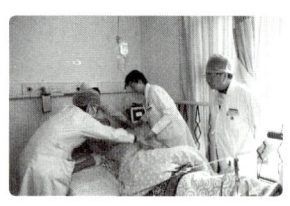

qù yīyuàn
去 医院

병원에 가다

단어 去 qù 동 가다 | 医院 yīyuàn 명 병원

해설 '去医院'에서 병원에 간다고 했으므로 병원에서 진료를 받는 그림과 일치한다.

정답 ✓

003

mǎi dōngxi
🔊 **买 东西**

물건을 사다

🗨️ **단어** 买 mǎi 동 사다, 구매하다 | 东西 dōngxi 명 물건

🔍 **해설** '买东西'에서 '물건을 사다'라고 했으므로 카트에 물건이 담겨져 있는 그림과 일치한다.

정답 ✓

Tip 买 + 목적어		
买书 mǎi shū 책을 사다	买手机 mǎi shǒujī 핸드폰을 사다	买杯子 mǎi bēizi 컵을 사다
买菜 mǎi cài 음식을 사다	买衣服 mǎi yīfu 옷을 사다	买手表 mǎi shǒubiǎo 손목시계를 사다

004

hē shuǐ
🔊 **喝 水**

물을 마시다

🗨️ **단어** 喝 hē 동 마시다 | 水 shuǐ 명 물

🔍 **해설** '喝水'에서 물을 마신다고 했으나 그림에서는 밥을 먹고 있으므로 일치하지 않는다. 밥을 먹다는 '吃饭 chī fàn'이다.

정답 ✗

Tip 喝 + 목적어		
喝水 hē shuǐ 물을 마시다	喝酒 hē jiǔ 술을 마시다	喝饮料 hē yǐnliào 음료수를 마시다
喝茶 hē chá 차를 마시다	喝咖啡 hē kāfēi 커피를 마시다	

005

diànnǎo
🔊 **电脑**

컴퓨터

🔍 **해설** '电脑'는 '컴퓨터'라는 뜻이므로 그림과 일치한다.

정답 ✓

第二部分

● 6~10번 : 들려주는 내용을 잘 듣고, 알맞은 그림을 고르세요.

006

A　　　　　　　✔B　　　　　　　C

🔊 Zhège píngguǒ hěn dà.
　　这个 苹果 很 大。　　　　이 사과는 아주 크다.

단어 苹果 píngguǒ 명 사과 | 很 hěn 부 매우, 아주 | 大 dà 형 크다

해설 '苹果很大'에서 사과가 아주 크다고 했으므로 사과 그림을 선택해야 한다. 찐빵은 '包子 bāozi'이며, 바나나는 '香蕉 xiāngjiāo'이다.

정답_ B

007

✔A　　　　　　　B　　　　　　　C

🔊 Tāmen zài xuéxí ne.
　　他们 在 学习 呢。　　　　그들은 공부하고 있다.

단어 他们 tāmen 대 그들, 저들 | 在 zài 부 ~하고 있다 | 学习 xuéxí 동 공부하다, 배우다

해설 '在学习呢'에서 공부하고 있다고 했으므로 학교에서 공부하고 있는 그림을 선택해야 한다. 일하다는 '工作 gōngzuò'이며, 운동하다는 '运动 yùndòng'이다.

정답_ A

008

A

B

✔C

Wǒ bàba shì yīshēng.
我 爸爸 是 医生。

우리 아빠는 의사시다.

단어 爸爸 bàba 명 아빠 | 医生 yīshēng 명 의사

해설 '爸爸是医生'에서 아빠는 의사라고 했으므로 청진기를 들고 있는 의사 그림을 선택해야 한다. 선생님은 '老师 lǎoshī'이고, 군인은 '军人 jūnrén'이다.

정답 C

> **Tip** 직업 묻는 표현
>
> A: 你做什么工作? Nǐ zuò shénme gōngzuò? 당신은 무슨 일을 하십니까?
> B: 我是老师。Wǒ shì lǎoshī. 저는 선생입니다.
>
> 老师 lǎoshī 선생님　　公司职员 gōngsī zhíyuán 회사원　　警察 jǐngchá 경찰
> 医生 yīshēng 의사　　　护士 hùshi 간호사　　　　　　演员 yǎnyuán 연기자
> 记者 jìzhě 기자

009

✔A

B

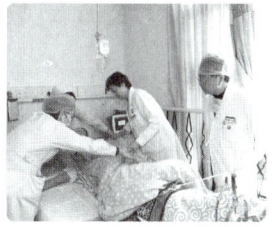
C

Wǒ zài shāngdiàn gōngzuò.
我 在 商店 工作。

나는 상점에서 일한다.

단어 我 wǒ 대 나, 저 | 在 zài 전 ~에서 | 商店 shāngdiàn 명 상점, 판매점 | 工作 gōngzuò 동 일하다

해설 '在商店工作'에서 상점에서 일한다고 했으므로 물건을 파는 상점 그림을 선택해야 한다. 농촌은 '农村 nóngcūn'이고, 병원은 '医院 yīyuàn'이다.

정답 A

010

✓A　　　　　　　　B　　　　　　　　C

🔊 Wǒ nǚ'ér shì dàxuéshēng.
我 女儿 是 大学生。

내 딸은 대학생이다.

단어 女儿 nǚ'ér 몡 딸 | 是 shì 동 ~이다 | 大学生 dàxuéshēng 몡 대학생

해설 '我女儿是大学生'에서 딸이 대학생이라고 했으므로 책을 들고 있는 학생 그림을 선택해야 한다. 기자는 '记者 jìzhě'이며, 경찰은 '警察 jǐngchá'이다.

정답_ **A**

第三部分

● 11~15번 : 들려주는 대화를 잘 듣고, 보기에서 알맞은 그림을 찾아 보세요.

011-015

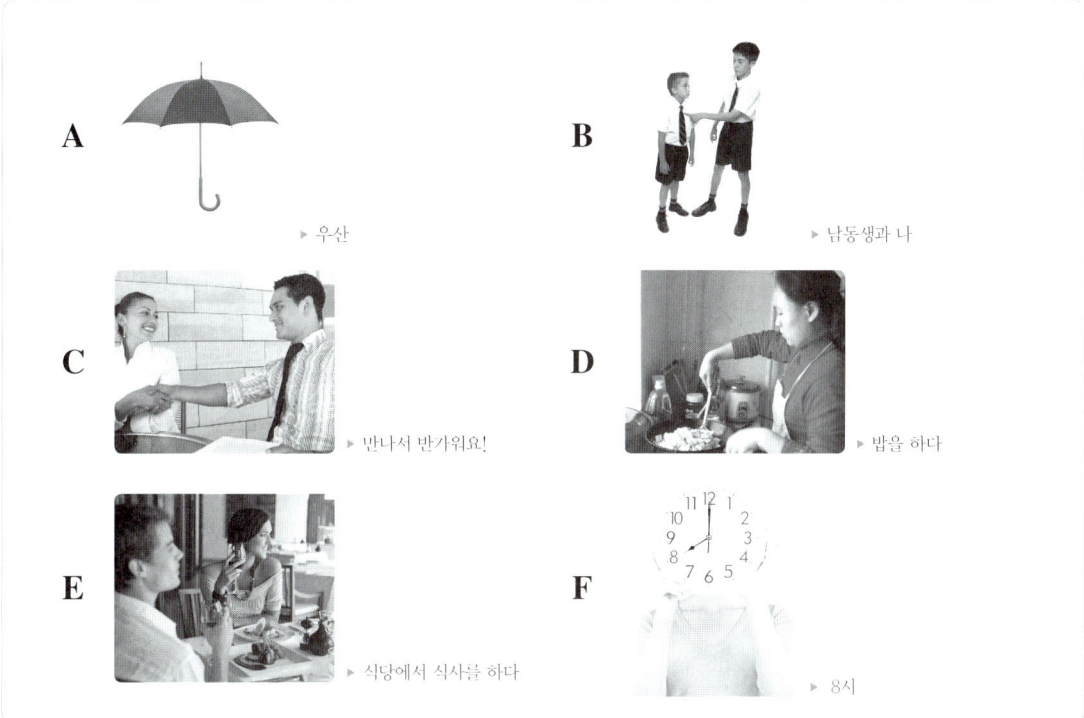

A ▶ 우산
B ▶ 남동생과 나
C ▶ 만나서 반가워요!
D ▶ 밥을 하다
E ▶ 식당에서 식사를 하다
F ▶ 8시

011

男: Nǐ jǐ diǎn shuìjiào?
你 几 点 睡觉?

女: Bā diǎn.
八 点。

남: 넌 몇 시에 자니?
여: 8시.

단어 几 jǐ ㈜ 몇 | 点 diǎn 영 시 | 睡觉 shuìjiào 통 (잠을) 자다

해설 '八点'에서 8시라고 했으므로 8시를 가리키고 있는 시계 그림을 찾으면 된다.

정답_F

Tip 시각 표현

一点 yì diǎn 1시
两点 liǎng diǎn 2시
三点十五分 sān diǎn shíwǔ fēn 3시 15분

五点三十分 wǔ diǎn sānshí fēn 5시 30분
七点五十九分 qī diǎn wǔshíjiǔ fēn 7시 59분
差十分九点 chà shí fēn jiǔ diǎn 9시 10분 전

012

🔊 男: 天气 怎么样?
　　　Tiānqì zěnmeyàng?

　　女: 下 雨 了。
　　　Xià yǔ le.

남: 날씨 어때?
여: 비가 와.

단어 天气 tiānqì 명 날씨 | 怎么样 zěnmeyàng 대 어떻다, 어떠하다 | 下雨 xià yǔ 동 비가 오다

해설 '下雨了'에서 비가 온다고 했으므로 우산 그림을 찾으면 된다.

정답_A

013

🔊 男: 你 在 哪儿?
　　　Nǐ zài nǎr?

　　女: 我 在 食堂。
　　　Wǒ zài shítáng.

남: 너 어디에 있니?
여: 나 식당에 있어.

단어 在 zài 동 ~에 있다 | 哪儿 nǎr 대 어디, 어느 곳 | 食堂 shítáng 명 식당

해설 '在食堂'에서 식당에 있다고 했으므로 식당에서 식사하고 있는 그림을 찾으면 된다.

정답_E

Tip '在'의 다양한 쓰임

'在'는 동사, 전치사, 부사로 쓰인다.

① 동사 : '~에 있다'는 뜻으로, 뒤에 장소를 나타내는 단어가 온다.
　　我在家。Wǒ zài jiā. 나는 집에 있다.
　　他在中国。Tā zài Zhōngguó. 그는 중국에 있다.

② 전치사 : '~에서'라는 뜻으로, 뒤에 장소를 나타내는 단어가 따라오며, 그 뒤에 동사가 온다.
　　我在家吃饭。Wǒ zài jiā chīfàn. 나는 집에서 밥을 먹는다.
　　他在中国学习汉语。Tā zài Zhōngguó xuéxí Hànyǔ. 그는 중국에서 중국어를 공부한다.

③ 부사 : '~하고 있다'라는 의미를 나타내며, 뒤에 바로 동사가 온다.
　　我在吃饭。Wǒ zài chīfàn. 나는 밥을 먹고 있다.
　　他在学习。Tā zài xuéxí. 그는 공부하고 있다.

014

男: Nǐ māma zài zuò shénme ne?
　　你 妈妈 在 做 什么 呢?

女: Tā zài zuò fàn ne.
　　她 在 做 饭 呢。

남: 너희 엄마는 뭐 하고 계시니?
여: 밥을 짓고 계셔.

단어 妈妈 māma 명 엄마 | 在 zài 부 ~하고 있다 | 做 zuò 동 하다 | 什么 shénme 대 무슨, 무엇 | 做饭 zuò fàn 동 밥을 하다

해설 '她在做饭呢'에서 엄마가 밥을 하고 있다고 했으므로 요리를 하고 있는 그림을 찾으면 된다.

정답_ D

015

男: Tā shì shéi?
　　他 是 谁?

女: Tā shì wǒ dìdi.
　　他 是 我 弟弟。

남: 그는 누구입니까?
여: 그는 내 남동생입니다.

단어 谁 shéi 대 누구 | 弟弟 dìdi 명 남동생

해설 '他是我弟弟'에서 그는 내 남동생이라고 했으므로 형제가 서 있는 그림을 찾으면 된다. 형은 '哥哥 gēge'이다.

정답_ B

第四部分

● 16~20번 : 들려주는 내용을 잘 듣고, 질문에 알맞은 답을 고르세요.

016

那儿 的 天气 太 热 了。
Nàr de tiānqi tài rè le.

问: 那儿 的 天气 怎么样?
Nàr de tiānqi zěnmeyàng?

✓A 热 B 下雨 C 冷
  rè   xià yǔ   lěng

그곳의 날씨는 매우 덥다.

질문: 그곳의 날씨는 어떠한가?

A 덥다 B 비가 온다 C 춥다

단어 那儿 nàr 데 그곳, 저곳 | 天气 tiānqì 명 날씨 | 热 rè 형 덥다 | 怎么样 zěnmeyàng 데 어떻다, 어떠하다

해설 '那儿的天气太热了'에서 그곳의 날씨는 매우 덥다는 것을 알 수 있다. '太~了'는 '매우 ~하다'는 뜻이다.

정답_ A

> **Tip** 날씨 묻고 답하기
>
> A: 今天天气怎么样? Jīntiān tiānqì zěnmeyàng? 오늘 날씨는 어떤가요?
> B: 今天很暖和。 Jīntiān hěn nuǎnhuo. 오늘은 따뜻합니다.
>
> 暖和 nuǎnhuo 따뜻하다   热 rè 덥다   凉快 liángkuai 시원하다   冷 lěng 춥다

017

我 不 想 坐 车 去, 我 想 坐 飞机 去。
Wǒ bù xiǎng zuò chē qù, wǒ xiǎng zuò fēijī qù.

问: 他 想 坐 什么 去?
Tā xiǎng zuò shénme qù?

✓A 飞机 B 车 C 火车
  fēijī   chē   huǒchē

나는 차를 타고 가고 싶지 않고 비행기를 타고 가고 싶다.

질문: 그는 무엇을 타고 가고 싶은가?

A 비행기 B 차 C 기차

단어 想 xiǎng 조동 ~하고 싶다, ~하려고 하다 | 坐 zuò 동 (교통수단을) 타다 | 车 chē 명 자동차 | 飞机 fēijī 명 비행기 | 什么 shénme 데 무슨, 무엇 | 火车 huǒchē 명 기차

해설 '我不想坐车去, 我想坐飞机去'에서 차를 타고 가고 싶지 않고 비행기를 타고 가고 싶다고 했으므로 그는 비행기를 타고 싶어한다는 것을 알 수 있다.

정답_ A

018

🔊
Zhuōzi shang yǒu yì běn shū hé yì zhī bǐ.
桌子 上 有 一 本 书 和 一 支 笔。

책상 위에 책 한 권과 펜 한 자루가 있다.

　　　Zhuōzi shang yǒu shénme?
问: 桌子 上 有 什么?

질문: 책상에 무엇이 있는가?

　　bēizi　　　　　běnzi　　　　shū hé bǐ
A 杯子　　　B 本子　　✓C 书 和 笔

A 컵　　　B 노트　　　C 책과 펜

단어 桌子 zhuōzi 명 탁자 | 有 yǒu 동 있다 | 本 běn 양 권[책 등을 세는 단위] | 书 shū 명 책 | 和 hé 접 ~와(과) | 支 zhī 양 자루[가늘고 긴 물건을 세는 단위] | 笔 bǐ 명 펜, 필기도구 | 杯子 bēizi 명 잔, 컵 | 本子 běnzi 명 노트

해설 '桌子上有一本书和一支笔'에서 책상 위에 책 한 권과 펜 한 자루가 있다는 것을 알 수 있다.

정답 C

> **Tip** 양사 '本'
>
> '本'은 교과서나 잡지 등 책을 세는 양사이다.
> 一本书 yì běn shū 책 한 권
> 一本课本 yì běn kèběn 교과서 한 권
> 一本杂志 yì běn zázhì 잡지 한 권

019

🔊
Huǒchēzhàn zài yīyuàn de qiánmiàn.
火车站 在 医院 的 前面。

기차역은 병원 앞에 있다.

　　Huǒchēzhàn zài nǎr?
问: 火车站 在 哪儿?

질문: 기차역은 어디에 있나?

　　　yīyuàn qiánmiàn
✓A 医院　前面

A 병원 앞

　　　yīyuàn hòumiàn
B 医院　后面

B 병원 뒤

　　　yīyuàn lǐmiàn
C 医院　里面

C 병원 안

단어 火车站 huǒchēzhàn 명 기차역 | 医院 yīyuàn 명 병원 | 前面 qiánmiàn 명 앞쪽 | 哪儿 nǎr 대 어디, 어느 곳 | 后面 hòumiàn 명 뒤쪽, 뒷면 | 里面 lǐmiàn 명 안, 안쪽

해설 '火车站在医院的前面'에서 기차역은 병원 앞에 있음을 알 수 있다.

정답 A

020

🔊 Wǒ zuótiān wǎnshang liù diǎn huíjiā.
我 昨天 晚上 六 点 回家。

问: Tā zuótiān wǎnshang jǐ diǎn huíjiā?
他 昨天 晚上 几 点 回家?

  wǔ diǎn   liù diǎn   qī diǎn
A 五点 ✓B 六点 C 七点

나는 어제 저녁 6시에 집에 왔다.

질문: 그는 어제 저녁 몇 시에 집에 왔는가?

A 5시 B 6시 C 7시

단어 昨天 zuótiān 명 어제 | 晚上 wǎnshang 명 저녁 | 点 diǎn 양 시 | 回家 huíjiā 동 집으로 돌아가다, 귀가하다

해설 '我昨天晚上六点回家'에서 어제 저녁 6시에 집에 왔다고 했으므로 집에 돌아온 시간은 6시임을 알 수 있다.

정답_ B

二、阅读

第一部分

● 21~25번 : 제시된 그림과 단어의 의미가 일치하는지 판단해 보세요.

021

hē
喝
마시다

해설 '喝'는 '마시다'는 뜻이므로 물을 마시고 있는 그림과 일치한다.

정답 ✓

022

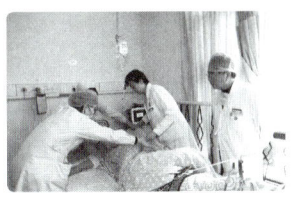

huǒchēzhàn
火车站
기차역

해설 '火车站'은 '기차역'이라는 뜻인데 그림엔 병원이 있으므로 일치하지 않는다. 병원은 '医院 yīyuàn'이다.

정답 ✗

023

Zhōngguó
中国
중국

🔍 **해설** '中国'은 '중국'이라는 뜻인데 주어진 그림은 미국 국기인 성조기이므로 일치하지 않는다. 미국은 '美国 Měiguó' 이다.

정답_ ✗

024

mǐfàn
米饭
쌀밥

🔍 **해설** '米饭'은 '쌀밥'이라는 뜻이므로 그림과 일치한다.

정답_ ✓

025

gǒu
狗
개

🔍 **해설** '狗'는 '개'라는 뜻인데 그림에 사자가 있으므로 일치하지 않는다. 사자는 '狮子 shīzi'이다.

정답_ ✗

Tip 여러 동물 이름			
狗 gǒu 개	熊猫 xióngmāo 판다	鸡 jī 닭	猴子 hóuzi 원숭이
猫 māo 고양이	猪 zhū 돼지	牛 niú 소	

第二部分

● 26~30번 : 제시된 문장과 일치하는 그림을 보기에서 찾아 보세요.

026-030

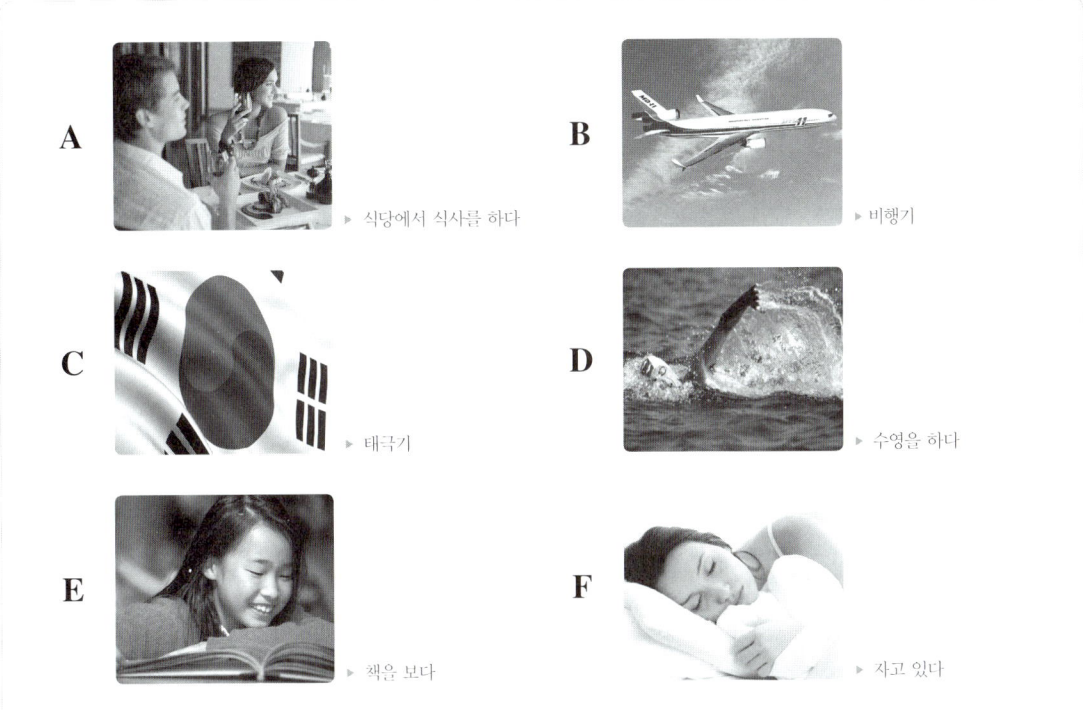

▶ 식당에서 식사를 하다
▶ 비행기
▶ 태극기
▶ 수영을 하다
▶ 책을 보다
▶ 자고 있다

026

Tā zài shuìjiào ne.
她 在 睡觉 呢。

그녀는 자고 있다.

단어 她 tā [대] 그녀 | 在 zài [부] ~하고 있다 | 睡觉 shuìjiào [동] (잠을) 자다

해설 '她在睡觉呢'에서 그녀는 자고 있다고 했으므로 여자가 자고 있는 그림을 찾으면 된다.

정답_ F

027

Wǒmen qù Hánguó.
我们 去 韩国。

우리는 한국에 간다.

단어 我们 wǒmen 때 우리 | 去 qù 통 가다 | 韩国 Hánguó 명 한국

해설 '去韩国'에서 한국에 간다고 했으므로 한국의 국기인 태극기 그림을 찾으면 된다.

정답_ C

028

Tāmen zuò fēijī qù Běijīng.
他们 坐 飞机 去 北京。

그들은 비행기를 타고 베이징에 간다.

단어 他们 tāmen 때 그들, 저들 | 坐 zuò 통 (교통수단을) 타다 | 飞机 fēijī 명 비행기 | 北京 Běijīng 명 베이징

해설 '他们坐飞机去北京'에서 그들은 비행기를 타고 베이징에 간다고 했으므로 비행기 그림을 찾으면 된다.

정답_ B

029

Tā hěn xǐhuan yóuyǒng.
他 很 喜欢 游泳。

그는 수영하는 것을 좋아한다.

단어 很 hěn 〖부〗매우, 아주 | 喜欢 xǐhuan 〖동〗좋아하다 | 游泳 yóuyǒng 〖동〗수영하다

해설 '很喜欢游泳'에서 수영하는 것을 좋아한다고 했으므로 수영하고 있는 그림을 찾으면 된다.

정답 **D**

Tip 운동 관련 표현

运动 yùndòng 운동하다	踢足球 tī zúqiú 축구를 하다	打乒乓球 dǎ pīngpāngqiú 탁구를 치다
游泳 yóuyǒng 수영하다	打篮球 dǎ lánqiú 농구를 하다	
跑步 pǎobù 조깅하다	打棒球 dǎ bàngqiú 야구를 하다	

030

Wǒmen zài shítáng chīfàn.
我们 在 食堂 吃饭。

우리는 식당에서 밥을 먹는다.

단어 在 zài 〖전〗~에서 | 食堂 shítáng 〖명〗식당 | 吃饭 chīfàn 〖동〗밥을 먹다

해설 '在食堂吃饭'에서 식당에서 밥을 먹는다고 했으므로 식사하고 있는 그림을 찾으면 된다.

정답 **A**

第三部分

● 31~35번 : 주어진 질문에 알맞은 대답을 찾아 보세요.

031-035

A 汉语 (Hànyǔ) 중국어	B 十二点 (shí'èr diǎn) 12시	C 5月10号 (wǔ yuè shí hào) 5월 10일
D 很好 (hěn hǎo) 아주 좋다	E 商店 (shāngdiàn) 상점	F 好的，谢谢！(Hǎo de, xièxie!) 좋아, 고마워!

031

你的生日是几月几号？
Nǐ de shēngrì shì jǐ yuè jǐ hào?
네 생일은 몇 월 며칠이니?

C 5月10号。
Wǔ yuè shí hào.

C 5월 10일.

단어 生日 shēngrì 명 생일 | 月 yuè 명 달, 월 | 号 hào 명 일

해설 '你的生日是几月几号？'에서 생일을 묻고 있으므로 날짜로 대답해야 하며, '几' 자리에 해당하는 숫자를 넣어 표현하면 된다. 따라서 대답으로 '5月10号'가 오는 것이 적합하다.

정답_ C

Tip 날짜 묻고 답하기

A: 今天几月几号？ Jīntiān jǐ yuè jǐ hào? 오늘은 몇 월 며칠입니까?
B: 今天一月一号。 Jīntiān yī yuè yī hào. 오늘은 1월 1일입니다.

三月十五号 sān yuè shíwǔ hào 3월 15일
十二月二十五号 shí'èr yuè èrshíwǔ hào 12월 25일

032

你会说什么？
Nǐ huì shuō shénme?
너는 무엇을 말할 줄 아니?

A 汉语。
Hànyǔ.

A 중국어.

단어 会 huì 조동 (배워서) ~할 수 있다, ~할 줄 알다 | 说 shuō 동 말하다 | 什么 shénme 대 무슨, 무엇

해설 '你会说什么？'의 '会'는 배워서 할 수 있다는 뜻이며, 이 문장은 어떤 외국어를 할 줄 아냐는 뜻이다. 따라서 대답으로 '汉语'가 오는 것이 적합하다. '나는 중국어를 할 줄 안다'는 '我会说汉语'이다.

정답_ A

033

Nǐ qù nǎr?
你 去 哪儿?

Shāngdiàn.
E 商店。

너 어디 가니?

E 상점.

단어 去 qù 동 가다 | 哪儿 nǎr 대 어디, 어느 곳

해설 '你去哪儿?'은 상대방이 가는 목적지를 묻는 표현이기 때문에 대답으로 장소와 관련된 단어 '商店'이 오는 것이 적합하다.

정답 _ E

034

Nǐ shénme shíhou xiàkè?
你 什么 时候 下课?

Shí'èr diǎn.
B 十二 点。

넌 언제 수업이 끝나니?

B 12시.

단어 什么时候 shénme shíhou 언제 | 下课 xiàkè 동 수업이 끝나다, 수업을 마치다

해설 '你什么时候下课?'에서 수업이 끝나는 시간을 묻고 있으므로 '12시'라는 뜻의 '十二点'이 오는 것이 적합하다. '什 么时候'는 시간을 묻는 표현이라는 것을 기억해 두자.

정답 _ B

Tip 의문대사		
什么时候 shénme shíhou 언제	谁 shéi 누구	几 jǐ 몇
什么 shénme 무엇, 어떤	哪儿 nǎr 어디	

035

Nǐ shēntǐ hǎo ma?
你 身体 好 吗?

Hěn hǎo.
D 很 好。

너 건강하니?

D 아주 좋아.

단어 身体 shēntǐ 명 건강 | 好 hǎo 형 좋다, 훌륭하다

해설 '你身体好吗?'에서 건강이 좋은지 묻고 있으므로 그 대답으로 긍정은 '很好', 부정은 '不好'로 할 수 있다.

정답 _ D

第四部分

● 36~40번 : 괄호 안에 알맞은 단어를 보기에서 찾아 넣어 보세요.

036-040

	huì A 会 ~할 수 있다		ne B 呢 동작의 진행		hàomǎ C 号码 번호
	míngzi D 名字 이름		tiānqì E 天气 날씨		zěnme F 怎么 어떻게, 왜

036

Wǒmen zài xuéxí ne.
我们 在 学习 **B 呢**。

우리는 공부하고 **B 있다**.

단어 在 zài 閅 ~하고 있다 | 学习 xuéxí 통 공부하다, 배우다

해설 괄호를 뺀 앞부분만으로도 문장이 완성되므로 문장 끝에 붙어 상태나 상황을 나타내는 어기조사가 와야 한다는 것을 알 수 있다. 앞에 '在'와 함께 쓰여 동작의 진행을 나타내는 어기조사 '呢'가 오는 것이 적합하다.

정답_ B

037

Wǒ huì shuō Hànyǔ.
我 **A 会** 说 汉语。

나는 중국어를 **A 할 줄 안다**.

단어 说 shuō 통 말하다 | 汉语 Hànyǔ 명 중국어

해설 괄호 뒤에 동사 '说'가 있으므로 동사 앞에 올 수 있는 단어를 선택해야 한다. '会'는 동사 앞에 쓰여서 '그 동작을 배워서 할 수 있다'는 뜻이다. 이 문장에서는 '중국어를 말하다'라는 '说汉语'가 나왔으므로 중국어를 배워서 말할 수 있다는 뜻이 되도록 '会'가 오는 것이 적합하다.

정답_ A

038

Jīntiān tiānqì zěnmeyàng?
今天 E 天气 怎么样?

오늘 E 날씨 어때요?

단어 今天 jīntiān 몡 오늘 | 怎么样 zěnmeyàng 떼 어떻다, 어떠하다

해설 '怎么样'은 앞에 나온 것이 어떠한지 묻는 표현인데 '天气'를 넣어 오늘 날씨를 묻는 표현을 말할 수 있다.

정답 _ E

039

Nǐ de diànhuà hàomǎ shì duōshao?
女: 你 的 电话 C 号码 是 多少?

Sān sān èr sì sì qī bā jiǔ.
男: 33244789 。

여: 네 전화 C 번호 는 몇 번이니?
남: 3324-4789입니다.

단어 电话 diànhuà 몡 전화 | 是 shì 동 ~이다 | 多少 duōshao 떼 얼마, 몇

해설 괄호 앞에 '너의 전화'라는 뜻의 '你的电话'가 있고 괄호 뒤에 몇 번이냐고 묻는 표현인 '是多少'가 있으므로 전화번호를 묻는 문장임을 알 수 있으므로 '号码'가 오는 것이 적합하다. 전화번호가 몇 번이냐고 물을 때 '几'를 쓰지 않도록 주의해야 한다.

정답 _ C

040

Nǐ shì zěnme lái de?
男: 你 是 F 怎么 来 的?

Wǒ shì zuò qìchē lái de.
女: 我 是 坐 汽车 来 的。

남: 넌 F 어떻게 왔어?
여: 난 차 타고 왔어.

단어 来 lái 동 오다 | 坐 zuò 동 (교통수단을) 타다 | 汽车 qìchē 몡 자동차

해설 동사 '来' 앞에 괄호가 있으므로 동사 앞에 올 수 있는 단어가 와야 하며, 여자가 대답으로 '坐汽车来的'라고 했으므로, 동작하는 방법을 묻는 '어떻게'라는 뜻의 '怎么'가 오는 것이 적합하다. '怎么来'는 '어떻게 왔니?'라는 뜻이다.

정답 _ F

Tip 怎么

'怎么'에는 방법을 묻는 '어떻게'와 이유를 묻는 '왜'라는 뜻이 있다.

这个怎么吃? Zhège zěnme chī? 이것은 어떻게 먹나요?   学校怎么走? Xuéxiào zěnme zǒu? 학교에 어떻게 갑니까?
你怎么不来? Nǐ zěnme bù lái? 너 왜 안 오니?   他怎么哭? Tā zěnme kū? 그는 왜 우니?

新HSK 모의고사 1級

4회 해설

一、听力

第一部分

● 1~5번 : 들려주는 내용과 그림이 일치하는지 판단해 보세요.

001

🔊 chī mǐfàn
吃 米饭

쌀밥을 먹다

📖 **단어** 吃 chī 동 먹다 | 米饭 mǐfàn 명 밥, 쌀밥

🔍 **해설** '吃米饭'은 '쌀밥을 먹다'는 뜻이므로 밥을 먹고 있는 그림과 일치한다.

정답 ✓

002

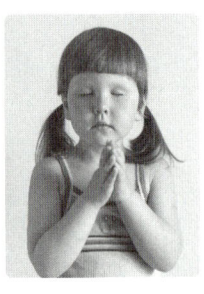

🔊 háizi
孩子

아이

🔍 **해설** '孩子'는 '아이'라는 뜻이므로 여자아이 그림과 일치한다.

정답 ✓

003

◁)) hē chá
喝 茶

차를 마시다

단어 喝 hē 동 마시다 | 茶 chá 명 차

해설 '喝茶'는 '차를 마시다'라는 뜻이지만 주어진 그림은 물을 마시는 그림이므로 일치하지 않는다. 물을 마시다는 '喝水 hē shuǐ'이다.

정답_ ✗

004

◁)) shuǐguǒ
水果

과일

해설 '水果'는 '과일'이라는 뜻이지만 주어진 그림은 연필이므로 일치하지 않는다. 연필은 '铅笔 qiānbǐ'이다.

정답_ ✗

005

◁)) zhuōzi
桌子

책상

해설 '桌子'는 '책상'이라는 뜻이므로 그림과 일치한다.

정답_ ✓

Tip 교실과 관련된 단어		
本子 běnzi 노트, 공책	笔 bǐ 펜	书包 shūbāo 가방
书 shū 책	桌子 zhuōzi 책상	椅子 yǐzi 의자

第二部分

● 6~10번 : 들려주는 내용을 잘 듣고, 알맞은 그림을 고르세요.

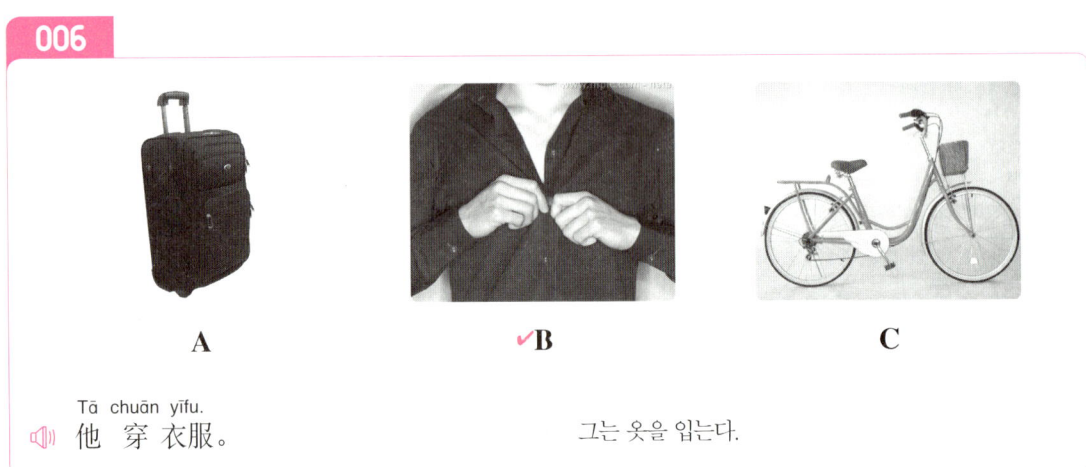

006

Tā chuān yīfu.
他 穿 衣服。

그는 옷을 입는다.

🔸 **단어** 他 tā 때 그, 그 사람 | 穿 chuān 동 (옷을) 입다, (신발을) 신다 | 衣服 yīfu 명 옷

🔸 **해설** '他穿衣服'에서 그는 옷을 입는다고 했으므로 옷을 입고 있는 그림을 선택해야 한다. 가방은 '包 bāo'이고, 자전거는 '自行车 zìxíngchē'이다.

정답_ B

007

Tā xǐhuan chī shuǐguǒ.
他 喜欢 吃 水果。

그는 과일 먹는 것을 좋아한다.

🔸 **단어** 喜欢 xǐhuan 동 좋아하다 | 吃 chī 동 먹다 | 水果 shuǐguǒ 명 과일

🔸 **해설** '喜欢吃水果'에서 과일 먹는 것을 좋아한다고 했으므로 바나나를 먹는 그림을 선택해야 한다. 물을 마시다는 '喝 水 hē shuǐ'이다.

정답_ A

008

Mèimei shì lǎoshī.
妹妹 是 老师。   여동생은 선생님이다.

단어 妹妹 mèimei 명 여동생 | 老师 lǎoshī 명 선생님

해설 '妹妹是老师'에서 여동생이 선생님이라고 했으므로 여자가 수업하고 있는 그림을 선택해야 한다. 회사 직원은 '公司职员 gōngsī zhíyuán'이고 의사는 '医生 yīshēng'이다.

정답 C

009

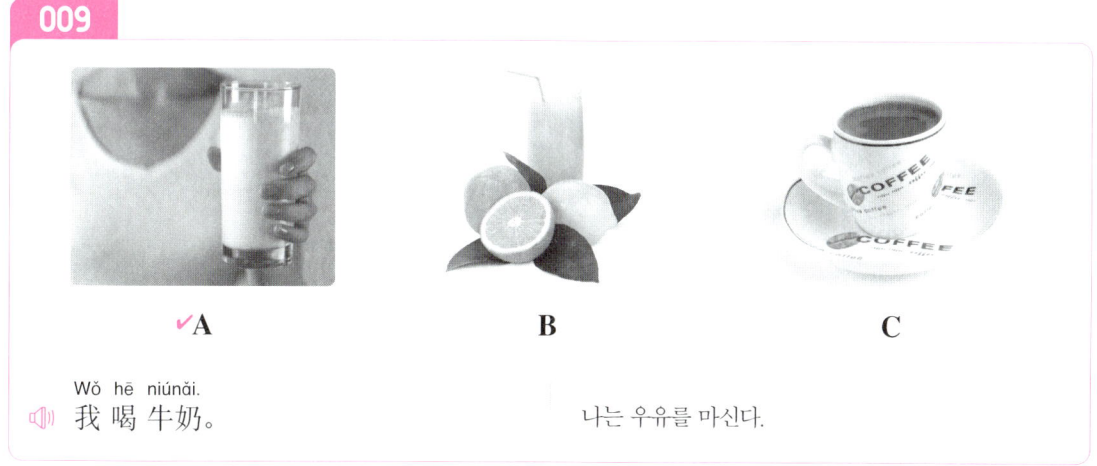

Wǒ hē niúnǎi.
我 喝 牛奶。   나는 우유를 마신다.

단어 我 wǒ 대 나, 저 | 喝 hē 동 마시다 | 牛奶 niúnǎi 명 우유

해설 '喝牛奶'에서 우유를 마신다고 했으므로 우유를 들고 있는 그림을 선택해야 한다. 주스는 '果汁 guǒzhī'이고, 커피는 '咖啡 kāfēi'이다.

정답 A

010

A　　　　　　　　　　B　　　　　　　　　✔C

🔊 Tāmen zài dǎ diànnǎo.
他们 在 打 电脑。　　　　　　　　그들은 컴퓨터를 하고 있다.

단어 他们 tāmen 때 그들, 저들 | 在 zài 튀 ~하고 있다 | 电脑 diànnǎo 명 컴퓨터

해설 '他们在打电脑'에서 그들은 컴퓨터를 하고 있다고 했으므로 두 사람이 컴퓨터를 하고 있는 그림을 선택해야 한다. 노래하다는 '唱歌 chànggē'이고, 전화를 하다는 '打电话 dǎ diànhuà'이다.

정답_ C

第三部分

● 11~15번 : 들려주는 대화를 잘 듣고, 보기에서 알맞은 그림을 찾아 보세요.

011-015

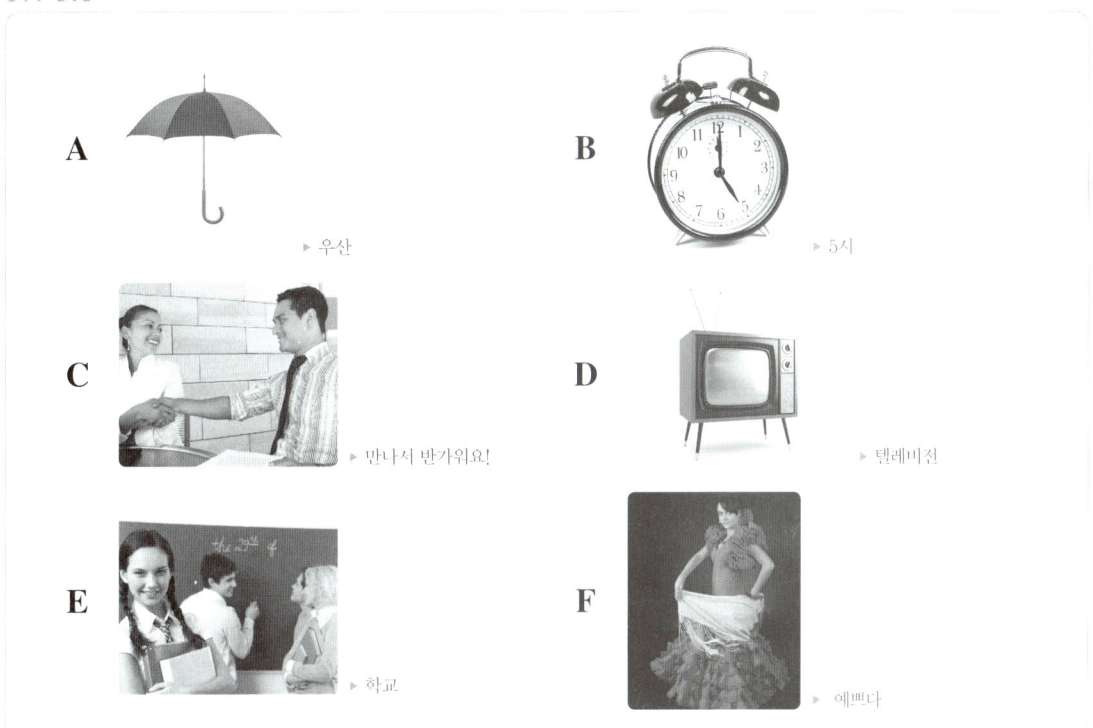

A ▶ 우산
B ▶ 5시
C ▶ 만나서 반가워요!
D ▶ 텔레비전
E ▶ 학교
F ▶ 예쁘다

011

男: Tā de yīfu zěnmeyàng?
她 的 衣服 怎么样?

女: Hěn piàoliang.
很 漂亮。

남: 그녀의 옷은 어때?
여: 아주 예뻐.

단어 衣服 yīfu 명 옷 | 怎么样 zěnmeyàng 대 어떻다, 어떠하다 | 漂亮 piàoliang 형 예쁘다

해설 '她的衣服怎么样?'에서 그녀의 옷이 어떤지를 묻고 있으므로 여자가 예쁜 옷을 입고 자랑하는 듯한 그림을 찾으면 된다.

정답_ F

Tip 옷과 관련된 단어

毛衣 máoyī 스웨터   裙子 qúnzi 치마   衬衫 chènshān 와이셔츠
裤子 kùzi 바지   帽子 màozi 모자   手套 shǒutào 장갑

012

男: Míngtiān tiānqi zěnmeyàng?
　　明天 天气 怎么样?

女: Míngtiān xià yǔ.
　　明天 下 雨。

남: 내일 날씨 어때?
여: 내일은 비가 와.

단어 明天 míngtiān 명 내일 | 天气 tiānqì 명 날씨 | 怎么样 zěnmeyàng 대 어떻다, 어떠하다 | 下雨 xià yǔ 통 비가 오다

해설 '明天下雨'에서 내일은 비가 온다고 했으므로 비와 관련 있는 우산 그림을 찾으면 된다.

정답_ A

> **Tip** 날씨와 관련된 단어
>
> 刮风 guā fēng 바람이 불다　　下雪 xià xuě 눈이 내리다　　阴天 yīntiān 흐린 날씨
> 下雨 xià yǔ 비가 오다　　　晴天 qíngtiān 맑은 날씨

013

男: Nǐ zài nǎr?
　　你 在 哪儿?

女: Wǒ zài xuéxiào.
　　我 在 学校。

남: 너는 어디에 있니?
여: 나는 학교에 있어.

단어 在 zài 통 ~에 있다 | 哪儿 nǎr 대 어디, 어느 곳 | 学校 xuéxiào 명 학교

해설 '在学校'에서 학교에 있다고 했으므로 교실에 학생들이 있는 그림을 찾으면 된다.

정답_ E

014

🔊 男: Xiànzài jǐ diǎn?
现在 几 点?

女: Wǔ diǎn.
五 点。

남: 지금 몇 시야?
여: 5시야.

단어 现在 xiànzài 명 지금, 현재 | 几 jǐ 수 몇 | 点 diǎn 양 시

해설 '五点'에서 5시라고 했으므로 5시를 가리키고 있는 시계 그림을 찾으면 된다.

정답 _ B

015

🔊 男: Wǎnshang nǐ zuò shénme?
晚上 你 做 什么?

女: Wǒ kàn diànshì.
我 看 电视。

남: 너는 저녁에 뭐하니?
여: 텔레비전을 봐.

단어 晚上 wǎnshang 명 저녁 | 做 zuò 동 하다 | 什么 shénme 대 무슨, 무엇 | 电视 diànshì 명 텔레비전

해설 '我看电视'에서 텔레비전을 본다고 했으므로 텔레비전 그림을 찾으면 된다.

정답 _ D

Tip	시간명사

早上 zǎoshang 아침   中午 zhōngwǔ 정오   晚上 wǎnshang 저녁
上午 shàngwǔ 오전   下午 xiàwǔ 오후

第四部分

● 16~20번 : 들려주는 내용을 잘 듣고, 질문에 알맞은 답을 고르세요.

016

Tā de péngyou shì cóng Zhōngguó lái de.
他 的 朋友 是 从 中国 来 的。

Tā de péngyou shì nǎ guó rén?
问: 他 的 朋友 是 哪 国 人?

   Rìběnrén
A 日本人

   Hánguórén
B 韩国人

   Zhōngguórén
✓C 中国人

그의 친구는 중국에서 왔다.

질문: 그의 친구는 어느 나라 사람인가?

A 일본인
B 한국인
C 중국인

단어 朋友 péngyou 명 친구 | 从 cóng 전 ~부터 | 中国 Zhōngguó 명 중국 | 来 lái 동 오다 | 哪 nǎ 대 어느 | 国 guó 명 국가, 나라 | 日本人 Rìběnrén 명 일본인 | 韩国人 Hánguórén 명 한국인 | 中国人 Zhōngguórén 명 중국인

해설 '他的朋友是从中国来的'에서 그의 친구는 중국에서 왔다고 했으므로 중국인임을 알 수 있다.

정답 C

017

Míngtiān xiàwǔ, wǒ hé gēge qù gōngyuán.
明天 下午, 我 和 哥哥 去 公园。

Tā hé shéi qù gōngyuán?
问: 他 和 谁 去 公园?

  gēge   māma   dìdi
✓A 哥哥   B 妈妈   C 弟弟

내일 오후에 나와 형은 공원에 간다.

질문: 그는 누구와 공원에 가는가?

A 형   B 엄마   C 남동생

단어 明天 míngtiān 명 내일 | 下午 xiàwǔ 명 오후 | 和 hé 접 ~와(과) | 哥哥 gēge 명 형, 오빠 | 公园 gōngyuán 명 공원 | 谁 shéi 대 누구 | 妈妈 māma 명 엄마 | 弟弟 dìdi 명 남동생

해설 '我和哥哥去公园'에서 나와 형이 공원에 간다는 것을 알 수 있다.

정답 A

018

🔊 Jīntiān shì sì yuè sān hào, xīngqīwǔ.
今天 是 4 月 3 号, 星期五。

Míngtiān shì jǐ hào?
问: 明天 是 几 号?

A wǔ hào
   5 号

✓B sì hào
    4 号

C sān hào
   3 号

오늘은 4월 3일, 금요일입니다.

질문: 내일은 며칠인가?

A 5일   **B 4일**   C 3일

단어 今天 jīntiān 명 오늘 | 月 yuè 명 달, 월 | 日 rì 명 일 | 星期五 xīngqīwǔ 명 금요일 | 几 jǐ 수 몇 | 号 hào 명 일

해설 '今天是4月3号'에서 오늘은 4월 3일이라고 했으므로 내일은 4월 4일임을 알 수 있다.

정답_B

019

🔊 Tā huì zuò fàn.
他 会 做 饭。

Tā huì zuò shénme?
问: 他 会 做 什么?

✓A zuò fàn
    做 饭

B shuō Hànyǔ
   说 汉语

C zuò zuòyè
   做 作业

그는 밥을 할 줄 안다.

질문: 그는 무엇을 할 줄 아는가?

A 밥 짓기
B 중국어 말하기
C 숙제하기

단어 会 huì 조동 (배워서) ~할 수 있다, ~할 줄 알다 | 做饭 zuò fàn 통 밥을 하다 | 什么 shénme 대 무슨, 무엇 | 说 shuō 통 말하다 | 汉语 Hànyǔ 명 중국어 | 做 zuò 통 ~을 하다 | 作业 zuòyè 명 숙제

해설 '他会做饭'에서 그는 밥을 할 줄 안다는 것을 알 수 있다.

정답_A

020

Wǒ māma bú shì yīshēng, shì lǎoshī.
我 妈妈 不 是 医生，是 老师。

Tā māma zuò shénme gōngzuò?
问: 她 妈妈 做 什么 工作？

A 学生 　 ✔B 老师 　 C 医生
　xuésheng　　lǎoshī　　　yīshēng

우리 엄마는 의사가 아니고, 선생님이시다.

질문: 그녀의 엄마는 무슨 일을 하시나?

A 학생　　B 선생님　　C 의사

단어 妈妈 māma 몡 엄마 | 不是 bú shì 동 ~이 아니다 | 医生 yīshēng 몡 의사 | 老师 lǎoshī 몡 선생님 | 做 zuò 동 하다 | 工作 gōngzuò 몡동 일(하다) | 学生 xuésheng 몡 학생

해설 '我妈妈不是医生, 是老师'에서 엄마는 의사가 아니고 선생님이라고 했으므로 엄마의 직업이 선생님임을 알 수 있다.

정답_ B

二、阅读

第一部分

● 21~25번 : 제시된 그림과 단어의 의미가 일치하는지 판단해 보세요.

021

xuésheng
学生

학생

해설 '学生'은 '학생'이라는 뜻인데 그림엔 경찰이 있으므로 일치하지 않는다. 경찰은 '警察 jǐngchá'이다.

정답 ✕

022

huǒchē
火车

기차

해설 '火车'는 '기차'라는 뜻인데 그림엔 자동차가 있으므로 그림과 일치하지 않는다. 자동차는 '汽车 qìchē'이다.

정답 ✕

023

qián
钱
돈

🔍해설 '钱'은 '돈'이라는 뜻이므로 중국 화폐인 인민폐 그림과 일치한다.

정답_ ✓

024

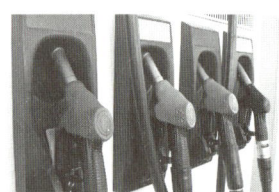

huǒchēzhàn
火车站
기차역

🔍해설 '火车站'은 '기차역'인데 그림은 주유소 그림이므로 일치하지 않는다. 주유소는 '加油站 jiāyóuzhàn'이다.

정답_ ✗

Tip	'站 zhàn'이 사용되는 단어
火车站 huǒchē zhàn 기차역	公共汽车站 gōnggòng qìchē zhàn 버스 정류장
地铁站 dìtiě zhàn 전철역	

025

yǐzi
椅子
의자

🔍해설 '椅子'는 '의자'라는 뜻이므로 그림과 일치한다.

정답_ ✓

第二部分

● 26～30번 : 제시된 문장과 일치하는 그림을 보기에서 찾아 보세요.

026-030

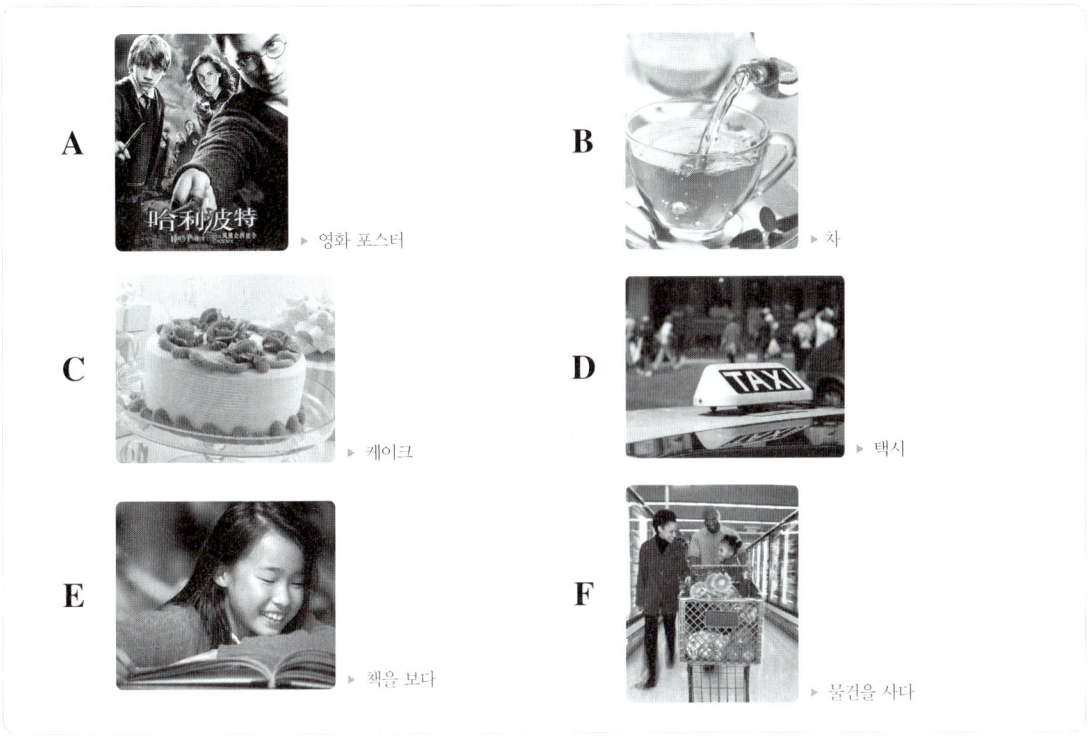

A ▶ 영화 포스터
B ▶ 차
C ▶ 케이크
D ▶ 택시
E ▶ 책을 보다
F ▶ 물건을 사다

026

Māma měitiān hē chá.
妈妈 每天 喝 茶。

엄마는 매일 차를 마신다.

단어 妈妈 māma 명 엄마 | 每天 měitiān 명부 매일 | 喝 hē 동 마시다 | 茶 chá 명 차

해설 '妈妈每天喝茶'에서 엄마는 매일 차를 마신다고 했으므로 찻잔에 차를 따르고 있는 그림을 찾으면 된다.

정답 **B**

027

Zuótiān shì tā jiějie de shēngrì.
昨天 是 她 姐姐 的 生日。

어제는 그녀의 언니 생일이었다.

단어 昨天 zuótiān 몡 어제 | 姐姐 jiějie 몡 누나, 언니 | 生日 shēngrì 몡 생일

해설 '昨天是她姐姐的生日'에서 어제가 그녀의 언니 생일이었다고 했으므로 생일날 먹는 케이크가 있는 그림을 찾으면 된다.

정답_ C

028

Wǒmen qù shāngdiàn mǎi dōngxi.
我们 去 商店 买 东西。

우리는 물건을 사러 상점에 간다.

단어 我们 wǒmen 대 우리 | 去 qù 동 가다 | 商店 shāngdiàn 몡 상점, 판매점 | 买 mǎi 동 사다, 구매하다 | 东西 dōngxi 몡 물건

해설 '去商店买东西'에서 물건 사러 상점에 간다고 했으므로 쇼핑 카트를 끌고 물건을 사는 그림을 찾으면 된다.

정답_ F

029

Tā zài Běijīng kàn diànyǐng.
他 在 北京 看 电影。

그는 베이징에서 영화를 본다.

단어 在 zài 전 ~에서 | 北京 Běijīng 명 베이징 | 看 kàn 동 보다 | 电影 diànyǐng 명 영화

해설 '在北京看电影'에서 베이징에서 영화를 본다고 했으므로 영화 포스터가 있는 그림을 찾으면 된다.

정답_ A

030

Wǒ xiǎng zuò chūzūchē qù.
我 想 坐 出租车 去。

나는 택시를 타고 가고 싶다.

단어 想 xiǎng 조동 ~하고 싶다, ~하려고 하다 | 坐 zuò 동 (교통수단을) 타다 | 出租车 chūzūchē 명 택시

해설 '想坐出租车去'에서 택시를 타고 가고 싶다고 했으므로 택시 그림을 찾으면 된다.

정답_ D

Tip '坐'와 '骑'

앉아서 가는 교통수단에는 동사 '坐'를 쓴다.
- 坐公共汽车 zuò gōnggòng qìchē 버스를 타다
- 坐飞机 zuò fēijī 비행기를 타다
- 坐地铁 zuò dìtiě 전철을 타다
- 坐出租车 zuò chūzūchē 택시를 타다

올라타는 교통수단에는 동사 '骑'를 쓴다.
- 骑自行车 qí zìxíngchē 자전거를 타다

말도 올라타기 때문에 동사 '骑'를 쓴다.
- 骑马 qí mǎ 말을 타다

第三部分

● 31~35번 : 주어진 질문에 알맞은 대답을 찾아 연결해 보세요.

031-035

A 鸡蛋 (jīdàn) 계란	B 下午三点 (xiàwǔ sān diǎn) 오후 3시	C 我有一个女儿。(Wǒ yǒu yí ge nǚ'ér.) 나는 딸이 하나 있다.
D 中国歌 (Zhōngguó gē) 중국 노래	E 是 (shì) 그렇다	F 好的,谢谢! (Hǎo de, xièxie!) 좋아, 고마워!

031

你妈妈是医生吗? (Nǐ māma shì yīshēng ma?)
E 是。(Shì.)

너의 엄마는 의사이시니?
E 그렇다.

단어 妈妈 māma 몡 엄마 | 是 shì 통 ~이다 | 医生 yīshēng 몡 의사

해설 '你妈妈是医生吗?'에서 엄마가 의사냐고 묻고 있다. 이 문장에 대한 대답은 긍정일 경우엔 간단하게 '是'라고만 해도 되고, 또는 그 뒤에 '医生'을 붙여 말해도 된다. 부정일 때는 간단하게 '不是'라고 말해도 되고, 또는 그 뒤에 정확한 직업을 말하면 된다.

정답_ E

032

你喜欢吃什么? (Nǐ xǐhuan chī shénme?)
A 鸡蛋。(Jīdàn.)

너는 무엇을 먹는 걸 좋아하니?
A 계란.

단어 喜欢 xǐhuan 통 좋아하다 | 吃 chī 통 먹다 | 什么 shénme 때 무슨, 무엇

해설 '你喜欢吃什么?'에서 무엇을 먹는 걸 좋아하는지 묻고 있으므로 '계란'이라는 뜻의 '鸡蛋'이 오는 것이 적합하다.

정답_ A

> **Tip** 喜欢
>
> '喜欢'은 '좋아하다'는 뜻으로 뒤에 동사가 오면 '~하기를 좋아하다'는 뜻이다.
> 我喜欢吃苹果。Wǒ xǐhuan chī píngguǒ. 나는 사과 먹는 것을 좋아한다.
> 她喜欢看电影。Tā xǐhuan kàn diànyǐng. 그녀는 영화 보는 것을 좋아한다.
> 他们喜欢学习汉语。Tāmen xǐhuan xuéxí Hànyǔ. 그들은 중국어 공부하는 것을 좋아한다.

033

Nǐmen chàng shénme?
你们 唱 什么?

D 中国 歌。
Zhōngguó gē

너희들 뭘 부르는 거야?

D 중국 노래.

단어 你们 nǐmen 대 너희들, 당신들 | 唱 chàng 동 노래하다

해설 '你们唱什么?'에서 뭘 부르냐고 묻고 있으므로 대답으로는 '唱'과 어울리는 '중국 노래'라는 뜻의 '中国歌'가 오는 것이 적합하다.

정답 D

034

Nǐ shénme shíhou huíjiā?
你 什么 时候 回家?

B 下午 三 点。
Xiàwǔ sān diǎn

넌 언제 집에 돌아오니?

B 오후 3시.

단어 什么时候 shénme shíhou 언제 | 回家 huíjiā 동 집으로 돌아가다, 귀가하다

해설 '你什么时候回来?'에서 집에 돌아오는 시간을 묻고 있으므로 오후 3시라는 뜻의 '下午三点'이 오는 것이 적합하다.

정답 B

035

Nǐ yǒu háizi ma?
你 有 孩子 吗?

C 我 有 一 个 女儿。
Wǒ yǒu yí ge nǚ'ér

너 아이가 있니?

C 나는 딸이 하나 있다.

단어 有 yǒu 동 있다 | 孩子 háizi 명 아이, 어린이

해설 '你有孩子吗?'에서 아이가 있냐고 묻고 있으므로 딸이 하나 있다는 문장인 '我有一个女儿'이 오는 것이 적합하다.

정답 C

Tip 你有~吗?

'你有~吗?'는 상대방에게 '~있습니까?'라고 묻는 표현이다.

你有笔吗? Nǐ yǒu bǐ ma? 펜이 있습니까?
你有弟弟吗? Nǐ yǒu dìdi ma? 남동생이 있습니까?

第四部分

● 36~40번 : 빈칸에 알맞은 단어를 보기에서 찾아 넣어 보세요.

036-040

	duìbuqǐ		gōngzuò		suì
A	对不起	B	工作	C	岁
	미안해		일하다		살, 세
	míngzi		zuò		hé
D	名字	E	做	F	和
	이름		하다		~와(과)

036

Mèimei bā　　suì le.
妹妹 八 **C 岁** 了。

여동생은 여덟 **C 살**이다.

단어 妹妹 mèimei 몡 여동생 | 八 bā ㈜ 8, 팔

해설 주어가 '妹妹'이고 괄호 앞에 '八'가 왔으므로 여동생의 나이를 묻는 것임을 알 수 있다. 그러므로 나이를 셀 때 쓰는 '岁'가 오는 것이 적합하다.

정답_ **C**

037

Māma zài xuéxiào　　gōngzuò, shì ge lǎoshī.
妈妈 在 学校 **B 工作**, 是 个 老师。

엄마는 학교에서 **B 일하시는**, 선생님이시다.

단어 妈妈 māma 몡 엄마 | 在 zài 젠 ~에서 | 学校 xuéxiào 몡 학교 | 个 ge 양 개(사물이나 사람 등에 두루 쓰이는 양사) | 老师 lǎoshī 몡 선생님

해설 괄호 앞에서 '妈妈在学校(엄마는 학교에서)'라고 했으므로 학교에서 무엇을 하는지가 나와야 한다. 또한 뒷절 '是个老师'에서 '선생님이시다'라고 했으므로 엄마는 학교에서 일하신다는 것을 알 수 있다. 따라서 일하다는 뜻의 동사 '工作'가 오는 것이 적합하다.

정답_ **B**

038

Wáng lǎoshī　　hé wǒ qù Zhōngguó.
王 老师 **F 和** 我 去 中国。

왕 선생님 **F 과** 나는 중국에 간다.

단어 去 qù 동 가다 | 中国 Zhōngguó 명 중국

해설 '去中国'에서 중국에 간다고 했는데 중국에 가는 사람이 바로 '王老师'와 '我'이다. 그러므로 왕 선생님과 나를 이어 줄 수 있는 단어가 괄호에 들어가야 한다. 전치사 '和'는 '~와(과)'라는 뜻으로 앞과 뒤를 이어주는 역할을 하므로 '和'가 오는 것이 적합하다.

정답_F

039

　　Wéi,　Zhāng lǎoshī zài jiā ma?
女: 喂, 张 老师 在 家 吗?

　　Duìbuqǐ,　　tā bú zài.
男: **A 对不起**, 他 不 在。

여: 여보세요, 장 선생님 댁에 계십니까?
남: **A 죄송합니다**, 안 계십니다.

단어 喂 wéi 감 (전화상에서) 여보세요 | 在 zài 동 ~에 있다 | 家 jiā 명 집

해설 '张老师在家吗?'에서 장 선생님이 집에 있는지를 묻고 있는데, '他不在'라며 집에 없다고 했으므로 괄호에는 '미안하다'는 뜻의 '对不起'가 오는 것이 적합하다.

정답_A

040

　　Míngtiān nǐ　zuò shénme?
男: 明天 你 **E 做** 什么?

　　Wǒ qù shāngdiàn mǎi dōngxi.
女: 我 去 商店 买 东西。

남: 내일 너 뭐 **E 하니**?
여: 물건 사러 상점에 갈 거야.

단어 明天 míngtiān 명 내일 | 什么 shénme 대 무슨, 무엇 | 商店 shāngdiàn 명 상점, 판매점 | 买 mǎi 동 사다, 구매하다 | 东西 dōngxi 명 것, 물건

해설 '什么' 앞에 괄호가 있으므로 그 괄호에는 '吃什么?(뭐 먹니?), 看什么?(뭘 보니?)'처럼 동사가 들어간다는 것을 알 수 있다. 대답으로 '我去商店买东西'라며 물건을 사러 상점에 갈 거라고 했으므로 상대방이 무엇을 할 건지 물어봤다는 것을 알 수 있다. 따라서 '做'가 오는 것이 적합하다. '做什么'는 '뭐 하니?'라는 뜻이다.

정답_E

www.nexusbook.com 넥서스CHINESE
t.02-330-5500 f.02-330-5555

2010 2011 2년 연속
소비자가 뽑은 HOW TO
가장 신뢰하는 브랜드 대상

단번에 新HSK에 합격하는 비법!
How to 新HSK 모의고사

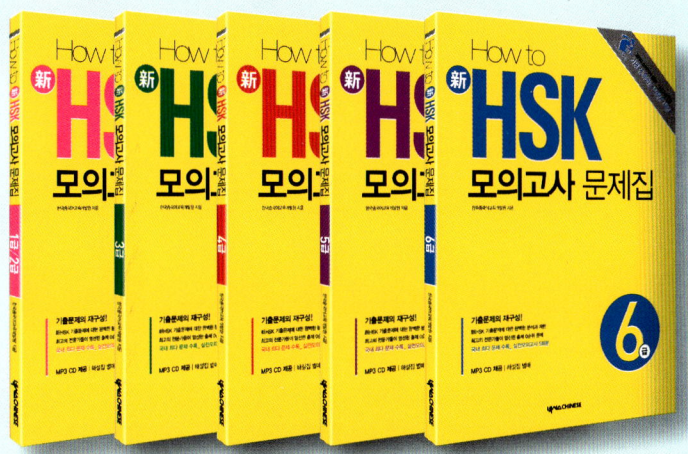

기출문제의 재구성!

- 新HSK 기출문제에 대한 완벽한 분석과 재현
- 최고의 전문가들이 엄선한 출제 0순위 문제
- 국내 최다 문제 수록_ 실전모의고사 5회분

How to 新HSK 모의고사 문제집

한국중국어교육개발원 지음 | 4×6배판 | 각 권 136~200쪽 | 각 권 11,000원~13,000원(MP3 CD 포함)

다년간의 연구와 강의 경험을 자랑하는 집필진이
적중률 높은 문제만을 고르고 골랐다!
이보다 더 생생한 마무리 실전 훈련은 없다!

How to 新HSK 모의고사 해설집

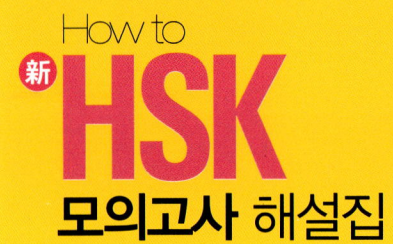

How to 新HSK 모의고사 해설집

한국중국어교육개발원 지음

2급

넥서스CHINESE

新HSK 2급 유형별 공략법

1. 听力(듣기)

第一部分

유형 주어진 그림과 들려주는 내용이 일치하는지 일치하지 않는지 판단하는 문제이다.

공략법1 핵심 단어에 집중하라.

예

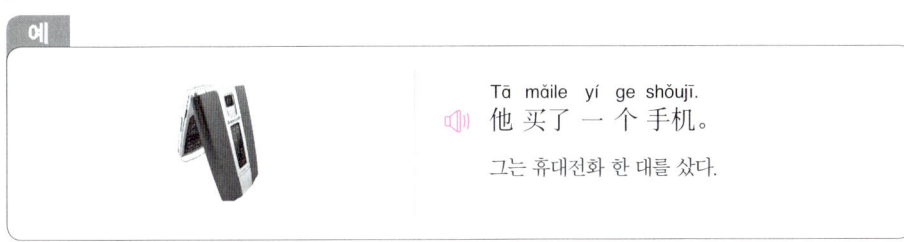

Tā mǎile yí ge shǒujī.
他 买 了 一 个 手机。
그는 휴대전화 한 대를 샀다.

⇨ 듣기 1부분에서는 핵심 단어만 듣고도 문제를 풀 수 있는 경우가 많다. 주어진 문장의 '手机'를 듣고 휴대폰 그림과 일치함을 바로 알 수 있다.

공략법2 상황별로 단어를 정리하라.

예

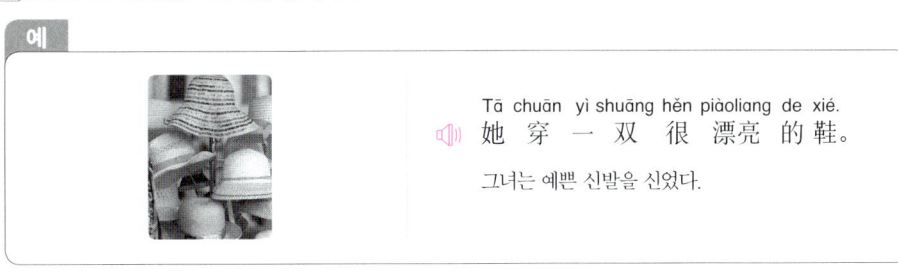

Tā chuān yì shuāng hěn piàoliang de xié.
她 穿 一 双 很 漂亮 的 鞋。
그녀는 예쁜 신발을 신었다.

⇨ 들려주는 내용에서 예쁜 신발을 신었다고 했으나 제시된 그림은 모자이다. 이처럼 들려주는 내용은 제시된 그림과 연관성이 있으므로, 의류나 교통수단, 장소 등의 단어를 묶어서 정리하는 습관이 필요하다.

第二部分

유형 들려주는 대화 내용을 듣고 보기에서 일치하는 그림을 찾는 문제이다.

공략법1 대화의 주제를 파악하라.

대화 내용을 듣고 보기에서 알맞은 그림을 찾는 문제이므로 무엇을 이야기하고 있는지 파악하면 쉽게 풀 수 있다.

예

A ▶ 커피
B ▶ 엄마, 아빠, 나, 남동생

男: Nín xiǎng hē shénme?
   您 想 喝 什么?

女: Wǒ xiǎng hē yì bēi kāfēi.
   我 想 喝 一 杯 咖啡。

남: 어떤 것을 마시겠습니까?
여: 커피 한 잔 주세요.

⇨ 예문에서 '您想喝什么?'를 듣고 마실 것에 대해 이야기하고 있다는 것을 알 수 있으므로, 보기로 주어진 그림 중에서 마실 수 있는 것이 제시된 그림을 선택해야 한다. 이어지는 여자의 말 '我想喝一杯咖啡。'를 통해 답을 확인할 수 있다.

공략법2 상황별 회화 표현을 정리하자.

대화문은 일상생활에서 쓰이는 회화체 문장으로 구성되어 있다. 그러므로 상황에 맞는 회화적인 표현을 평소에 정리해 두어야 한다.

예

 A ▶ 아프다
 B ▶ 케이크

男: Nǐ zěnme le?
   你 怎么 了?

女: Wǒ gǎnmào le, tóu yǒudiǎnr téng.
   我 感冒 了, 头 有点儿 疼。

남: 왜 그러세요?
여: 감기에 걸려서, 머리가 좀 아파요.

⇨ 예문의 '你怎么了?'는 '무슨 일이야?' 또는 '왜 그래?'의 뜻으로 안색이 좋지 않은 상대방에게 물을 수 있는 말이므로 상대방이 좋지 않은 상태임을 알 수 있다. 또한 '감기에 걸렸어.'는 '我感冒了。', '머리가 아파.'는 '我头疼。'이라는 것을 알고 있다면 문제를 쉽게 풀 수 있다. 이 밖에도 쇼핑과 관련된 표현, 감정과 관련된 표현, 병원이나 공항 등 특정 장소와 관련된 표현을 정리해 두면 도움이 된다.

第三部分

유형 들려주는 녹음을 듣고 질문에 알맞은 답을 고르는 문제이다.

공략법 1 보기를 활용하라.

보기는 들려주는 내용을 추측해 볼 수 있는 아주 좋은 힌트이므로 보기를 잘 활용해야 한다.

예

女: Yīshēng, wǒ zěnme le?
　　医生, 我 怎么 了?

男: Nǐ gǎnmào le, huíjiā duō xiūxi.
　　你 感冒 了, 回家 多 休息。

问: Tāmen zuì kěnéng zài nǎr?
　　他们 最 可能 在 哪儿?

　　　jiā li
A　家 里

✓B　yīyuàn
　　医院

C　yàofáng
　　药房

여: 의사 선생님, 제가 왜 이러죠?

남: 감기에 걸리셨어요. 집에 돌아가서 충분한 휴식을 취하세요.

질문: 그들은 어디에 있나?

A 집
B 병원
C 약국

⇨ 보기로 '家里(집)', '医院(병원)', '药房(약국)'이 주어졌으므로 장소와 관련된 문제가 나올 것이고, 들려주는 내용에서도 장소를 유추할 수 있는 힌트가 나올 것이라는 것에 주의하며 들어야 한다. 예상했던 대로 그들이 있는 곳에 대해 묻는 질문이 나왔으며 여자의 말에서 장소를 유추할 수 있는 힌트도 나온 것을 볼 수 있다. 여자가 '医生(의사 선생님)'이라고 말하는 것을 듣고 그들이 있는 곳이 '医院'임을 알 수 있다.

공략법 2 문제의 핵심을 잘 들어라.

문제에서 묻고자 하는 것이 무엇인지 핵심을 정확하게 파악해야 한다.

예

男: 那个 商店 几 点 关门？
　　Nàge shāngdiàn jǐ diǎn guānmén?

女: 可能 五 点, 还 有 一 个 小时。
　　Kěnéng wǔ diǎn, hái yǒu yí ge xiǎoshí.

问: 现在 几 点？
　　Xiànzài jǐ diǎn?

✓ A 4:00

　 B 5:30

　 C 5:00

남: 그 상점은 몇 시에 문을 닫지?
여: 아마 5시일 거야. 아직 한 시간 남았어.

질문: 지금 몇 시인가?

A 4:00
B 5:30
C 5:00

⇒ 보기 C에서 '5:00'이 나왔고 들려주는 내용에서도 '五点'이라고 나왔지만, 내용상 이것은 상점이 문 닫는 시간임을 알 수 있다. 질문에서는 지금 몇 시인지를 물었으므로 답은 '4시'이다. 이렇듯 문제가 정확하게 무엇을 묻고 있는지를 파악해야 한다.

第四部分

유형 들려주는 내용을 듣고 질문에 알맞은 답을 고르는 문제이다.

공략법 1 대화를 끝까지 들어라.

대화의 첫 문장에서 답이 나오는 경우도 있으나 녹음을 끝까지 다 들어야 풀 수 있는 경우가 대부분이다.

예

男: Xiǎo Zhāng, zhège zuòyè xīngqīsān yídìng yào gěi lǎoshī.
小张, 这个作业 星期三 一定 要 给 老师。

女: Bù xíng. Jīntiān dōu xīngqīyī le, kěnéng zuò bù wán.
不行。今天 都 星期一 了, 可能 做 不 完。

男: Nà shénme shíhou zuò wán?
那 什么 时候 做 完?

女: Xīngqīwǔ kěyǐ zuò wán.
星期五 可以 做 完。

问: Zuòyè zuì kěnéng shénme shíhou zuò wán?
作业 最 可能 什么 时候 做 完?

✓ A 星期五 (xīngqīwǔ)
B 星期三 (xīngqīsān)
C 星期一 (xīngqīyī)

남: 샤오장, 이 숙제는 수요일에 반드시 선생님께 제출해야 해.
여: 안 돼요. 오늘이 벌써 월요일이잖아요. 다 못할 것 같아요.
남: 그럼 언제 끝나니?
여: 금요일까지는 끝낼 수 있어요.

질문: 숙제를 언제 끝낼 수 있는가?

A 금요일
B 수요일
C 월요일

⇒ 예문의 보기에 요일이 나왔다고 해서 녹음 앞부분에 나오는 '星期三'이나 '星期一'를 성급하게 선택해서는 안 된다. 문제에서는 숙제를 언제 끝낼 수 있는지를 묻고 있으므로 여자의 마지막 말 '星期五可以做完.'를 듣고 '星期五'를 선택해야 한다.

공략법 2 반어적 표현에 주의하라.

예

女: Míngtiān nǐ hé wǒ yìqǐ qù shāngdiàn, wǒ yào mǎi yí jiàn yīfu.
明天 你 和 我 一起 去 商店, 我 要 买 一 件 衣服。

男: Nǐ hái yào mǎi yīfu, nǐ de yīfu yǐjīng hěn duō le.
你 还 要 买 衣服, 你 的 衣服 已经 很 多 了。

女: Zěnme? Nǐ bù xiǎng qù?
怎么? 你 不 想 去?

男: Qù, qù, wǒ nǎ néng bú qù?
去, 去, 我 哪 能 不 去?

问: Nán de shì shénme yìsi?
男 的 是 什么 意思?

A 不去 商店 (bú qù shāngdiàn)
✓B 去 商店 (qù shāngdiàn)
C 不 买 衣服 (bù mǎi yīfu)

여: 내일 나랑 같이 상점에 가자. 옷 사고 싶어.
남: 또 옷을 산다는 거야? 넌 이미 옷이 많잖아.
여: 뭐라고? 가기 싫다는 거야?
남: 가, 가, 내가 어떻게 안 갈 수 있겠어?

질문: 남자가 한 말의 뜻은?

A 상점에 안 간다
B 상점에 간다
C 옷을 안 산다

➡ 남자의 말 '我哪能不去?'의 의미를 찾는 문제인데 '不去'를 듣고 'A 不去商店'을 선택하지 않도록 주의해야 한다. '我哪能不去?'는 '내가 어떻게 안 갈 수 있겠어?'라는 반어적 표현으로 '안 갈 수 없다', 즉 '상점에 가겠다'는 의미이다. 이렇게 반어적인 표현을 묻는 문제는 어려운 문제에 속하지만 좋은 점수를 얻기 위해서 반드시 넘어야 할 산이므로 평소에 잘 정리해 두어야 한다.

2. 阅读(독해)

第一部分

유형 주어진 문장과 일치하는 그림을 보기에서 찾는 문제이다.

공략법1 핵심 단어를 찾아라.

간단한 문장만이 제시되지만 그림과 연결시킬 수 있는 핵심 단어는 반드시 있다.

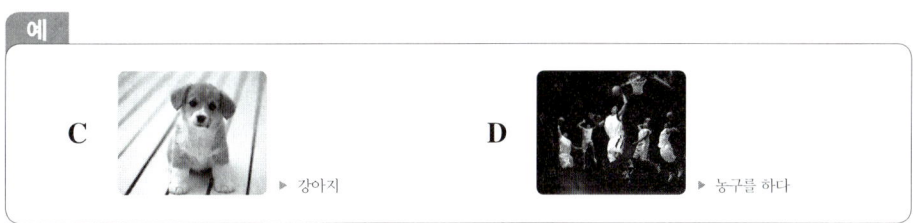

| Xiǎogǒu shì rén de hǎo péngyou.
小狗 是 人 的 好 朋友。 | 강아지는 사람의 좋은 친구입니다. |

⇨ 예문의 핵심 단어는 '小狗'이다. 각 문제의 핵심 단어에 밑줄을 치며 정확하고 빠르게 그림을 찾아 문제를 풀 수 있도록 해야 한다.

第二部分

유형 괄호 안에 들어갈 알맞은 단어를 보기에서 찾는 문제이다.

공략법1 보기를 파악하라.

보기로 주어진 단어의 뜻과 품사를 파악하는 것은 기본이며, 더 나아가 '穿'이 나왔다면 '穿衣服'로 쓰일 수 있다는 것과 '一本'이 나왔다면 '一本书'처럼 뒤에 책과 관련된 사물이 온다는 기본적인 쓰임을 알고 있다면 문제를 더 쉽고 정확하게 풀 수 있다.

공략법 2 앞뒤 문맥을 살펴라.

예

	xìngfú		zuò		yì běn
A	幸福	B	做	C	一本
	행복하다		하다		한 권
	yǒu		guì		jièshào
D	有	E	贵	F	介绍
	있다		비싸다		소개하다

Tāmen jiéhūn le, shēnghuó hěn xìngfú.
他们 结婚 了, 生活 很 **A** 幸福。 그들은 결혼해서 생활이 매우 **A** 행복하다.

➡ 괄호를 채우기 위해서는 반드시 앞 절의 내용을 파악해서 전체적인 문맥에 맞는 말을 찾아야 한다. 앞 절에서 '他们结婚了'라고 했으므로 보기 중에서 형용사 '幸福'가 괄호에 들어가야 한다는 것을 알 수 있다. 만약 앞 절의 내용이 '실직을 했다'거나 '병이 났다'는 내용이라면 '幸福'가 올 수 없을 것이다. 그러므로 앞뒤 문맥을 살피는 것이 중요하다.

第三部分

유형 주어진 문장을 읽고 질문의 내용과 일치하는지 일치하지 않는지 판단하는 문제이다.

공략법 1 동의어와 반의어를 정리하라.

두 문장의 내용이 일치하는지 파악하는 문제이므로 많은 문제에서 동의어와 반의어가 등장한다. 평소에 단어를 정리할 때 의미상 비슷하거나 반대되는 단어가 나오면 연관 지어 공부해야 한다.

예

Tā mǎile nà jiàn yīfu, yīnwèi yòu
他 买了 那 件 衣服, 因为 又
piányi yòu piàoliang.
便宜 又 漂亮。

그는 그 옷이 싸고 예뻐서 샀다.

Nà jiàn yīfu bú guì.
问: 那 件 衣服 不 贵。

질문: 그 옷은 비싸지 않다.

➡ 예문에 제시된 문장에서 '便宜(싸다)'와 '贵(비싸다)'는 반의어이다. 따라서 질문 문장의 '不贵(비싸지 않다)'는 '便宜(싸다)'와 같은 의미이다.

공략법 2 부사, 조동사, 조사 등을 잘 파악하라.

중국어에서 부사, 조동사, 조사 등이 하는 역할은 굉장히 크다. '나는 밥을 먹는다.'라는 문장 '我吃饭。'를 예로 들어 설명해 보면, 진행을 나타내는 부사 '正在'을 붙이면 '我正在吃饭。(나는 밥을 먹고 있다.)'이 되고, 바람을 나타내는 조동사 '想'을 붙이면 '我想吃饭。(나는 밥을 먹고 싶다.)'이 된다. 완료를 나타내는 조사 '了'를 붙이면 '我吃饭了。(나는 밥을 먹었다.)'가 된다. 이렇듯 어떤 부사, 어떤 조동사, 어떤 조사가 붙느냐에 따라 의미가 달라지므로 평소에 어법적인 부분을 확실하게 정리해 두어야 한다.

예

Tā qù Zhōngguó, zài Běijīng Dàxué xuéxíguo.
他 去 中国, 在 北京大学 学习过。

그는 중국의 베이징 대학에서 공부한 적이 있다.

Tā zhèngzài Běijīng Dàxué xuéxí.
问: 他 正在 北京大学 学习。

질문: 그는 베이징 대학에서 공부하고 있다.

⇒ 주어진 문장 '在北京大学学习过'에는 '学习' 뒤에 '过'가 있으므로 '공부한 경험이 있다'는 뜻임을 알 수 있다. 그러나 질문에서는 진행을 나타내는 '正在'를 사용하여 '공부하고 있다'라고 했기 때문에 두 문장의 뜻은 일치하지 않는다.

第四部分

유형 주어진 문장과 어울리는 문장을 보기에서 고르는 문제이다.

공략법 1 지시대사가 가리키는 것을 파악하라.

중국어의 지시대사는 '这'와 '那'가 있는데, 이것은 앞에 나온 것을 다시 말할 때 그것을 대신해서 쓰는 말이므로 그 문장의 지시대사가 가리키는 것이 무엇인지 파악하는 것은 매우 중요하다.

예

Wǒ xià ge xīngqī kāishǐ xuéxí yóuyǒng.
A 我 下个星期 开始 学习 游泳。

Hěn yǒuyìsi, wǒ xiǎng zài kàn yí biàn.
B 很 有意思, 我 想 再 看 一遍。

Tāmen zài bīnguǎn kàn fángjiān.
C 他们 在 宾馆 看 房间。

A 나는 다음 주부터 수영을 배워.
B 너무 재미있어서 난 다시 보고 싶어.
C 그들은 호텔에서 방을 보고 있습니다.

Zhè shì fēicháng hǎo de yùndòng.
这 是 非常 好的 运动。

이것은 아주 좋은 운동이야.

⇨ 예문의 문제에서 '这是非常好的运动(이것은 아주 좋은 운동이야)'라고 했기 때문에 지시대사 '这'가 가리키는 것은 운동의 한 종류임을 알 수 있다. 보기 A 문장에서 '游泳'이 바로 지시대사 '这'가 가리키는 것이다.

공략법 2 관련 단어를 찾아라.

문제의 문장과 관련이 있는 문장을 보기에서 고르는 문제이므로 두 문장 간의 관련 단어를 찾으면 쉽게 문제를 풀 수 있다.

예

	Nǐ zhème yī chuān, wǒ dōu bú rènshi nǐ le.	C	네가 이렇게 입으니 난 널 못 알아보겠어.
C	你 这么 一 穿, 我 都 不 认识 你 了。		
	Tā zuò chūzūchē huíjiā.	D	그는 택시를 타고 집에 돌아갔어.
D	他 坐 出租车 回家。		
	Chūnjié yào hé quán jiārén dōu zài yìqǐ guò,	E	설날은 온 가족이 함께 모여서 보내야 하니 나가지 마라.
E	春节 要 和 全 家人 都 在 一起 过,		
	bié chūqù le.		
	别 出去 了。		

Chūnjié de shíhou wǒ xiǎng qù lǚyóu.	설날에 나는 여행을 가려고 한다.
春节 的 时候 我 想 去 旅游。	

⇨ 예문으로 제시된 보기 문장과 질문 문장 모두 '설날'과 관련된 내용이며, 두 문장 속에서도 '春节'라는 단어를 직접적으로 사용하고 있기 때문에 두 문장이 관련 있음을 알 수 있다.

新HSK 모의고사 2級

1회 해설

一、听力

第一部分

● 1~10번 : 들려주는 내용과 그림이 일치하는지 판단해 보세요.

001

Wǒ bàba zài yīyuàn gōngzuò, tā shì yīshēng.
我 爸爸 在 医院 工作, 他 是 医生。
우리 아버지는 병원에서 일하시며, 그는 의사이다.

단어 爸爸 bàba 몡 아빠, 아버지 | 医院 yīyuàn 몡 병원 | 工作 gōngzuò 동 일하다, 작업하다 몡 직업, 일자리 | 医生 yīshēng 몡 의사

해설 '他是医生'에서 그는 의사라고 했으므로 청진기를 들고 있는 의사 그림과 일치한다. '在医院工作'에서 '在'는 뒤에 장소가 올 수 있는 전치사로 '~에서'라는 뜻이다.

정답_ ✓

002

Tā mǎile yí ge shǒujī.
他 买了 一 个 手机。
그는 휴대전화 한 대를 샀다.

단어 买 mǎi 동 사다, 구매하다 | 手机 shǒujī 몡 휴대전화

해설 '买了一个手机'에서 휴대전화를 한 대 샀다고 했으므로 휴대전화 그림과 일치한다.

정답_ ✓

003

🔊 Nín hǎo, wǒ shì Màikè, rènshi nín hěn gāoxìng.
您 好, 我 是 麦克, 认识 您 很 高兴。

안녕하세요, 저는 마이클입니다. 당신을 만나게 되어 정말 기쁩니다.

단어 认识 rènshi 통 알다, 인식하다 | 很 hěn 부 매우, 아주 | 高兴 gāoxìng 형 기쁘다, 즐겁다

해설 '认识您很高兴'은 '당신을 알게 되어 매우 기뻐요'라는 뜻이며 처음 만났을 때 하는 말이므로 사람들이 웃으며 악수를 하고 있는 그림과 일치한다.

정답 ✓

004

🔊 Wǒ zhù zài Shǒu'ěr, nàli fēicháng piàoliang.
我 住 在 首尔, 那里 非常 漂亮。

나는 서울에 살고 있으며 그곳은 매우 아름답다.

단어 住 zhù 통 살다, 거주하다 | 在 zài 전 ~에서 | 首尔 Shǒu'ěr 명 서울 | 那里 nàli 대 그곳, 저곳 | 非常 fēicháng 부 대단히, 매우 | 漂亮 piàoliang 형 예쁘다, 아름답다

해설 '我住在首尔'에서 나는 서울에 산다고 했는데 주어진 그림은 서울이 아니라 중국 베이징의 톈안먼이므로 문장과 그림이 일치하지 않는다.

정답 X

005

Nàli de tiānqì bú tài hǎo, chángcháng xià yǔ.
那里 的 天气 不 太 好, 常常 下 雨。
그곳의 날씨는 그다지 좋지 않다. 늘 비가 내린다.

단어 天气 tiānqì 명 날씨, 일기 | 太 tài 부 그다지, 별로 | 好 hǎo 형 좋다 | 常常 chángcháng 부 늘, 항상 | 下雨 xià yǔ 동 비가 오다

해설 '常常下雨'에서 늘 비가 내린다고 했는데 주어진 그림은 '雪人 xuěrén (눈사람)'이므로 문장과 그림이 일치하지 않는다. '비가 오다'에서 '오다'는 동사 '来'가 아니라 '下'를 사용한다는 것을 기억해 두어야 한다.

정답 X

006

Pīngpāngqiú shì tā zuì xǐhuan de yùndòng.
乒乓球 是 他 最 喜欢 的 运动。
탁구는 그가 가장 좋아하는 운동이다.

단어 乒乓球 pīngpāngqiú 명 탁구 | 最 zuì 부 가장, 제일 | 喜欢 xǐhuan 동 좋아하다 | 运动 yùndòng 명 운동

해설 '乒乓球'는 '탁구'라는 뜻이므로 탁구 라켓과 공이 있는 그림과 일치한다.

정답 ✓

Tip 운동 경기		
足球 zúqiú 축구	棒球 bàngqiú 야구	游泳 yóuyǒng 수영
篮球 lánqiú 농구	乒乓球 pīngpāngqiú 탁구	羽毛球 yǔmáoqiú 배드민턴

007

◁)) Wǒ bú huì zuò fàn, suǒyǐ chángcháng chī fāngbiàn
我 不 会 做 饭, 所以 常常 吃 方便
miàn.
面。
나는 밥을 할 줄 모르기 때문에 자주 라면을 먹는다.

단어 不会 bú huì 조동 ~할 줄 모르다 | 做饭 zuò fàn 동 밥을 하다 | 所以 suǒyǐ 접 그래서 | 吃 chī 동 먹다 | 方便面 fāngbiànmiàn 명 라면

해설 '常常吃方便面'에서 자주 라면을 먹는다고 했으나 주어진 그림은 '包子 bāozi (소가 든 찐빵)'이므로 문장과 그림이 일치하지 않는다.

정답 X

008

◁)) Wǒ zài Běijīng dòngwùyuán kàn dào le xióngmāo.
我 在 北京 动物园 看 到 了 熊猫。
나는 베이징동물원에서 판다를 보았다.

단어 在 zài 전 ~에서 | 北京 Běijīng 명 베이징 | 动物园 dòngwùyuán 명 동물원 | 看 kàn 동 보다, 구경하다 | 熊猫 xióngmāo 명 판다

해설 '看到了熊猫'에서 판다를 봤다고 했고 주어진 그림도 먹이를 먹고 있는 판다이므로 그림과 일치한다. 참고로 동사 뒤에 '到了'를 붙이면 동작의 목적을 이루었다는 뜻을 나타낼 수 있다.

정답 ✓

009

Tā zhèngzài kāihuì, qǐng děng yíhuìr.
他 正在 开会, 请 等 一会儿。
그는 지금 회의 중이에요. 잠시만 기다려 주세요.

단어 正在 zhèngzài 〔부〕 지금 ~하고 있다(동작이나 행위가 진행 중임을 나타냄) | 开会 kāihuì 〔동〕 회의를 열다 | 请 qǐng 〔동〕 (상대가 어떤 일을 하기 바란다는 의미로) ~하세요 | 稍 shāo 〔부〕 조금, 좀 | 等 děng 〔동〕 기다리다 | 一会儿 yíhuìr 〔명〕 잠깐 동안, 잠시

해설 '他正在开会'에서 그는 회의를 하고 있다고 했으나 그림에서는 전화를 하고 있으므로 그림과 일치하지 않는다. '전화하다'는 '打电话 dǎ diànhuà'이다.

정답_ X

Tip 동작의 진행

동작이 진행되고 있다는 표현은 동사 앞에 '正在, 正, 在'를 붙이거나 문장 뒤에 '呢'를 붙여서 표현할 수 있다.

他正在吃饭。 Tā zhèngzài chīfàn. 그는 밥 먹고 있다.
他正等着呢。 Tā zhèng děngzhe ne. 그는 기다리고 있다.
他在看电视。 Tā zài kàn diànshì. 그는 텔레비전을 보고 있다.
他听音乐呢。 Tā tīng yīnyuè ne. 그는 음악을 듣고 있다.

010

Nàge dài yǎnjing de nǚshēng shì wǒ de nǚpéngyou.
那个 戴 眼镜 的 女生 是 我 的 女朋友。
저 안경을 쓴 여자가 나의 여자친구입니다.

단어 戴 dài 〔동〕 (머리·팔·손 등에) 착용하다, 쓰다 | 眼镜 yǎnjìng 〔명〕 안경 | 女生 nǚshēng 〔명〕 여학생, 여자 | 女朋友 nǚpéngyou 〔명〕 여자친구

해설 '戴眼镜'은 '안경을 쓰다'의 뜻이며 그림에 안경을 쓴 여자가 있으므로 주어진 문장과 그림이 일치한다.

정답_ √

第二部分

● 11~20번 : 들려주는 내용을 잘 듣고, 보기에서 알맞은 그림을 찾아 보세요.

011-015

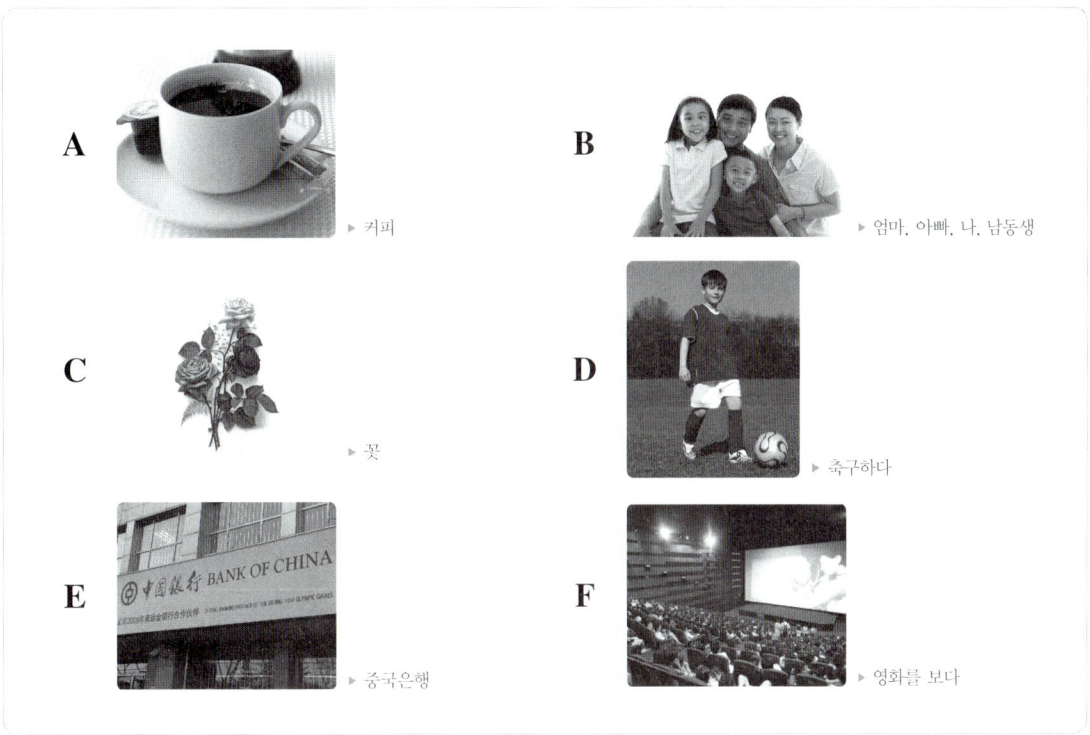

A ▶ 커피
B ▶ 엄마, 아빠, 나, 남동생
C ▶ 꽃
D ▶ 축구하다
E ▶ 중국은행
F ▶ 영화를 보다

011

　　　　Qǐngwèn,　qù yínháng zěnme zǒu?
男：请问，去 银行 怎么 走?

　　Cóng zhèr xiàng běi zǒu, guò mǎlù
女：从 这儿 向 北 走，过 马路

　　jiù shì.
　　就 是。

남: 말씀 좀 여쭐게요. 은행에 어떻게 갑니까?
여: 여기에서 북쪽으로 가다가 길을 건너면 있습니다.

단어 请问 qǐngwèn 통 말씀 좀 여쭙겠습니다 | 去 qù 통 가다 | 银行 yínháng 명 은행 | 怎么 zěnme 대 어떻게 | 走 zǒu 통 걷다 | 从 cóng 전 ~부터 | 这儿 zhèr 대 여기, 이곳 | 向 xiàng 전 ~을 향하여 | 过 guò 통 건너다, 지나다 | 马路 mǎlù 명 찻길, 대로

해설 '去银行怎么走?'에서 은행에 어떻게 가는지 묻고 있으므로 은행 그림을 찾으면 된다.

정답_ E

012

🔊 男: Nín xiǎng hē shénme?
您 想 喝 什么?

女: Wǒ xiǎng hē yì bēi kāfēi ba.
我 想 喝 一 杯 咖啡 吧。

남: 어떤 것을 마시겠습니까?
여: 커피 한 잔 주세요.

단어 想 xiǎng 조동 ~하고 싶다, ~하려고 하다 | 喝 hē 동 마시다 | 什么 shénme 대 무슨, 무엇 | 咖啡 kāfēi 명 커피

해설 '我想喝一杯咖啡吧'에서 '커피 한 잔 주세요'라고 했으므로 커피가 있는 그림을 찾으면 된다.

정답_ A

013

🔊 男: Nǐ jiā yǒu jǐ kǒu rén?
你 家 有 几 口 人?

女: Wǒ jiā yǒu sì kǒu rén, bàba
我 家 有 四 口 人, 爸爸、

māma dìdi hé wǒ.
妈妈、弟弟 和 我。

남: 당신 집 식구는 몇 명입니까?
여: 우리 집 식구는 4명이에요. 아버지, 어머니, 남동생과 저예요.

단어 几 jǐ 수 몇 | 口 kǒu 양 식구(사람을 세는 단위) | 人 rén 명 사람 | 爸爸 bàba 명 아빠, 아버지 | 妈妈 māma 명 엄마, 어머니 | 弟弟 dìdi 명 남동생 | 和 hé 전 ~와(과)

해설 '我家有四口人'에서 '우리 집 식구는 4명이에요'라고 했으므로 4명의 가족이 있는 그림을 찾으면 된다.

정답_ B

Tip 가족 관계		
爷爷 yéye 할아버지	妈妈 māma 엄마	弟弟 dìdi 남동생
奶奶 nǎinai 할머니	哥哥 gēge 오빠, 형	妹妹 mèimei 여동생
爸爸 bàba 아빠	姐姐 jiějie 언니, 누나	

014

男: Diànyǐng piào duōshao qián yì zhāng?
电影 票 多少 钱 一 张？

女: Wǔshí kuài.
50 块。

남: 영화 티켓은 한 장에 얼마예요?
여: 50위안입니다.

단어 电影 diànyǐng 명 영화 | 票 piào 명 표, 티켓 | 多少 duōshao 대 얼마, 몇 | 钱 qián 명 돈, 화폐 | 张 zhāng 양 장(종이 등 표면이 넓은 것을 세는 단위) | 块 kuài 양 중국의 화폐 단위('元'에 해당함)

해설 '电影票多少钱一张'에서 영화 티켓의 가격을 묻고 있으므로 사람들이 영화를 보고 있는 그림을 찾으면 된다.

정답_ F

015

男: Míngtiān wǒ māma guò shēngrì, sòng shénme lǐwù hǎo ne?
明天 我 妈妈 过 生日， 送 什么 礼物 好 呢？

女: Gěi tā mǎi huā ba.
给 她 买 花 吧。

남: 내일 엄마 생일인데 어떤 선물을 드리면 좋을까?
여: 엄마에게 꽃을 사드려.

단어 明天 míngtiān 명 내일 | 过生日 guò shēngrì 동 생일을 쇠다, 생일 파티를 하다 | 送 sòng 동 주다, 선물하다 | 礼物 lǐwù 명 선물 | 好 hǎo 형 좋다 | 给 gěi 전 ~에게 | 买 mǎi 동 사다, 구매하다 | 花 huā 명 꽃

해설 '给她买花吧'에서 '엄마에게 꽃을 사드려'라고 했으므로 꽃 그림을 찾으면 된다.

정답_ C

016-020

A ▶ 전화

B ▶ 100점 짜리 시험지

C ▶ 사진을 찍다

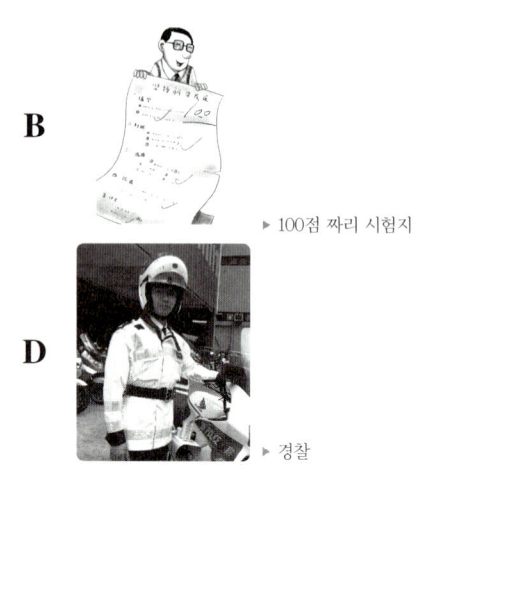

D ▶ 경찰

E ▶ 기차역 플랫폼

016

女: Bù hǎo le, wǒ de qiánbāo bú jiàn le.
不好了，我的钱包不见了。

男: Kuài gàosu jǐngchá ba.
快告诉警察吧。

여: 앗, 내 지갑이 보이지 않아.
남: 빨리 경찰에 신고해.

단어 钱包 qiánbāo 명 지갑 | 见 jiàn 동 보(이)다 | 快 kuài 부 빨리, 급히 | 告诉 gàosu 동 말하다, 알리다 | 警察 jǐngchá 명 경찰

해설 '快告诉警察吧'에서 빨리 경찰에 알리라고 했으므로 경찰 그림을 찾으면 된다.

정답 D

017

男: Duìbuqǐ, zuótiān wàng le gěi nǐ dǎ
　　对不起，昨天 忘 了 给 你 打
　　diànhuà le, bié shēngqì!
　　电话 了，别 生气！

女: Wǒ yìzhí děng nǐ diànhuà, nǐ zhīdào
　　我 一直 等 你 电话，你 知道
　　ma?
　　吗？

남: 미안해, 어제 너한테 전화하는 걸 잊었어. 화내지 마!
여: 난 계속 네 전화를 기다렸는데, 넌 알기나 하니?

단어 对不起 duìbuqǐ 동 미안합니다 | 昨天 zuótiān 명 어제 | 忘记 wàngjì 동 잊다 | 给 gěi 전 ~에게 | 打电话 dǎ diànhuà 동 전화를 걸다, 전화하다 | 别 bié 부 ~하지 마라 | 生气 shēngqì 동 화내다 | 一直 yìzhí 부 계속, 줄곧 | 等 děng 동 기다리다 | 知道 zhīdào 동 알다

해설 '我一直等你电话'에서 '계속 네 전화를 기다렸다'라고 했으므로 전화가 있는 그림을 찾으면 된다.

정답_ A

018

男: Zuò huǒchē qù Běijīng, duō màn a!
　　坐 火车 去 北京，多 慢 啊！

女: Sì ge xiǎoshí jiù dào le, yìdiǎnr
　　四 个 小时 就 到 了，一点儿
　　yě bú màn.
　　也 不 慢。

남: 기차를 타고 베이징에 가면 얼마나 느린데!
여: 4시간이면 도착해. 조금도 느리지 않아.

단어 坐 zuò 동 (교통수단을) 타다 | 火车 huǒchē 명 기차 | 去 qù 동 가다 | 北京 Běijīng 명 베이징 | 多 duō 부 얼마나(감탄문에 쓰여 정도가 심함을 나타냄) | 慢 màn 형 느리다 | 小时 xiǎoshí 명 시간(시간 단위) | 到 dào 동 도달하다, 도착하다 | 一点儿 yìdiǎnr 수량 조금도, 전혀 | 也 yě 부 ~도

해설 '坐火车去北京'에서 '기차를 타고 베이징에 가다'라고 했으므로 기차 플랫폼이 있는 그림을 찾으면 된다.

정답_ E

019

男: Zhèr zhēn piàoliang, wǒ gěi nǐ zhào zhāng xiàng ba.
这儿 真 漂亮，我 给 你 照 张 相 吧。

女: Děng yíhuìr, dàjiā yìqǐ zhào ba.
等 一会儿，大家 一起 照 吧。

남: 여기 정말 아름답다! 내가 사진 찍어 줄게.
여: 잠깐만, 다 같이 찍자.

단어 这儿 zhèr 때 여기, 이곳 | 真 zhēn 뷔 정말, 확실히, 참으로 | 漂亮 piàoliang 혱 예쁘다, 아름답다 | 给 gěi 전 ~에게 | 照相 zhàoxiàng 동 사진을 찍다, 촬영하다 | 张 zhāng 양 장(종이 등 표면이 넓은 것을 세는 단위) | 吧 ba 조 문장 맨 끝에 쓰여, 청유·기대·명령 등의 어기를 나타냄 | 等 děng 동 기다리다 | 大家 dàjiā 때 모두, 다들 | 一起 yìqǐ 뷔 같이, 더불어, 함께

해설 '我给你照张相吧'에서 '내가 사진 찍어 줄게'라고 했으므로 모두 모여서 사진을 찍는 그림을 찾으면 된다.

정답_ C

020

男: Kàn, wǒ de kǎoshì chéngjì, zěnmeyàng?
看，我 的 考试 成绩，怎么样？

女: Yā, yìbǎi fēn, tài bàng le!
呀，100 分，太 棒 了！

남: 봐, 내 시험 성적이야. 어때?
여: 와! 100점이네. 정말 대단하다.

단어 看 kàn 동 보다 | 考试 kǎoshì 명 시험 | 成绩 chéngjì 명 (시험) 점수, 성적 | 怎么样 zěnmeyàng 때 어떻다, 어떠하다 | 呀 yā 감 (놀람을 나타내어) 아!, 야! | 分 fēn 양 점(시험 점수나 경기의 득점 수를 세는 단위) | 太~了 tài~le 매우~하다 | 棒 bàng 혱 (성적이) 좋다, (수준이) 높다

해설 시험 점수가 '100分(100점)'이라고 했으므로 100점짜리 시험지가 있는 그림을 찾으면 된다.

정답_ B

第三部分

● 21~30번 : 들려주는 내용을 잘 듣고, 질문에 알맞은 답을 고르세요.

021

男: Tīngshuō, nǐmen míngtiān qù Běijīng lǚyóu?
   听说, 你们 明天 去 北京 旅游?

女: Bú shì, shì hòutiān, jīntiān cái xīngqīwǔ.
   不 是, 是 后天, 今天 才 星期五。

问: Nǚ de xīngqī jǐ qù lǚyóu?
   女 的 星期 几 去 旅游?

A 星期五 xīngqīwǔ   B 星期六 xīngqīliù   ✓C 星期日 xīngqīrì

남: 듣자하니 너희 내일 베이징으로 여행 간다면서?
여: 아니, 모레에 가. 오늘은 금요일 밖에 안 됐는걸.

질문: 여자는 무슨 요일에 여행을 가나?

A 금요일   B 토요일   C 일요일

단어 听说 tīngshuō 동 듣자하니, 들은 바로는 | 明天 míngtiān 명 내일 | 去 qù 동 가다 | 旅游 lǚyóu 동 여행하다 | 后天 hòutiān 명 모레 | 今天 jīntiān | 才 cái 부 겨우, 고작 | 星期五 xīngqīwǔ 명 금요일

해설 내일 여행 가냐는 질문에 '不是, 是后天, 今天才星期五.'에서 여자가 모레 여행을 간다고 했고, 또한 오늘은 금요일이라고 했기 때문에, 여자는 일요일에 여행 간다는 것을 알 수 있다.

정답 **C**

Tip 요일

今天星期几? Jīntiān xīngqī jǐ? 오늘은 무슨 요일입니까?

星期一 xīngqīyī 월요일   星期二 xīngqī'èr 화요일   星期三 xīngqīsān 수요일
星期四 xīngqīsì 목요일   星期五 xīngqīwǔ 금요일   星期六 xīngqīliù 토요일
星期天 xīngqītiān / 星期日 xīngqīrì 일요일

022

女: Yīshēng, wǒ zěnme le?
   医生, 我 怎么 了?

男: Nǐ gǎnmào le, huí jiā duō xiūxi.
   你 感冒 了, 回家 多 休息。

问: Tāmen zuì kěnéng zài nǎr?
   他们 最 可能 在 哪儿?

A 家里 jiāli   ✓B 医院 yīyuàn   C 药房 yàofáng

여: 의사 선생님, 제가 왜 이러죠?
남: 감기에 걸리셨어요. 집에 돌아가서 충분한 휴식을 취하세요.

질문: 그들은 어디에 있나?

A 집   B 병원   C 약국

단어 医生 yīshēng 명 의사 | 怎么了 zěnme le 무슨 일이야? | 感冒 gǎnmào 동 감기에 걸리다 | 回家 huíjiā 동 집으로 돌아가다, 귀가하다 | 休息 xiūxi 동 휴식을 취하다, 쉬다 | 最 zuì 부 가장, 제일 | 可能 kěnéng 부 아마도, 아마 | 家里 jiāli 명 집, 집안 | 医院 yīyuàn 명 병원 | 药房 yàofáng 명 약국

해설 여자가 남자에게 '医生(의사)'라고 불렀기 때문에 그들은 병원에 있음을 알 수 있다.

정답 **B**

023

男: Xiǎo Lán, Nà jiàn shì nǐ shì zěnme zhīdào de?
　　小兰, 那 件 事 你 是 怎么 知道 的?

女: Zuótiān wǒ qù nǐ jiā le, nǐ māma shuō de.
　　昨天 我 去 你 家 了, 你 妈妈 说 的。

问: Shéi gàosu Xiǎo Lán de?
　　谁 告诉 小 兰 的?

A　nán de
　　男 的

✓B　nán de de māma
　　男 的 的 妈妈

C　péngyou
　　朋友

남: 샤오란, 그 일을 어떻게 알았어?
여: 어제 너희 집에 갔는데 너희 어머님이 알려주셨어.

질문: 누가 샤오란한테 알려주었나?

A 남자
B 남자의 어머니
C 친구

단어 件 jiàn 양 벌, 건(옷이나 사건 등을 세는 단위) | 事 shì 명 일 | 怎么 zěnme 대 어떻게 | 知道 zhīdào 동 알다, 이해하다 | 昨天 zuótiān 명 어제 | 说 shuō 동 말하다, 이야기하다 | 谁 shéi 대 누구 | 告诉 gàosu 동 말하다, 알리다 | 朋友 péngyou 명 친구

해설 '昨天我去你家了, 你妈妈说的'에서 여자가 어제 남자의 집에 갔을 때 남자의 엄마가 알려줬다고 했으므로 샤오란에게 알려준 사람은 남자의 어머니라는 것을 알 수 있다.

정답_ B

024

男: Xīngqīwǔ wǎnshang wǒ jiā li yǒu ge wǎnhuì,
　　星期五 晚上 我 家 里 有 个 晚会,
　　nǐ yě lái ba.
　　你 也 来 吧。

女: Wǒ bù néng qù, nà shíhou qù Shànghǎi.
　　我 不 能 去, 那 时候 去 上海。

问: Nǚ de wèi shénme bù néng qù?
　　女 的 为 什么 不 能 去?

✓A　qù Shànghǎi　　B　shēntǐ bù hǎo
　　去 上海　　　　　　身体 不 好

C　bù xiǎng qù
　　不 想 去

남: 금요일 저녁에 우리 집에서 파티가 있어. 너도 와.
여: 난 갈 수가 없어, 그때 상하이에 가.

질문: 여자는 왜 파티에 참석 못하나?

A 상하이에 가서
B 몸이 안 좋아서
C 가고 싶지 않아서

단어 星期五 xīngqīwǔ 명 금요일 | 晚上 wǎnshang 명 저녁 | 晚会 wǎnhuì 명 파티 | 也 yě 부 ~도 | 来 lái 동 오다 | 去 qù 동 가다 | 上海 Shànghǎi 명 상하이 | 为什么 wèishénme 왜, 무엇 때문에 | 身体 shēntǐ 명 몸, 신체

해설 '那时候去上海'에서 그때 상하이에 간다고 했으므로 파티에 참석 못하는 이유는 상하이에 가기 때문임을 알 수 있다.

정답_ A

025

男: Zhège fángjiān bǐ nàge fángjiān xiǎo, wǒ zhù zhè ge ba.
这个 房间 比 那个 房间 小, 我 住 这个 吧。

女: Hǎo ba, xièxie nǐ.
好 吧, 谢谢 你。

问: Nǚ de zhù nǎge fángjiān?
女 的 住 哪个 房间?

✓A dà de fángjiān
  大 的 房间

B xiǎo de fángjiān
  小 的 房间

C bù qīngchu
  不 清楚

남: 이 방은 저 방보다 작아. 내가 이 방을 쓸게.
여: 응, 고마워.

질문: 여자는 어느 방을 쓰나?

A 큰 방
B 작은 방
C 확실하지 않다

단어 这个 zhège 대 이, 이것 | 房间 fángjiān 명 방 | 比 bǐ 전 ~에 비해, ~보다 | 那个 nàge 대 그, 저 | 小 xiǎo 형 작다 | 住 zhù 동 살다, 거주하다 | 谢谢 xièxie 동 감사합니다 | 清楚 qīngchu 형 분명하다, 확실하다

해설 '这个房间比那个房间小, 我住这个吧'에서 이 방이 저 방보다 작고, 남자가 크기가 작은 이 방을 쓰겠다고 했으므로 여자가 큰 방을 쓴다는 것임을 알 수 있다.

정답 A

026

女: Zhāng lǎoshī zài bàngōngshì ma?
张 老师 在 办公室 吗?

男: Tā qù shàngkè le.
他 去 上课 了。

问: Zhāng lǎoshī kěnéng zài nǎr?
张 老师 可能 在 哪儿?

A jiā li
  家 里

B bàngōngshì
  办公室

✓C jiàoshì
  教室

여: 장 선생님은 교무실에 계십니까?
남: 수업 들어가셨습니다.

질문: 장 선생님은 어디에 있나?

A 집   B 교무실   C 교실

단어 老师 lǎoshī 명 선생님 | 在 zài 전 ~에서 | 办公室 bàngōngshì 명 교무실, 사무실 | 上课 shàngkè 동 수업을 듣다 | 教室 jiàoshì 명 교실

해설 '去上课了'에서 수업에 들어가셨다고 했으므로 지금 장 선생님은 교실에 있다는 것을 알 수 있다.

정답 C

027

男: Tīngshuō, Hànyǔ hěn nán, zhēn de ma?
听说，汉语很难，真的吗?

女: Èng, zhēn de bú tài róngyì.
嗯，真的不太容易。

问: Nǚ de rènwéi Hànyǔ nán ma?
女的认为汉语难吗?

A 很容易 hěn róngyì
✓B 很难 hěn nán
C 不太难 bú tài nán

남: 듣자하니 중국어는 매우 어렵다는데, 정말이야?
여: 응, 정말 쉽지 않아.

질문: 여자는 중국어가 어렵다고 생각하는가?

A 매우 쉽다
B 매우 어렵다
C 그다지 어렵지 않다

단어 听说 tīngshuō 통 듣자하니 ~라고 한다 | 汉语 Hànyǔ 명 중국어 | 挺~的 tǐng~de 부 매우, 상당히 | 很 hěn 부 매우, 아주 | 难 nán 형 어렵다 | 嗯 èng 감 응, 그래 | 容易 róngyì 형 쉽다 | 认为 rènwéi 통 여기다, 생각하다

해설 '听说, 汉语很难'에서 '듣자하니 중국어는 어렵다던데'라는 말에 여자가 동의한 것으로 보아 여자도 중국어가 어렵다고 생각하고 있음을 알 수 있다.

정답_ B

028

男: Nǐ de zuòyè xiě wán le ma?
你的作业写完了吗?

女: Jiù kuài xiě wán le, hái chà yìdiǎnr.
就快写完了，还差一点儿。

问: Nǚ de zuòyè xiě wán le ma?
女的作业写完了吗?

A 写完了 xiě wán le
B 刚写一点儿 gāng xiě yìdiǎnr
✓C 还差一点儿 hái chà yìdiǎnr

남: 숙제 다 했어?
여: 거의 다 했는데 아직 조금 남았어.

질문: 여자는 숙제를 다 했나?

A 다 했다
B 이제 조금 했다
C 아직 조금 남았다

단어 作业 zuòyè 명 숙제 | 写 xiě 통 쓰다 | 完 wán 통 마치다, 끝나다, 완결되다 | 快~了 kuài~le 곧~하다 | 还 hái 부 여전히, 아직도 | 差 chà 통 부족하다, 모자라다 | 刚 gāng 부 방금, 막, 바로

해설 '就快写完了, 还差一点儿'에서 거의 다 했는데 아직 조금 남았다고 했으므로 숙제가 조금 남았음을 알 수 있다.

정답_ C

029

女: Yòu chī píngguǒ a? Suàn le, wǒ bù chī le!
又吃苹果啊？算了，我不吃了！

男: Píngguǒ duì shēntǐ hěn hǎo, chī yìdiǎnr ba!
苹果对身体很好，吃一点儿吧！

问: Nǚ de xǐhuan chī píngguǒ ma?
女的喜欢吃苹果吗？

A 很喜欢 hěn xǐhuan
✓B 不喜欢 bù xǐhuan
C 想吃一点儿 xiǎng chī yìdiǎnr

여: 또 사과 먹어? 됐어, 난 안 먹을래!
남: 사과는 몸에 좋아. 좀 먹어 봐!

질문: 여자는 사과를 좋아하나?

A 매우 좋아한다
B 안 좋아한다
C 조금만 먹고 싶어한다

단어 又 yòu 부 또, 다시 | 吃 chī 동 먹다 | 苹果 píngguǒ 명 사과 | 算了 suàn le 동 됐어 | 身体 shēntǐ 명 몸, 신체 | 好 hǎo 형 좋다 | 一点儿 yìdiǎnr 수량 조금 | 喜欢 xǐhuan 동 좋아하다

해설 '算了，我不吃了'에서 '됐어, 난 안 먹을래!'라고 했으므로 여자는 사과를 좋아하지 않는다는 것을 알 수 있다.

정답_B

Tip 一点儿 vs 有点儿 : 약간

① 형용사 + 一点儿 : 비교의 의미가 있다
这里有大一点儿的衣服吗？ Zhèlǐ yǒu dà yìdiǎnr de yīfu ma? 여기에 좀 큰 옷이 있습니까?
你早一点儿回家吧。Nǐ zǎo yìdiǎnr huíjiā ba. 너 좀 일찍 집에 들어가라.

② 有点儿 + 형용사 : 부정적인 느낌이 있다
这个有点儿大。Zhège yǒudiǎnr dà. 이것은 좀 크다.
我有点儿累。Wǒ yǒudiǎnr lèi. 난 좀 피곤하다.

030

男: Dōu bā diǎn le, Xiǎo Lǐ bú huì lái le.
都八点了，小李不会来了。

女: Zài děngdeng ba, tā shuō lái.
再等等吧，他说来。

问: Xiǎo Lǐ lái le ma?
小李来了吗？

✓A 还没来 hái méi lái
B 来过 láiguo
C 来了 lái le

남: 벌써 8시야. 샤오리는 오지 않을 거야.
여: 좀 더 기다려 보자. 그는 온다고 했어.

질문: 샤오리는 왔는가?

A 아직 안 왔다
B 온 적이 있다
C 왔다

단어 都 dōu 부 이미, 벌써 | 点 diǎn 양 시 | 不会 bú huì 조동 ~일 리 없다 | 再 zài 부 더, 다시 | 等 děng 동 기다리다 | 说 shuō 동 말하다 | 过 guo 조 ~한 적이 있다

해설 '再等等吧'에서 좀 더 기다리자고 한 것으로 보아 샤오리가 아직 오지 않았음을 알 수 있다.

정답_A

第四部分

● 31~35번 : 들려주는 내용을 잘 듣고, 질문에 알맞은 답을 고르세요.

031

女：Nǐ zěnme cái lái ya?
你 怎么 才 来 呀?

男：Lùshang chē tài duō, kāichē bù róngyì.
路上 车 太 多, 开车 不 容易。

女：Nǐ zěnme bú zuò dìtiě ya?
你 怎么 不 坐 地铁 呀?

男：Wǒ jiā lí dìtiězhàn tài yuǎn le, bù fāngbiàn.
我 家 离 地铁站 太 远 了, 不 方便。

问：Nán de shì zěnme lái de?
男 的 是 怎么 来的?

✓A kāichē   B zuò dìtiě   C zǒulù
   开车   坐 地铁   走路

여: 왜 이제야 온 거야?
남: 길에 차가 너무 많아서 운전하기 쉽지 않았어.
여: 왜 지하철을 안 탔어?
남: 우리 집에서 지하철역이 너무 멀어서 불편해.

질문: 남자는 어떻게 왔나?

A 운전해서
B 지하철을 타고
C 걸어서

단어 怎么 zěnme 대 어떻게 | 才 cái 부 이제서야 | 路上 lùshang 명 길 위 | 开车 kāichē 동 차를 몰다, 운전하다 | 容易 róngyì 형 쉽다 | 地铁 dìtiě 명 지하철 | 离 lí 전 ~에서 | 站 zhàn 명 정류장 | 远 yuǎn 형 멀다 | 方便 fāngbiàn 형 편리하다 | 走路 zǒulù 동 걷다

해설 '路上车太多, 开车不容易'에서 길에 차가 너무 많아서 운전하기 쉽지 않았다고 했으므로 남자가 운전해서 왔다는 것을 알 수 있다.

정답_ A

032

🔊 男: Tīngshuō Xiǎo Liú mǎi xīn fángzi le.
　　　听说, 小刘买新房子了。

女: Shì ma? Huā le hěn duō qián ba?
　　是吗? 花了很多钱吧?

男: Hǎoxiàng bú tài duō, yígòng sānshí duō wàn.
　　好像不太多, 一共 30 多万。

女: Wǒ yě xiǎng mǎi fángzi, míngtiān qù tā de xīn jiā kànkan.
　　我也想买房子, 明天去他的新家看看。

问: Xiǎo Liú mǎi shénme le?
　　小刘买什么了?

　　　xīn chē　　　　xīn fángzi　　　　xīn yīfu
　A 新车　　✔B 新房子　　C 新衣服

남: 듣자하니 샤오리우가 집을 샀대.
여: 그래? 돈 많이 썼겠네?
남: 그다지 많이 쓴 것 같지 않아. 다 합해서 30만 위안이 조금 넘는데.
여: 나도 집을 살 생각인데 내일 그의 새 집에 가 봐야겠다.

질문: 샤오리우는 무엇을 샀나?

A 새 차　　B 새 집　　C 새 옷

단어 听说 tīngshuō 동 듣자하니, 듣건대 | 买 mǎi 동 사다, 구매하다 | 新 xīn 형 새롭다 | 房子 fángzi 명 집 | 花 huā 동 쓰다, 소비하다 | 多 duō 형 (수량이) 많다 | 钱 qián 명 돈 | 好像 hǎoxiàng 부 마치 ~와 같다 | 一共 yígòng 부 모두, 전부 | 万 wàn 수 만, 10,000 | 明天 míngtiān 명 내일 | 衣服 yīfu 명 옷

해설 '小刘买新房子了'에서 '샤오리우가 집을 샀대'라고 했으므로 샤오리우가 산 것은 새 집임을 알 수 있다.

정답 B

033

男: Míngtiān jǐ diǎn chūfā?
　　明天 几 点 出发?

女: Qī diǎn bàn ba, nǐ zài wènwen Lǎo Wáng.
　　七 点 半 吧, 你 再 问问 老 王。

男: Wǒ de shǒujī diū le, dàjiā de diànhuà hàomǎ
　　我 的 手机 丢 了, 大家 的 电话 号码
　　yě dōu diū le.
　　也 都 丢 了。

女: Wǒ zhīdào tā de diànhuà hàomǎ, háishi wǒ
　　我 知道 他 的 电话 号码, 还是 我
　　wèn tā ba.
　　问 他 吧。

问: Shéi de shǒujī diū le?
　　谁 的 手机 丢 了?

A 老王　　✓B 男的　　C 女的
　Lǎo Wáng　　nán de　　nǚ de

남: 내일 몇 시에 출발해?
여: 7시 반 일거야. 라오왕한테 다시 한번 물어봐.
남: 휴대전화를 잃어버려서 전화번호도 다 잃어버렸어.
여: 내가 그의 전화번호를 아니까 내가 물어볼게.

질문: 누가 휴대전화를 잃어버렸나?

A 라오왕　　**B 남자**　　C 여자

단어 明天 míngtiān 명 내일 | 几 jǐ 수 몇 | 点 diǎn 양 시 | 出发 chūfā 동 출발하다 | 半 bàn 수 절반, 2분의 1 | 问 wèn 동 묻다 | 丢 diū 동 잃다, 잃어버리다 | 大家 dàjiā 대 모두, 다들 | 电话号码 diànhuà hàomǎ 명 전화번호 | 知道 zhīdào 동 알다 | 还是~ háishi~ 부 ~하는 편이 (더) 좋다

해설 남자가 '我的手机丢了'에서 휴대전화를 잃어버렸다고 했으므로 휴대전화를 잃어버린 사람은 '남자'임을 알 수 있다.

정답 _ B

034

女：牛牛，别看电视了，快去写作业。
男：让我再看五分钟，好吗？
女：五分钟以后一定关电视，听见了吗？
男：知道了，妈妈。

问：妈妈要牛牛做什么？

A 看电影
✔B 写作业
C 休息

여: 뉴뉴, 텔레비전 그만 보고 빨리 가서 숙제 해.
남: 5분만 더 보게 해 주세요.
여: 5분 후엔 꼭 텔레비전을 꺼야 해. 알겠니?
남: 네, 엄마.

질문: 어머니는 뉴뉴한테 무엇을 시켰나?

A 영화 보기
B 숙제하기
C 휴식하기

단어 别 bié 🖣 ~하지 마라 | 电视 diànshì 🖣 텔레비전 | 快 kuài 🖣 빨리, 급히 | 写 xiě 🖣 글씨를 쓰다 | 作业 zuòyè 🖣 숙제 | 分钟 fēnzhōng 🖣 분 | 以后 yǐhòu 🖣 이후 | 一定 yídìng 🖣 반드시, 꼭 | 关 guān 🖣 끄다 | 听见 tīngjiàn 🖣 듣다, 들리다 | 电影 diànyǐng 🖣 영화 | 休息 xiūxi 🖣 휴식하다, 쉬다

해설 본문의 내용상 여자는 엄마이고, 남자는 아들임을 알 수 있다. '别看电视了, 快去写作业'에서 텔레비전 그만 보고 빨리 가서 숙제 하라고 했으므로 엄마가 아들 뉴뉴에게 숙제를 시키고 있다는 것을 알 수 있다.

정답 B

035

女: _{Qǐngwèn,} 请问, _{zhèr} 这儿 _{néng} 能 _{xiū} 修 _{diànnǎo} 电脑 _{ma?} 吗?

男: _{Kěyǐ,} 可以, _{nǐ de diànnǎo ná lái le ma?} 你 的 电脑 拿 来 了 吗?

女: _{Wǒ xiǎng qǐng nǐmen qù wǒ jiā li xiū,} 我 想 请 你们 去 我 家 里 修, _{xíng ma?} 行 吗?

男: _{Yě xíng, xiě yíxià dìzhǐ hé diànhuà hàomǎ.} 也 行, 写 一下 地址 和 电话 号码。

女: _{Hǎo de.} 好 的。

问: _{Nǚ de yào xiū shénme?} 女 的 要 修 什么?

　　A 电话　　B 电视　　✓C 电脑

여: 말씀 좀 여쭐게요. 여기에서 컴퓨터를 수리할 수 있습니까?
남: 됩니다. 컴퓨터는 가져오셨어요?
여: 우리 집에 오셔서 고쳐 주실 수 있나요?
남: 네, 됩니다. 주소와 전화번호 좀 적어 주세요.
여: 네.

질문: 여자는 무엇을 고치려고 하는가?

A 전화　　B 텔레비전　　C 컴퓨터

단어 这儿 zhèr 대 여기, 이곳 | 能 néng 조동 ~할 수 있다 | 修 xiū 동 수리하다, 보수하다 | 电脑 diànnǎo 명 컴퓨터 | 想 xiǎng 조동 ~하고 싶다, ~하려고 하다 | 请 qǐng 동 청하다, 부탁하다 | 行 xíng 동 좋다, ~해도 좋다 | 写 xiě 동 쓰다 | 地址 dìzhǐ 명 주소 | 和 hé 접 ~와

해설 '这儿能修电脑吗?'에서 여기에서 컴퓨터 수리할 수 있냐고 묻고 있으므로 여자가 컴퓨터를 고치려고 한다는 것을 알 수 있다.

정답_ C

二、阅读

第一部分

● 36~40번 : 제시된 문장과 일치하는 그림을 보기에서 찾아 보세요.

036-040

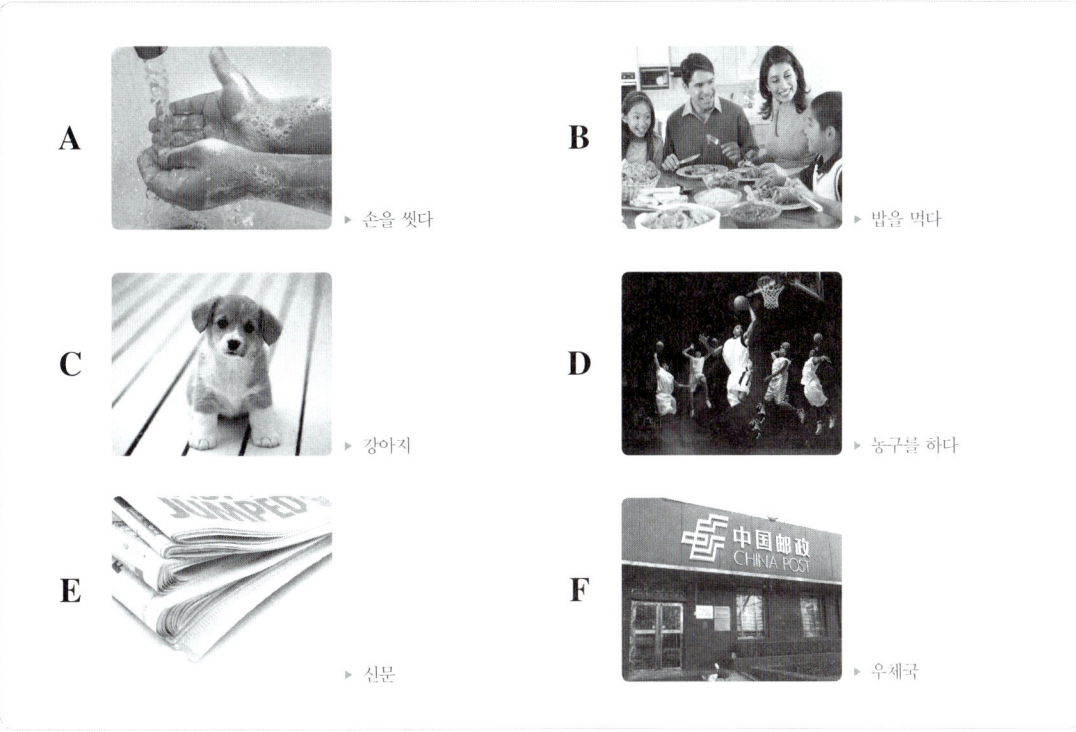

A ▶ 손을 씻다
B ▶ 밥을 먹다
C ▶ 강아지
D ▶ 농구를 하다
E ▶ 신문
F ▶ 우체국

036

Zǎoshang wǒ zài yóujú kànjiàn le Lìli.
早上 我 在 邮局 看见 了 莉莉。   아침에 나는 우체국에서 리리를 보았습니다.

단어 早上 zǎoshang 명 아침 | 在 zài 전 ~에서 | 邮局 yóujú 명 우체국 | 看见 kànjiàn 동 보다, 보이다

해설 '我在邮局看见了莉莉'에서 나는 우체국에서 리리를 보았다고 했으므로 우체국 그림을 찾으면 된다.

정답 F

Tip '在'의 다양한 쓰임

① 동사 - 在+장소 : ~에 있다(문장에 다른 동사가 나오지 않음)
 我在家。Wǒ zài jiā. 나는 집에 있다.
 他们在学校。Tāmen zài xuéxiào. 그들은 학교에 있다.

② 전치사 - 在+장소+동사 : ~에서(문장에 다른 동사가 나옴)
 我在家吃饭。Wǒ zài jiā chīfàn. 나는 집에서 밥 먹는다.

 他们在学校学习。Tāmen zài xuéxiào xuéxí.
 그들은 학교에서 공부한다.

③ 부사 - 在+동사 : 진행을 나타냄(바로 동사가 나옴)
 我在吃饭。Wǒ zài chīfàn. 나는 밥 먹고 있다.
 他们在学习。Tāmen zài xuéxí. 그들은 공부하고 있다.

037

Xiǎogǒu shì rén de hǎo péngyou.
小狗 是 人 的 好 朋友。

강아지는 사람의 좋은 친구입니다.

단어 狗 gǒu 명 개 | 人 rén 명 사람, 인간 | 好 hǎo 형 좋다 | 朋友 péngyou 명 친구

해설 '小狗'는 강아지를 가리키는 것으로 강아지 그림을 찾으면 된다.

정답_ C

038

Nǐ néng bāng wǒ mǎi yí fèn bàozhǐ ma?
你 能 帮 我 买 一 份 报纸 吗?

나에게 신문 한 부를 사다 줄 수 있니?

단어 能 néng 조동 ~할 수 있다 | 帮 bāng 동 돕다 | 买 mǎi 동 사다, 구매하다 | 份 fèn 양 부, 권(신문·문건 등을 세는 단위) | 报纸 bàozhǐ 명 신문

해설 '一份报纸'는 '신문 한 부'라는 뜻으로 '份'은 신문에 대한 양사이다. 그러므로 신문이 있는 그림을 찾으면 된다.

정답_ E

039

Háizi zhèngzài xǐshǒu.
孩子 正在 洗手。

아이가 손을 씻고 있다.

단어 孩子 háizi 명 아이, 어린이 | 正在 zhèngzài 부 지금 ~하고 있다(동작이나 행위가 진행 중임을 나타냄) | 洗手 xǐshǒu 동 손을 씻다

해설 '正在洗手'에서 손을 씻고 있다고 했으므로 손을 씻고 있는 그림을 찾으면 된다.

정답_ A

040

Xiǎo Míng, chīfàn de shíhou bié shuōhuà!
小 明, 吃饭 的 时候 别 说话!

샤오밍, 식사할 때는 말하지 마라.

단어 吃饭 chīfàn 동 밥을 먹다 | 时候 shíhou 명 때, 시각 | 别 bié 부 ~하지 마라 | 说话 shuōhuà 동 말하다

해설 '吃饭的时候'에서 밥을 먹을 때라고 했으므로 가족들이 모여 밥을 먹고 있는 그림을 찾으면 된다.

정답_ B

第二部分

● 41~45번 : 괄호 안에 알맞은 단어를 보기에서 찾아 넣어 보세요.

041-045

	wǎnshang		yìxiē		chuān
A	晚上	B	一些	C	穿
	저녁		약간, 조금		(옷을) 입다, (신발을) 신다
	shénme		guì		zhèngzài
D	什么	E	贵	F	正在
	무슨, 무엇		비싸다, 귀하다		지금 ~하고 있다

041

Wǒ zuótiān xiàwǔ zài jiā kàn diànshì,
我 昨天 下午 在 家 看 电视,
shénme dìfang dōu méi qù.
D 什么 地方 都 没 去。

난 어제 오후 집에서 TV를 봤다. **D 아무** 데도 가지 않았다.

단어 昨天 zuótiān 명 어제 | 下午 xiàwǔ 명 오후 | 在 zài 전 ~에서 | 电视 diànshì 명 텔레비전 | 地方 dìfang 명 장소, 곳 | 也 yě 부 ~도 | 没 méi 부 ~않다 | 去 qù 동 가다

해설 '什么'는 의문을 나타내기도 하지만, 불특정한 사물을 가리킬 때도 사용할 수 있다. 여기서는 불특정한 장소를 가리키는 것으로 '什么地方都没去'는 '아무데도 가지 않았다'라는 뜻이므로 '什么'가 오는 것이 적합하다.

정답 **D**

Tip 什么

① 무슨, 무엇 : 의문문을 만듦.
   你叫什么名字? Nǐ jiào shénme míngzi? 당신의 이름은 무엇입니까?
   这是什么? Zhè shì shénme? 이것은 무엇입니까?

② 무엇이든, 어떤 것이든 : '都'나 '也' 앞에 놓여, 말하는 범위 내에서는 예외가 없음을 나타냄.
   这里什么都没有。Zhèlǐ shénme dōu méiyǒu. 이곳에는 아무것도 없다.
   他什么也不说。Tā shénme yě bù shuō. 그는 어떠한 것도 말하지 않는다.

042

Wǎnshang qù Xiǎo Lǐ de fàndiàn chī ba,
A 晚上 去 小 李 的 饭店 吃 吧,
tā dōu qǐng zánmen hǎo jǐ cì le.
他 都 请 咱们 好 几 次 了。

A 저녁에 샤오리네 식당에 가서 먹자. 그는 여러 번 우리를 초대했어.

단어 饭店 fàndiàn 명 식당 | 请 qǐng 동 청하다 | 咱们 zánmen 대 우리들 | 好 hǎo 부 수량이 많음을 강조함 | 几 jǐ 수 몇 | 次 cì 양 차례, 번, 회(횟수를 세는 단위)

해설 주어진 보기 중에 동사 앞에 올 수 있는 것은 A의 '晚上'과 F의 '正在'이다. 문맥상 진행을 나타내고 있는 것이 아니고 '(언제) ~하자'라고 시간이 나와야 하므로 '晚上'이 오는 것이 적합하다.

정답 **A**

043

Nǐ chuān zhè jiàn yīfu hěn hǎokàn.
你 C 穿 这件 衣服 很 好看。

너 이 옷을 C 입으니까 예쁘다.

단어 件 jiàn 양 벌, 건(옷이나 사건 등을 세는 단위) | 衣服 yīfu 명 옷 | 很 hěn 부 매우, 아주 | 好看 hǎokàn 형 아름답다, 보기 좋다

해설 옷을 세는 '벌'에 해당하는 양사는 '件'으로, '이 옷'은 중국어로 '这件衣服'라고 한다. '옷을 입다'라고 할 경우에는 동사 '穿'을 사용해서 '穿衣服'라고 해야 하므로 '穿'이 오는 것이 적합하다.

정답_ C

044

Wǒ qù tā jiā de shíhou, tā zhèngzài
我 去 他 家 的 时候， 他 F 正在

xiě zuòyè ne.
写 作业 呢。

내가 그의 집에 갔을 때 그는 숙제를 F 하고 있었다.

단어 去 qù 동 가다 | 时候 shíhou 명 때, 시각 | 写 xiě 동 쓰다 | 作业 zuòyè 명 숙제 | 呢 ne 조 서술문 뒤에 쓰여 동작이나 상황이 지속됨을 나타냄

해설 '正在'는 동사 앞에 쓰여 진행을 나타내는 부사로 현재 진행을 나타낼 뿐만 아니라, 설명하고자 하는 당시 상황의 진행을 나타내기도 한다. 이 문장에서도 내가 그의 집에 갔을 때 그가 숙제를 하고 있었다가 되므로 '正在'가 오는 것이 적합하다.

정답_ F

045

Wǒ mǎile yìxiē shuǐguǒ, nǐ cháng yíxià.
我 买了 B 一些 水果， 你 尝 一下。

내가 과일 B 좀 샀어. 한번 먹어봐.

단어 买 mǎi 동 사다, 구매하다 | 水果 shuǐguǒ 명 과일 | 尝 cháng 동 맛보다 | 一下 yíxià 수량 동사 뒤에 쓰여 '시험 삼아 해 보다' 또는 '좀 ~하다'의 뜻을 나타냄

해설 '一些'는 '약간, 조금'이라는 뜻의 수량사로 명사 앞에 올 수 있다. 여기서는 명사 '水果'를 꾸며 주는 역할로 '一些'가 오는 것이 적합하다.

정답_ B

第三部分

● 46~50번 : 주어진 문장을 읽고 질문의 내용과 일치하는지 판단해 보세요.

046

Wǒ xiàwǔ yǒu shì, suǒyǐ bù néng hé nǐ qù gōngyuán.
我 下午 有 事, 所以 不 能 和 你 去 公园。

问: Wǒ xiàwǔ bù néng qù gōngyuán.
我 下午 不 能 去 公园。

나는 오후에 일이 있어서 너와 같이 공원에 갈 수 없어.

질문: 나는 오후에 공원에 못 간다.

단어 下午 xiàwǔ 명 오후 | 事 shì 명 일 | 所以 suǒyǐ 접 그래서, 그러므로 | 不能 bù néng 조동 ~할 수가 없다 | 公园 gōngyuán 명 공원

해설 '所以不能和你去公园'에서 '너와 공원에 같이 갈 수 없다'고 했으므로 '나는 오후에 공원에 갈 수 없다'는 질문과 의미가 일치한다.

정답 ✓

047

Tā mǎile sān ge píngguǒ, yí ge xiāngjiāo, méi mǎi xīguā.
他 买了 三 个 苹果, 一 个 香蕉, 没 买 西瓜。

问: Tā mǎile sān zhǒng shuǐguǒ.
他 买了 三 种 水果。

그는 세 개의 사과와 바나나 한 묶음을 사고, 수박은 안 샀다.

질문: 그는 세 가지 과일을 샀다.

단어 买 mǎi 동 사다, 구매하다 | 苹果 píngguǒ 명 사과 | 香蕉 xiāngjiāo 명 바나나 | 西瓜 xīguā 명 수박 | 种 zhǒng 양 종류, 가지 | 水果 shuǐguǒ 명 과일

해설 그가 산 과일은 사과, 바나나 두 종류이므로, 세 종류의 과일을 샀다는 질문과 의미가 일치하지 않는다.

정답 X

048

Dìdi hé wǒ yíyàng gāo, dànshì bǐ wǒ pàng
弟弟 和 我 一样 高, 但是 比 我 胖
duō le.
多 了。

问: Dìdi bǐ wǒ pàng.
弟弟 比 我 胖。

남동생은 나하고 똑같이 키가 크지만 나보다 훨씬 뚱뚱하다.

질문: 남동생은 나보다 뚱뚱하다.

단어 弟弟 dìdi 명 남동생 | 一样 yíyàng 형 같다, 동일하다 | 高 gāo 형 높다 | 但是 dànshì 접 그러나, 그렇지만 | 比 bǐ 전 ~에 비해, ~보다 | 胖 pàng 형 뚱뚱하다

해설 '但是比我胖多了'의 주어는 남동생이므로 이 문장은 남동생이 나보다 뚱뚱하다는 의미이므로 질문과 의미가 일치한다.

정답 ✓

Tip A和B一样

'A는 B와 같다'는 뜻이며 뒤에 무엇이 같은지를 덧붙일 수 있다.

这个和那个一样。Zhège hé nàge yíyàng. 이것은 저것과 같다.
这个和那个一样好吃。Zhège hé nàge yíyàng hǎochī. 이것은 저것과 똑같이 맛있다.(이것은 저것처럼 맛있다.)
我和他一样高。Wǒ hé tā yíyàng gāo. 나는 그와 똑같이 키가 크다.(나는 그처럼 키가 크다.)

049

Tā zuò zài yǐzi shang kàn shū, pángbiān de
他 坐 在 椅子 上 看书, 旁边 的
zhuōzi shang fàngzhe kāfēi.
桌子 上 放着 咖啡。

问: Tā zhèngzài kàn shū.
他 正在 看书。

그는 의자에 앉아서 책을 본다. 옆 책상에는 커피 한 잔이 놓여져 있다.

질문: 그는 책을 보고 있다.

단어 坐 zuò 동 앉다 | 在 zài 전 ~에서 | 椅子 yǐzi 명 의자 | 看书 kàn shū 동 책을 보다, 공부하다 | 旁边 pángbiān 명 옆, 근처 | 桌子 zhuōzi 명 탁자, 책상 | 放 fàng 동 놓다 | 着 zhe 조 ~해 있다(일부 동사나 형용사 뒤에 쓰여 어떤 상태의 지속을 나타냄) | 咖啡 kāfēi 명 커피 | 正在 zhèngzài 부 지금 ~하고 있다

해설 '他坐在椅子上看书'에서 '그는 의자에 앉아서 책을 본다'라고 했으므로 그는 책을 보고 있다는 질문과 의미가 일치한다.

정답 ✓

050

Nǐ qù bàngōngshì, bǎ zhè běn shū jiè gěi
你 去 办公室，把 这 本 书 借 给
Yáng lǎoshī.
杨 老师。

Zhè shì Yáng lǎoshī de shū.
问: 这 是 杨 老师 的 书。

너 사무실에 가서 이 책을 양 선생님께 빌려 드려라.

질문: 이것은 양 선생님의 책이다.

단어 去 qù 동 가다 | 办公室 bàngōngshì 명 사무실 | 把 bǎ 전 ~을 | 本 běn 양 권(책 등을 세는 단위) | 书 shū 명 책 | 借 jiè 동 빌리다 | 给 gěi 전 ~에게 | 老师 lǎoshī 명 선생님

해설 '把这本书借给杨老师'에서 이 책을 양 선생님에게 빌려 주라고 했으므로 '这是杨老师的书'의 '이것은 양 선생님의 책이다'라는 질문과 일치하지 않는다.

정답 X

第四部分

● 51~55번 : 주어진 문장과 어울리는 문장을 보기에서 찾아 보세요.

051-055

A Wǒ xià ge xīngqī kāishǐ xuéxí yóuyǒng. 我 下 个 星期 开始 学习 游泳。	A 나는 다음 주부터 수영을 배워.
B Hěn yǒuyìsi, wǒ xiǎng zài kàn yí biàn. 很 有意思, 我 想 再 看 一 遍。	B 너무 재미있어서 난 다시 보고 싶어.
C Tāmen zài bīnguǎn kàn fángjiān. 他们 在 宾馆 看 房间。	C 그들은 호텔에서 방을 보고 있습니다.
D Wǒmen shì tóngsuì. 我们 是 同岁。	D 우리 둘은 동갑이에요.
E Tā zài nǎr ne? Nǐ kànjiàn tā le ma? 他 在 哪儿 呢? 你 看见 他 了 吗?	E 그는 어디에 있니? 넌 그를 봤니?
F Jīntiān tài wǎn le, yǐhòu yídìng qù nǐ 今天 太 晚 了,以后 一定 去 你 nàr zuòzuo. 那儿 坐坐。	F 오늘은 너무 늦었어요. 다음에 꼭 당신한테 들를 게요.

단어 下 xià 몡 다음, 나중 | 星期 xīngqī 몡 요일 | 开始 kāishǐ 통 시작되다 | 学习 xuéxí 통 공부하다, 배우다 | 游泳 yóuyǒng 통 수영하다, 헤엄치다 | 有意思 yǒuyìsi 혱 재미있다, 흥미 있다 | 想 xiǎng 조동 ~하고 싶다 | 再 zài 분 재차, 또 | 在 zài 전 ~에서 | 宾馆 bīnguǎn 몡 호텔 | 房间 fángjiān 몡 방 | 我们 wǒmen 대 우리(들) | 同岁 tóngsuì 혱 동갑이다, 같은 나이이다 | 哪儿 nǎr 대 어디, 어느 곳 | 看见 kànjiàn 통 보다, 보이다, 눈에 띄다 | 今天 jīntiān 몡 오늘 | 太~了 tài~le 너무~하다 | 晚 wǎn 혱 늦다 | 以后 yǐhòu 몡 이후 | 一定 yídìng 분 반드시, 꼭 | 那儿 nàr 대 그곳, 저곳 | 坐 zuò 통 앉다

051

Zuótiān de diànyǐng zěnmeyàng? 昨天 的 电影 怎么样?	어제 영화 어땠어?

단어 昨天 zuótiān 몡 어제 | 电影 diànyǐng 몡 영화 | 怎么样 zěnmeyàng 대 어떠한가

해설 영화는 어땠냐고 묻고 있기 때문에 재미있어서 다시 보고 싶다고 말한 '很有意思, 我想再看一遍'이 어울린다. '我想看一遍'의 '看'은 '电影'과 호응하여 '看电影(영화를 보다)'라는 의미를 만든다.

정답 **B**

052

Zhè shì fēicháng hǎo de yùndòng.
这 是 非常 好 的 运动。

이것은 아주 좋은 운동이야.

단어 非常 fēicháng 분 대단히, 매우 | 好 hǎo 형 좋다 | 运动 yùndòng 명 운동

해설 '这是非常好的运动'에서 운동에 관한 이야기를 하고 있으므로 '다음 주부터 수영을 배우기로 했다'는 '我下个星期开始学习游泳'과 어울린다. 주어진 문장의 '这'는 A의 '游泳(수영)'을 가리키는 것이다.

정답_ A

053

Zhège fángjiān xiǎo yìdiǎnr, dànshì hěn
这个 房间 小 一点儿, 但是 很
piányi, wǒmen jiù zhù zhèr ba.
便宜, 我们 就 住 这儿 吧。

이 방은 작지만 저렴하니 우리 여기에 묵자.

단어 小 xiǎo 형 작다 | 一点儿 yìdiǎnr 수량 조금 | 便宜 piányi 형 싸다 | 我们 wǒmen 대 우리(들) | 就 jiù 분 곧, 바로 | 住 zhù 동 살다, 거주하다 | 这儿 zhèr 대 여기, 이곳

해설 '住'에는 '묵다'와 '살다'라는 두 가지 뜻이 있으며, 이 문장에서는 '이 방은 비록 작지만 저렴해요'라며 방에 대해 말하고 있으므로 '일시적으로 머무르다'는 '묵다'의 뜻으로 쓰이고 있다. 이것은 C의 '宾馆'이라는 단어와 연관성이 있다.

정답_ C

054

> Nǐ kàn, sān lóu liàngzhe dēng de fángjiān jiù
> 你看，三楼 亮着 灯 的 房间 就
> shì wǒ de.
> 是 我 的。

봐, 3층에 불 켜져 있는 방이 내 방이야.

단어 楼 lóu 양 층 | 亮 liàng 형 환하다, 빛나다 | 着 zhe 조 ~해 있다(일부 동사나 형용사 뒤에 쓰여 어떤 상태의 지속을 나타냄) | 灯 dēng 명 등, 램프

해설 불이 켜져 있는 방이 자신의 방이라며 위치를 알려 주고 있다. 이는 '오늘 늦었으니 다음에 들르겠다'는 '今天太晚了，以后一定去你那儿坐坐'와 문맥상 어울린다. 또한 F '去你那儿(거기에 가다)'의 '那儿'은 주어진 문장에서 말하는 '내 방'임을 알 수 있다.

정답_ **F**

055

> Wǒ shì yī jiǔ jiǔ èr nián liù yuè chūshēng de,
> 我 是 1992 年 6 月 出生 的,
> yīnggāi shì nǐ de gēge ba.
> 应该 是 你 的 哥哥 吧。

나는 1992년 6월 생이니, 너보다 오빠일 거야.

단어 年 nián 명 년, 해 | 月 yuè 명 달 | 出生 chūshēng 동 출생하다, 태어나다 | 应该 yīnggāi 조동 반드시 ~일 것이다 | 哥哥 gēge 명 형, 오빠

해설 '应该是你的哥哥吧'에서 아마 너보다 오빠일거야라고 나이에 대해서 말하고 있으니 '우리는 동갑이야'라고 한 '我们是同岁'와 문맥상 어울린다.

정답_ **D**

● 56~60번 : 주어진 문장과 어울리는 문장을 보기에서 찾아 보세요.

056-060

	Qǐng zhèbiān zuò, zhè shì càidān, qǐng nín
A	请 这边 坐, 这 是 菜单, 请 您
	diǎn cài.
	点 菜。
	Nàge dìfang hěn jìn, zuò chūzūchē 5
B	那个 地方 很 近, 坐 出租车 5
	fēnzhōng jiù dào le.
	分钟 就 到 了。
	Zhège gāo a, yígòng duōshao céng a?
C	这个 高 啊, 一共 多少 层 啊?
	Dàjiā hǎo! Xīwàng nǐmen nǔlì xuéxí.
D	大家 好! 希望 你们 努力 学习。
	Jīntiān de tiānqì bú tài hǎo.
E	今天 的 天气 不 太 好。

A 여기에 앉으세요. 메뉴판 보시고 주문하세요.
B 그곳은 아주 가까워요. 택시 타고 5분 정도 가면 돼요.
C 이렇게 높구나! 모두 몇 층이야?
D 여러분 안녕하세요! 모두 열심히 공부하시길 바랍니다!
E 오늘 날씨가 그다지 좋지 않다.

단어 请 qǐng 동 청하다, 부탁하다 | 这边 zhèbiān 대 이곳, 여기 | 坐 zuò 동 앉다 | 菜单 càidān 명 메뉴, 식단 | 点 diǎn 동 주문하다 | 菜 cài 명 요리 | 那个 nàge 대 그, 저 | 地方 dìfang 명 곳, 장소 | 很 hěn 부 매우, 아주 | 近 jìn 형 가깝다 | 出租车 chūzūchē 명 택시 | 分钟 fēnzhōng 명 분 | 到 dào 동 도달하다, 도착하다 | 高 gāo 형 (높이가) 높다 | 一共 yígòng 부 모두, 전부 | 多少 duōshao 대 얼마, 몇 | 层 céng 양 층(중첩이 되어 쌓여 있는 것을 세는 단위) | 大家 dàjiā 대 모두, 다들 | 希望 xīwàng 동 바라다, 희망하다 | 努力 nǔlì 동 노력하다, 열심히 하다 | 学习 xuéxí 동 공부하다, 배우다 | 今天 jīntiān 명 오늘 | 天气 tiānqì 명 날씨, 일기 | 好 hǎo 형 좋다

056

Wàimian xià yǔ le.	밖에 비가 내린다.
外面 下 雨 了。	

단어 外面 wàimian 명 바깥, 밖 | 下雨 xià yǔ 동 비가 오다

해설 밖에 비가 내린다고 날씨에 관한 문장으로 오늘 날씨가 그다지 좋지 않다는 '今天的天气不太好'와 문맥상 어울린다.

정답_ E

057

Xīn lái de lǎoshī hěn rènzhēn.
新 来 的 老师 很 认真。

새로 오신 선생님은 아주 열심이시다.

단어 新 xīn 형 새롭다 | 老师 lǎoshī 명 선생님, 스승 | 认真 rènzhēn 형 열심히 하다

해설 주어진 문장의 주어가 새로 오신 선생님이며, 보기에서 '열심히 공부하시길 바랍니다'의 '希望你们努力学习'는 선생님이 학생들에게 할 수 있는 말이므로 두 문장이 어울린다.

정답_ D

058

Shíjiān hái zǎo, wǒmen zǒuzhe qù ba,
时间 还 早, 我们 走着 去 吧,
yìbiān zǒu, yìbiān liáotiānr.
一边 走, 一边 聊天儿。

시간이 아직 이르니까 걸어가자. 걸어가면서 얘기도 나누자.

단어 时间 shíjiān 명 시간 | 还 hái 부 아직 | 早 zǎo 형 (때가) 이르다, 빠르다 | 走 zǒu 동 걷다 | 一边~ 一边~ yìbiān~ yìbiān~ ~하면서 ~하다 | 聊天儿 liáotiānr 동 잡담하다, 한담하다

해설 '我们走着去吧'에서 걸어가자고 했으므로 어디론가 가고 있다는 것을 알 수 있으며, 이동 거리와 교통수단 등을 이야기하는 '那个地方很近，坐出租车5分钟就到了'와 문맥상 어울린다.

정답_ B

> **Tip** 부사 '还'
>
> ① 여전히, 아직도
>   他还在学校。Tā hái zài xuéxiào. 그는 여전히 학교에 있다.
>
> ② 또, 더, 게다가
>   这里还有一本书。Zhèlǐ hái yǒu yì běn shū. 이곳엔 책 한 권이 더 있다.
>
> ③ 그런대로, 그럭저럭
>   他的汉语还好。Tā de Hànyǔ hái hǎo. 그의 중국어 실력은 그런대로 괜찮다.

059

Wǒmen dìyī cì lái, nín gěi jièshào jièshào.
我们 第一 次 来， 您 给 介绍介绍。

우리는 처음 왔으니 소개 좀 해 주세요.

단어 第一次 dìyī cì 몡 최초, 맨 처음 | 来 lái 동 오다 | 给 gěi 전 ~에게 | 介绍 jièshào 동 소개하다

해설 '我们第一次来，您给介绍介绍'에서 처음 왔으니 소개해 달라고 하고 있다. 따라서 낯선 곳에 와있음을 알 수 있고, 이는 처음 식당에 가면 종업원이 하는 말인 '请这边坐，这是菜单，请您点菜'와 어울린다.

정답_ A

060

Yīyuàn zuǒbian nàge báisè de gāolóu jiùshì
医院 左边 那个 白色 的 高楼 就是
nǐ de gōngsī ma?
你 的 公司 吗?

병원 왼편에 있는 하얀색 빌딩이 너네 회사야?

단어 医院 yīyuàn 몡 병원 | 左边 zuǒbian 몡 좌측, 왼쪽 | 白色 báisè 몡 흰색 | 高楼 gāolóu 몡 빌딩, 고층 건물 | 公司 gōngsī 몡 회사, 직장

해설 '那个白色的高楼'라고 고층 빌딩에 대해서 이야기하고 있으므로 '이렇게 높구나! 모두 몇 층이야?'라고 하는 '这个高啊，一共多少层?'과 문맥상 어울린다.

정답_ C

新HSK 모의고사 2級

2회 해설

一、听力

第一部分

● 1~10번 : 들려주는 내용과 그림이 일치하는지 판단해 보세요.

001

Wǒ péngyou mǎile yí jiàn lánsè de yīfu.
我 朋友 买了一件 蓝色 的 衣服。
내 친구는 파란색 옷 한 벌을 샀다.

단어 朋友 péngyou 명 친구 | 买 mǎi 동 사다, 구매하다 | 件 jiàn 양 벌, 건(옷이나 사건 등을 세는 단위) | 蓝色 lánsè 명 파란색 | 衣服 yīfu 명 옷, 의복

해설 '买了一件蓝色的衣服'에서 파란 옷을 한 벌 샀다고 했는데 주어진 그림에 신발이 있으므로 문장과 그림이 일치하지 않는다. 신발은 '鞋子 xiézi'이며, 신발을 세는 양사 '켤레'는 '双 shuāng'이다.

정답_ X

002

Zuótiān tā chàng de gē zhēn hǎotīng.
昨天 他 唱 的 歌 真 好听。
어제 그가 부른 노래는 아주 듣기 좋았다.

단어 昨天 zuótiān 명 어제 | 唱 chàng 동 노래하다 | 歌 gē 명 노래, 가곡 | 真 zhēn 부 확실히, 참으로 | 好听 hǎotīng 형 (소리가) 듣기 좋다, 감미롭다

해설 '他唱的歌真好听'에서 '그가 부른 노래는 아주 듣기 좋았다'라고 했으므로 남자가 노래를 부르고 있는 그림과 일치한다.

정답_ √

003

🔊 Wǒmen de lǎoshī xìng Wáng, yòu niánqīng, yòu piàoliang.
我们 的 老师 姓 王, 又 年轻, 又 漂亮。
우리 선생님은 왕 씨이고, 젊고 아름답다.

단어 我们 wǒmen 때 우리(들) | 老师 lǎoshī 몡 선생님 | 姓 xìng 몡 성, 성씨 | 又 yòu 튀 또, 다시 | 年轻 niánqīng 혱 젊다, 어리다 | 漂亮 piàoliang 혱 예쁘다, 아름답다

해설 선생님을 '又年轻, 又漂亮'이라며 젊고 아름답다고 묘사하고 있으나 주어진 그림에서는 나이 든 남자 선생님이 학생들에게 악기를 가르치고 있으므로 문장과 그림이 일치하지 않는다. 또한 '漂亮'은 주로 여자에게 쓰고, 남자에게 '멋있다'라고 할 때에는 '帅'를 쓴다.

정답 X

004

🔊 Jīntiān tā qù jīchǎng jiē māma le.
今天 他 去 机场 接 妈妈 了。
오늘 그는 어머니를 마중하러 공항에 갔다.

단어 今天 jīntiān 몡 오늘 | 机场 jīchǎng 몡 공항 | 接 jiē 동 맞이하다, 마중하다 | 妈妈 māma 몡 엄마, 어머니

해설 '去机场'에서 공항에 간다고 했으므로 비행기가 있는 공항 그림과 일치한다.

정답 ✓

Tip	장소를 나타내는 단어	
商店 shāngdiàn 상점	(飞)机场 (fēi)jīchǎng 공항	饭店 fàndiàn 호텔, 식당
学校 xuéxiào 학교	书店 shūdiàn 서점	食堂 shítáng 식당
超市 chāoshì 슈퍼마켓	医院 yīyuàn 병원	

005

Zuótiān nǐ kàn diànshì le ma, nà chǎng bǐsài kě
昨天 你 看 电视 了 吗, 那 场 比赛 可
jīngcǎi le.
精彩 了。
어제 텔레비전 봤어? 그 시합 정말 멋졌어.

단어 电视 diànshì 명 텔레비전 | 场 chǎng 양 회, 번(문예·오락·체육 활동 등에 쓰임) | 比赛 bǐsài 명 경기, 시합 | 可 kě 부 평서문에 쓰여 강조를 나타냄 | 精彩 jīngcǎi 형 뛰어나다, 멋지다

해설 텔레비전을 통해 중계된 그 경기를 봤냐는 내용인데 제시된 그림은 영화 포스터이므로 문장과 그림이 일치하지 않는다. 영화는 '电影 diànyǐng'이다.

정답_ X

006

Tā bǎ wǒ de zìxíngchē jiè zǒu le.
他 把 我 的 自行车 借 走 了。
그가 내 자전거를 빌려 갔다.

단어 把 bǎ 전 ~을 | 自行车 zìxíngchē 명 자전거 | 借 jiè 동 빌리다

해설 '그가 내 자전거를 빌려 갔다'는 자전거에 관한 문장으로 제시된 자전거 그림과 일치한다. '借'는 '빌리다'는 뜻이며 '借走了'는 '빌려 갔다'는 뜻이다.

정답_ ✓

007

🔊 Wǒ kànjiàn tā de shíhou, tā zài huàhuà ne.
我 看见 她 的 时候, 她 在 画画 呢。
내가 그녀를 보았을 때 그녀는 그림을 그리고 있었다.

단어 看见 kànjiàn 동 보다, 보이다, 눈에 띄다 | 时候 shíhou 명 때, 시각 | 在 zài 부 마침, 한창 | 画画 huàhuà 동 그림을 그리다 | 呢 ne 조 서술문 뒤에 쓰여 동작이나 상황이 지속됨을 나타냄

해설 '내가 봤을 때 그녀는 그림을 그리고 있었다'라고 했으므로 여자아이가 그림을 그리고 있는 그림과 일치한다. '画'는 동사 '그리다'는 뜻과 명사 '그림'이라는 뜻을 모두 가지고 있기 때문에 '그림을 그리다'는 '画画'이다.

정답 √

008

🔊 Tā kànle nǚ'ér de xìn, hěn gāoxìng.
他 看了 女儿 的 信, 很 高兴。
그는 딸의 편지를 받고 매우 기뻤다.

단어 女儿 nǚ'ér 명 딸 | 信 xìn 명 편지 | 高兴 gāoxìng 형 기쁘다, 즐겁다

해설 '그는 딸의 편지를 받고 기뻤다'고 했으므로 제시된 편지 그림과 일치한다.

정답 √

009

Zhège xīguā zhēn hǎochī.
这个 西瓜 真 好吃。
이 수박은 아주 맛있다.

단어 西瓜 xīguā 명 수박 | 真 zhēn 부 확실히, 참으로 | 好吃 hǎochī 형 맛있다

해설 수박이 맛있다고 했는데 제시된 그림은 바나나이므로 일치하지 않는다. '바나나'는 '香蕉 xiāngjiāo'이다.

정답_ X

Tip 과일

| 苹果 píngguǒ 사과 | 西瓜 xīguā 수박 | 草莓 cǎoméi 딸기 |
| 香蕉 xiāngjiāo 바나나 | 葡萄 pútáo 포도 | 梨子 lízi 배 |

010

Zhège fángjiān bú dà, dànshì hěn gānjìng.
这个 房间 不大, 但是 很 干净。
이 방은 크진 않지만 아주 깨끗하다.

단어 房间 fángjiān 명 방 | 大 dà 형 크다 | 但是 dànshì 접 그러나, 그렇지만 | 干净 gānjìng 형 깨끗하다, 청결하다

해설 방이 크지는 않지만 깨끗하다고 했으며 주어진 그림도 깔끔한 방이 나왔으므로 그림과 일치한다.

정답_ ✓

第二部分

● 11~20번: 들려주는 내용을 잘 듣고, 보기에서 알맞은 그림을 찾아 보세요.

011-020

011

女: Zhōngwǔ chī fàn de shíhou, zuò zài nǐ
中午 吃饭 的 时候, 坐 在 你
zuǒbian de nǚháir shì shéi?
左边 的 女孩儿 是 谁?

男: Nǐ bú rènshi tā ma? Míngtiān gěi nǐ
你 不 认识 她 吗? 明天 给 你
jièshàojièshào.
介绍介绍。

여: 점심 식사할 때 네 왼쪽에 앉았던 여자애는 누구니?
남: 너 그녀를 모르니? 내일 소개해 줄게.

단어 中午 zhōngwǔ 몡 정오 | 坐 zuò 통 앉다 | 左边 zuǒbian 몡 좌측, 왼쪽 | 女孩儿 nǚháir 몡 여자아이 | 谁 shéi 떼 누구 | 认识 rènshi 통 알다, 인식하다 | 明天 míngtiān 몡 내일 | 给 gěi 전 ~에게 | 介绍 jièshào 통 소개하다

해설 '中午吃饭的时候, 坐在你左边的女孩儿是谁'에서 점심 식사할 때 남자 왼쪽의 여자아이에 대해서 이야기하고 있으므로 남녀가 같이 식사하고 있는 그림을 찾으면 된다.

정답 **E**

Tip 동사의 중첩

동사를 중첩하면 '좀~하다, 시험 삼아 해보다'라는 뜻이다.
① 1음절 A → AA
　说(말하다) ▶说说(말을 좀 하다) / 看(보다) ▶看看(좀 보다)
② 2음절 AB → ABAB
　介绍(소개하다) ▶介绍介绍(소개를 좀 하다)
　学习(공부하다) ▶学习学习(공부를 좀 하다)

012

男: Nǐ zěnme le?
　　你 怎么 了?

女: Wǒ gǎnmào le, tóu yǒudiǎnr téng.
　　我 感冒 了, 头 有点儿 疼。

남: 왜 그러세요?
여: 감기에 걸려서, 머리가 좀 아파요.

단어 怎么了 zěnme le 무슨 일이야? | 感冒 gǎnmào 명동 감기(에 걸리다) | 头 tóu 명 머리 | 疼 téng 형 아프다

해설 '头有点儿疼'에서 '머리가 좀 아파요'라고 했으므로 얼굴을 찡그리고 머리를 지그시 누르고 있는 그림을 찾으면 된다.

정답_ A

013

男: Míngtiān shì lǎoshī de shēngrì, wǒmen qù
　　明天 是 老师 的 生日, 我们 去
　　mǎi dàngāo, zěnmeyàng?
　　买 蛋糕, 怎么样?

女: Hǎo a.
　　好 啊。

남: 내일 선생님 생신인데 우리 케이크 사러 가는 게 어때?
여: 좋아.

단어 明天 míngtiān 명 내일 | 生日 shēngrì 명 생일 | 买 mǎi 동 사다, 구매하다 | 蛋糕 dàngāo 명 케이크 | 怎么样 zěnmeyàng 대 어떻다, 어떠하다

해설 '明天是老师的生日'에서 '내일은 선생님의 생신이다'라고 했으므로 케이크 그림을 찾으면 된다.

정답_ B

014

男: Shāngdiàn li de dōngxi dōu tài guì le.
　　商店 里 的 东西 都 太 贵 了。

女: Shì a, wǒmen qù shìchǎng ba, nàli piányi yìxiē.
　　是 啊, 我们 去 市场 吧, 那里 便宜 一些。

남: 상점의 물건이 너무 비싸다.
여: 응. 우리 시장에 가자. 거기는 좀 싸.

단어 商店 shāngdiàn 명 상점 | 东西 dōngxi 명 물건 | 都 dōu 부 모두 | 太~了 tài~le 너무~하다 | 贵 guì 형 높다, 비싸다 | 市场 shìchǎng 명 시장 | 那里 nàli 대 그곳, 저곳 | 便宜 piányi 형 (값이) 싸다 | 一些 yìxiē 수량 약간, 조금

해설 '我们去市场吧'에서 '우리 시장 가자'라고 했으므로 여러 과일들을 진열해 놓은 시장 그림을 찾으면 된다.

정답_ C

015

男: Jīntiān wǒmen jiàoshì li tūrán pǎo jìnlái yì zhī māo.
　　今天 我们 教室 里 突然 跑 进来 一 只 猫。

女: Shì bái de ma?
　　是 白 的 吗?

남: 오늘 우리 교실로 갑자기 고양이 한 마리가 뛰어 들어왔어.
여: 하얀색이야?

단어 今天 jīntiān 명 오늘 | 教室 jiàoshì 명 교실 | 突然 tūrán 부 갑자기, 느닷없이 | 跑 pǎo 동 달리다, 뛰다 | 进来 jìnlái 동사 뒤에 쓰여 안으로 들어옴을 나타냄 | 只 zhī 양 마리(주로 동물 등을 세는 단위) | 猫 māo 명 고양이 | 白 bái 형 하얗다, 희다

해설 '突然跑进来一只猫'에서 갑자기 고양이 한 마리가 뛰어 들어왔다고 했으므로 고양이 그림을 찾으면 된다.

정답_ F

016-020

 A ▶ 비행기

 B ▶ 산책하다

 C ▶ 과일을 사다

 D ▶ 요리

 E ▶ 미국 국기

016

女: Nǐ zuò de cài hǎochī shì hǎochī, kěshì——
你 做 的 菜 好吃 是 好吃, 可是——

男: Wǒ zhīdào, kànzhe bú piàoliang, shì bu shì?
我 知道, 看着 不 漂亮, 是 不 是?

여: 네가 만든 요리는 맛있긴 한데 좀…
남: 알아. 보기에 좋진 않지?

단어 做 zuò 통 하다 | 菜 cài 명 요리 | 好吃 hǎochī 형 맛있다 | 可是 kěshì 접 그러나, 하지만 | 知道 zhīdào 통 알다, 이해하다 | 看 kàn 통 보다 | 漂亮 piàoliang 형 예쁘다, 아름답다

해설 '你做的菜'에서 네가 만든 요리에 대해서 말하고 있으므로 그릇에 담겨진 음식 그림을 찾으면 된다.

정답_ D

017

男: Mā, jīntiān shì xīngqīrì, nǐ hái chūqù ya?
妈，今天是星期日，你还出去呀?

女: Wǒ qù shāngdiàn mǎi shuǐguǒ.
我去商店买水果。

남: 엄마, 오늘 일요일인데 또 나가세요?
여: 과일 사러 상점에 가.

단어 星期日 xīngqīrì 명 일요일 | 还 hái 부 또, 더 | 出去 chūqù 동 나가다 | 商店 shāngdiàn 명 상점 | 买 mǎi 동 사다, 구매하다 | 水果 shuǐguǒ 명 과일

해설 '我去商店买水果'에서 '과일 사러 상점에 간다'라고 했으므로 한 여자가 상점에서 과일을 고르고 있는 그림을 찾으면 된다.

정답 **C**

018

男: Xià wán yǔ chūlái zǒuzou zhēn hǎo.
下完雨出来走走真好。

女: Duì a, kōngqì tài hǎo le.
对啊，空气太好了。

남: 비가 내린 후에 나와서 걸으니깐 참 좋다.
여: 맞아. 공기가 너무 좋다.

단어 下雨 xià yǔ 동 비가 오다 | 完 wán 동 마치다, 끝나다 | 出来 chūlái 동 나오다 | 走 zǒu 동 걷다 | 真 zhēn 부 확실히, 참으로 | 空气 kōngqì 명 공기

해설 '出来走走真好'에서 나와서 걸으니깐 참 좋다고 했으므로 남자와 여자가 함께 산책하고 있는 그림을 찾으면 된다.

정답 **B**

019

男: Fēijī kuài dào le ba?
　　飞机 快 到 了 吧?

女: Nǎr a? Hái méi qǐfēi ne.
　　哪儿 啊? 还 没 起飞 呢。

남: 비행기가 곧 도착하나요?
여: 도착하긴요? 아직 뜨지도 않았어요.

단어 飞机 fēijī 명 비행기 | 快~了 kuài~le 곧 ~하다 | 吧 ba 조 문장 맨 끝에 쓰여, 청유·기대·명령 등의 어기를 나타냄 | 哪儿 nǎr 대 반문의 어기로 쓰여 주로 부정의 뜻을 나타냄 | 还 hái 부 아직 | 没 méi 부 ~하지 않다 | 起飞 qǐfēi 동 (비행기 등이) 이륙하다

해설 '飞机快到了吧'에서 비행기가 곧 도착하는지 등의 비행기에 대해서 대화를 하고 있으므로 비행기 그림을 찾으면 된다. '快~了'는 '곧 ~하다'는 뜻으로 상황이 곧 발생함을 나타낸다.

정답_ A

020

男: Tīngshuō nǐ yào qù Měiguó, shénme shíhou
　　听说 你 要 去 美国, 什么 时候
　　zǒu a?
　　走 啊?

女: Xià ge xīngqī qù.
　　下 个 星期 去。

남: 미국에 간다면서? 언제 가니?
여: 다음 주에 가.

단어 听说 tīngshuō 동 듣자하니, 들은 바로는 ~라고 한다 | 要 yào 조동 ~하려 한다 | 美国 Měiguó 명 미국 | 走 zǒu 동 가다, 떠나다 | 下 xià 명 다음 | 星期 xīngqī 명 주, 요일

해설 '听说你要去美国'에서 미국에 간다면서라고 말하고 있으므로 미국의 국기인 성조기가 있는 그림을 찾으면 된다. '听说'는 '들은 바로는 ~한다'는 뜻이며 문장의 맨 앞에 쓰여 다른 사람에게 들은 말을 옮겨 말하고 있음을 나타낸다.

정답_ E

第三部分

● 21~30번 : 들려주는 내용을 잘 듣고, 질문에 알맞은 답을 고르세요.

021

女: Dōu shuō zàijiàn le, nǐ zěnme hái bù zǒu a?
都 说 再见 了, 你 怎么 还 不 走 啊?

男: Wǒ, wǒ xiǎng děng nǐ yìqǐ qù chīfàn.
我, 我 想 等 你 一起 去 吃饭。

问: Nán de xiǎng hé nǚ de yìqǐ zuò shénme?
男 的 想 和 女 的 一起 做 什么?

A 看 电影 kàn diànyǐng
✓ B 吃饭 chīfàn
C 去 公园 qù gōngyuán

여: 작별 인사했는데, 왜 아직 안 가요?
남: 전, 저는 당신을 기다렸다가 같이 가서 밥 먹고 싶어서요.

질문: 남자는 여자와 같이 무엇을 하려 하나?

A 영화를 보다
B 밥을 먹다
C 공원에 가다

단어 都 dōu 부 이미 | 说 shuō 동 말하다 | 再见 zàijiàn 동 안녕히 계십시오, 안녕 | 怎么 zěnme 대 어째서, 왜 | 还 hái 부 아직 | 走 zǒu 동 가다, 떠나다 | 想 xiǎng 조동 ~하고 싶다 | 等 děng 동 기다리다 | 一起 yìqǐ 부 같이, 함께 | 吃饭 chīfàn 동 밥을 먹다 | 电影 diànyǐng 명 영화 | 公园 gōngyuán 명 공원

해설 '我想等你一起吃饭'에서 남자는 여자와 같이 식사하고 싶어 한다는 것을 알 수 있다.

정답_ B

022

男: Wǒ zuìjìn yǎnjing yǒudiǎnr téng, kěnéng shì
　　我 最近 眼睛 有点儿 疼, 可能 是
　　zhège xīn yǎnjìng yǒu wèntí.
　　这个 新 眼镜 有 问题。

女: Shénme yǎnjìng a! Wǒ kàn shì duō kàn diànshì
　　什么 眼镜 啊! 我 看 是 多 看 电视
　　de shìr.
　　的 事儿。

问: Nán de xǐhuan zuò shénme?
　　男 的 喜欢 做 什么?

　　　kàn shū　　　dǎ yóuxì　　　kàn diànshì
　　A 看 书　　　B 打 游戏　　✓C 看 电视

남: 나 요즘에 눈이 좀 아파. 아마 이 새 안경에 문제가 있나 봐.
여: 안경 때문이긴! 내 생각엔 TV를 많이 봐서 그래.

질문: 남자는 무엇을 하길 좋아하나?

A 책 보기
B 게임 하기
C TV 보기

단어 最近 zuìjìn 명 최근, 요즘 | 眼睛 yǎnjing 명 눈 | 疼 téng 형 아프다 | 可能 kěnéng 부 아마도 | 新 xīn 형 새롭다 | 眼镜 yǎnjìng 명 안경 | 问题 wèntí 명 문제 | 多 duō 형 많다 | 电视 diànshì 명 텔레비전 | 事儿 shìr 명 일, 사정 | 书 shū 명 책 | 打游戏 dǎ yóuxì 동 게임을 하다

해설 '我看是多看电视的事儿'에서 남자가 TV 보는 것을 좋아한다는 것을 알 수 있다.

정답_ C

023

男: Érzi de shēngrì, nǐ gěi tā mǎi shénme ya?
　　儿子 的 生日, 你 给 他 买 什么 呀?

女: Wǒ xiǎng gěi tā mǎi shǒubiǎo.
　　我 想 给 他 买 手表。

问: Nǚ de gěi érzi mǎi shénme lǐwù?
　　女 的 给 儿子 买 什么 礼物?

　　　shǒubiǎo　　　huā　　　shū
　　✓A 手表　　　B 花　　　C 书

남: 아들 생일에 뭐 사 줄 거야?
여: 손목시계를 사 주려고.

질문: 여자는 아들한테 어떤 선물을 줄 것인가?

A 손목시계　　B 꽃　　C 책

단어 儿子 érzi 명 아들 | 生日 shēngrì 명 생일 | 给 gěi 전 ~에게 | 买 mǎi 동 사다, 구매하다 | 什么 shénme 대 어떤, 무엇 | 想 xiǎng 조동 ~하고 싶다 | 手表 shǒubiǎo 명 손목시계 | 花 huā 명 꽃

해설 '我想给他买手表'에서 여자는 아들에게 손목시계를 사 주려고 한다는 것을 알 수 있다.

정답_ A

024

🔊 男: Nǐ chīguo zhè zhǒng shuǐguǒ ma?
　　你 吃过 这 种 水果 吗?

女: Wǒ qù Zhōngguó de shíhou chīguo yí cì.
　　我 去 中国 的时候 吃过 一 次。

问: Nǚ de chīguo zhè zhǒng shuǐguǒ ma?
　　女 的 吃过 这 种 水果 吗?

　　A 没吃过　　✓B 吃过　　C 不知道
　　　méi chīguo　　chīguo　　bù zhīdào

남: 이런 과일을 먹어 본 적이 있어?
여: 중국에 갔을 때 한 번 먹어 봤어.

질문: 여자는 이런 과일을 먹어 보았나?

A 못 먹어 봤다　B 먹어 봤다　C 모른다

단어 吃 chī 동 먹다 | 过 guo 조 ~한 적이 있다 | 种 zhǒng 양 종류 | 水果 shuǐguǒ 명 과일 | 中国 Zhōngguó 명 중국 | 次 cì 양 차례, 번, 회(횟수를 세는 단위)

해설 '我去中国的时候吃过一次'에서 중국에 갔을 때 먹어 봤음을 알 수 있다. '한 번 먹어 봤다'는 '吃过一次'이며, '두 번 먹어 봤다'는 '吃过两次'이다.

정답 **B**

025

🔊 男: Zěnme yíxiàzi jiù rè qǐlái le.
　　怎么 一下子 就 热 起来 了。

女: Rénmen dōu shuō wǒmen zhèr zhǐ yǒu liǎng ge
　　人们 都 说 我们 这儿 只 有 两 个
　　jìjié— dōngtiān hé xiàtiān.
　　季节— 冬天 和 夏天。

问: Nán de juéde tiānqì zěnmeyàng?
　　男 的 觉得 天气 怎么样?

　✓A 很 热
　　　hěn rè

　　B 很 冷
　　　hěn lěng

　　C 很 暖和
　　　hěn nuǎnhuo

남: 왜 갑자기 더워졌지?
여: 사람들이 말하길 이곳은 겨울하고 여름, 두 계절밖에 없데.

질문: 남자는 날씨가 어떻다고 생각하나?

A 매우 덥다
B 매우 춥다
C 매우 따뜻하다

단어 怎么 zěnme 대 어째서, 왜 | 一下子 yíxiàzi 부 단시간에, 갑자기 | 就 jiù 부 곧, 즉시 | 热 rè 형 덥다, 뜨겁다 | 起来 qǐlái 동사 또는 형용사 뒤에 쓰여, 어떤 동작이 시작되어 계속됨을 나타냄 | 了 le 조 동사 또는 형용사 뒤에 쓰여 동작 또는 변화가 이미 완료되었음을 나타냄 | 人们 rénmen 명 사람들 | 这儿 zhèr 대 여기, 이곳 | 只有 zhǐ yǒu ~만 있다, ~밖에 없다 | 两 liǎng 수 둘 | 季节 jìjié 명 계절 | 冬天 dōngtiān 명 겨울 | 夏天 xiàtiān 명 여름 | 觉得 juéde 동 ~라고 여기다 | 天气 tiānqì 명 날씨, 일기 | 怎么样 zěnmeyàng 대 어떻다, 어떠하다 | 冷 lěng 형 춥다, 차다 | 暖和 nuǎnhuo 형 따뜻하다, 따사롭다

해설 '怎么一下子就热起来了'에서 '왜 갑자기 더워졌지'라고 했으므로 남자는 덥다고 생각한다는 것을 알 수 있다.

정답 **A**

026

女: Zhè zhǒng yào yì tiān chī sān cì, yí cì chī sì piàn.
这 种 药 一 天 吃 三 次, 一 次 吃 4 片。

男: Zhīdào le, yīshēng.
知道 了, 医生。

问: Nǚ de shì zuò shénme gōngzuò de?
女 的 是 做 什么 工作 的?

A 售货员 shòuhuòyuán　B 老师 lǎoshī　✓C 医生 yīshēng

여: 이 약은 하루에 세 번, 한 번에 4알씩 드세요.
남: 알겠습니다, 의사 선생님.

질문: 여자의 직업은 무엇인가?

A 판매원　B 선생님　C 의사

단어 种 zhǒng 양 종류 | 药 yào 명 약 | 天 tiān 명 날, 하루 | 片 piàn 양 알(편평하고 얇은 모양의 사물에 쓰임) | 医生 yīshēng 명 의사 | 工作 gōngzuò 명 직업, 일자리 동 일하다, 작업하다 | 售货员 shòuhuòyuán 명 판매원, 점원 | 老师 lǎoshī 명 선생님

해설 남자가 말한 '知道了, 医生'에서 여자의 직업이 의사임을 알 수 있다.

정답_ C

027

男: Nǐmen gōngsī dōu shì Zhōngguórén ma?
你们 公司 都 是 中国人 吗?

女: Yě yǒu Hánguórén hé Měiguórén.
也 有 韩国人 和 美国人。

问: Nǚ de gōngsī méiyǒu nǎge guójiā de rén?
女 的 公司 没有 哪个 国家 的 人?

A 韩国人 Hánguórén　B 美国人 Měiguórén　✓C 日本人 Rìběnrén

남: 당신네 회사 직원들은 전부 중국인입니까?
여: 한국인도 있고, 미국인도 있어요.

질문: 여자의 회사에는 어느 나라 직원이 없나?

A 한국인　B 미국인　C 일본인

단어 公司 gōngsī 명 회사, 직장 | 中国人 Zhōngguórén 명 중국인 | 也 yě 부 ~도 | 有 yǒu 동 있다 | 韩国人 Hánguórén 명 한국인 | 美国人 Měiguórén 명 미국인 | 国家 guójiā 명 국가, 나라 | 日本人 Rìběnrén 명 일본인

해설 '你们公司都是中国人吗'에서 '당신네 회사 직원들은 전부 중국인들입니까'라고 물었고 대답 '也有韩国人和美国人'에서 '한국인과 미국인도 있어요'라고 했으므로 이 회사엔 중국인, 한국인, 미국인이 있다는 것을 알 수 있다. 문제에서는 어느 나라 직원이 없는지를 묻고 있으므로 답은 일본인이다.

정답_ C

028

🔊 男： Nàge shāngdiàn jǐ diǎn guānmén?
   那个 商店 几 点 关门？

女： Kěnéng wǔ diǎn, hái yǒu yí ge xiǎoshí.
   可能 五 点, 还 有 一 个 小时。

问： Xiànzài jǐ diǎn?
   现在 几 点？

✓ A 4:00　　　B 5:30　　　C 5:00

남: 그 상점은 몇 시에 문을 닫지?
여: 아마 5시일 거야. 아직 한 시간 남았어.

질문: 지금 몇 시인가?

A 4:00　　　B 5:30　　　C 5:00

단어 商店 shāngdiàn 명 상점, 판매점 | 点 diǎn 양 시 | 关门 guānmén 동 문을 닫다 | 可能 kěnéng 부 아마도 | 还 hái 부 아직 | 小时 xiǎoshí 명 시간 | 现在 xiànzài 명 지금, 현재

해설 상점의 폐점 시간을 묻는 질문에 '可能五点, 还有一个小时'에서 '아마 5시일 거야. 아직 한 시간 남았어'라고 답했으므로 현재 시간이 4시임을 알 수 있다.

정답_ A

029

男: Nǐ zhàngfu huì dǎ lánqiú ma?
　　你 丈夫 会 打 篮球 吗?

女: Tā niánqīng de shíhou shì lánqiú yùndòngyuán ne.
　　他 年轻 的 时候 是 篮球 运动员 呢。

问: Tā zhàngfu lánqiú dǎ de hǎo bu hǎo?
　　她 丈夫 篮球 打 得 好不好?

　　　　hěn hǎo　　　bú tài hǎo　　　bú huì dǎ
✓A 很 好　　　B 不太好　　　C 不会打

남: 네 남편은 농구할 줄 아니?
여: 그는 젊었을 때 농구 선수였어.

질문: 그녀의 남편은 농구를 잘하나?

A 매우 잘한다
B 그다지 잘하지 못한다
C 할 줄 모른다

단어 丈夫 zhàngfu 명 남편 | 会 huì 조동 (배워서) ~할 수 있다, ~할 줄 알다 | 打篮球 dǎ lánqiú 통 농구를 하다 | 年轻 niánqīng 형 젊다, 어리다 | 运动员 yùndòngyuán 명 운동선수

해설 '他年轻的时候是篮球运动员呢'에서 여자의 남편이 농구를 매우 잘한다는 것을 알 수 있다.

정답_ A

Tip 조동사 '会'

① (배워서) ~할 줄 안다
　我会说汉语。Wǒ huì shuō Hànyǔ. 나는 중국어를 할 줄 안다.
　他会游泳。Tā huì yóuyǒng. 그는 수영을 할 줄 안다.

② ~일 것이다
　他会来。Tā huì lái. 그는 올 것이다.
　他会去中国。Tā huì qù Zhōngguó. 그는 중국에 갈 것이다.

030

男: Xiǎo Huá, nǐ de shǒujī shì zài nǎr mǎi de?
　　小 华, 你 的 手机 是 在 哪儿 买 的?

女: Shì yí ge péngyou sòng gěi wǒ de.
　　是 一 个 朋友 送 给 我 的。

问: Shǒujī shéi sòng gěi Xiǎo Huá de?
　　手机 谁 送 给 小 华 的?

　　　　māma　　　péngyou　　　zhàngfu
A 妈妈　　　✓B 朋友　　　C 丈夫

남: 샤오화, 네 휴대전화 어디에서 샀어?
여: 친구가 선물로 보내 줬어.

질문: 누가 샤오화에게 휴대전화를 보내 줬나?

A 엄마　　B 친구　　C 남편

단어 手机 shǒujī 명 휴대전화 | 在 zài 전 ~에서 | 哪儿 nǎr 대 어디, 어느 곳 | 朋友 péngyou 명 친구 | 送 sòng 통 선물로 주다 | 给 gěi 전 ~에게

해설 '是一个朋友送给我的'에서 샤오화의 휴대전화는 친구가 선물한 것임을 알 수 있다.

정답_ B

第四部分

● 31~35번 : 들려주는 내용을 잘 듣고, 질문에 알맞은 답을 고르세요.

031

女: Nǐ qù nǎr?
你 去 哪儿?

男: Wǒ qù túshūguǎn.
我 去 图书馆。

女: Nǐ zuò shénme chē qù?
你 坐 什么 车 去?

男: Wǒ zuò gōnggòng qìchē qù.
我 坐 公共汽车 去。

问: Nán de zuò shénme chē qù?
男 的 坐 什么 车 去?

✓ A gōnggòng qìchē
    公共汽车

B zìxíngchē
   自行车

C huǒchē
   火车

여: 어디 가?
남: 도서관에 가.
여: 뭐 타고 가니?
남: 버스 타고 가.

질문: 남자는 무엇을 타고 가나?

A 버스
B 자전거
C 기차

단어 图书馆 túshūguǎn 명 도서관 | 坐 zuò 동 (교통수단을) 타다 | 车 chē 명 자동차 | 公共汽车 gōnggòng qìchē 명 버스 | 自行车 zìxíngchē 명 자전거 | 火车 huǒchē 명 기차

해설 '我坐公共汽车去'에서 남자가 버스를 타고 간다는 것을 알 수 있다. 아울러 교통수단인 '버스나 자동차를 타다'는 '坐', '자전거나 오토바이를 타다'는 '骑'를 쓴다는 것을 기억하자.

정답 A

032

🔊 男: Zuótiān wǒ kànjiàn nǐ le.
昨天 我 看见 你 了。

女: Shì ma? Zài nǎr a?
是 吗? 在 哪儿 啊?

男: Zài gōngyuán ménkǒu, nǐ zài mǎi piào ne.
在 公园 门口, 你 在 买 票 呢。

女: Nà shì wǒ mèimei.
那 是 我 妹妹。

问: Nán de kànjiàn shéi le?
男 的 看见 谁 了?

A nǚ de
   女 的

✓B nǚ de de mèimei
   女 的 的 妹妹

C nán de de mèimei
   男 的 的 妹妹

남: 나 어제 너 봤어.
여: 그래? 어디서?
남: 공원 입구에서 너는 티켓을 사고 있었어.
여: 그건 내 여동생이야.

질문: 남자는 누구를 봤나?

A 여자
B 여자의 여동생
C 남자의 여동생

단어 昨天 zuótiān 명 어제 | 看见 kànjiàn 동 보다, 보이다 | 公园 gōngyuán 명 공원 | 门口 ménkǒu 명 입구 | 票 piào 명 표, 티켓(ticket) | 呢 ne 조 서술문 뒤에 쓰여 동작이나 상황이 지속됨을 나타냄 | 妹妹 mèimei 명 여동생 | 谁 shéi 대 누구

해설 남자가 여자를 봤다고 하자 여자가 '那是我妹妹'에서 '그건 내 여동생이야'라고 말한 것이다. 따라서 남자가 본 사람은 여자가 아니라 여자의 여동생임을 알 수 있다.

정답_ B

033

男: Ānnà, nǐ de qìchē jiè wǒ yòngyong, wǒ xiǎng qù chāoshì.
安娜，你的汽车借我用用，我想去超市。

女: Nǐ huì kāichē ma?
你会开车吗?

男: Huì, wǒ kāichē sān nián duō le.
会，我开车三年多了。

女: Zhè shì yàoshi, nà liàng hóngsè de jiùshì wǒ de.
这是钥匙，那辆红色的就是我的。

问: Ānnà de qìchē shì shénme yánsè de?
安娜的汽车是什么颜色的?

✓A 红色 hóngsè   B 白色 báisè   C 蓝色 lánsè

남: 안나, 슈퍼에 가려고 하는데 네 차 좀 빌려줘.
여: 너 운전할 줄 알아?
남: 할 줄 알지. 3년 넘게 운전했어.
여: 여기 키 있어. 저 빨간색 차가 내 거야.

질문: 안나의 차는 무슨 색인가?

A 빨간색   B 하얀색   C 파란색

단어 骑 qí 동 (동물이나 자전거 등에) 타다 | 借 jiè 동 빌리다 | 用 yòng 동 쓰다, 사용하다 | 想 xiǎng 조동 ~하고 싶다, ~하려고 하다 | 超市 chāoshì 명 슈퍼마켓 | 会 huì 조동 ~할 수 있다, ~할 줄 알다 | 开车 kāichē 동 차를 운전하다 | 钥匙 yàoshi 명 열쇠 | 辆 liàng 양 대, 량(차량을 세는 단위) | 红色 hóngsè 명 붉은색, 빨강 | 颜色 yánsè 명 색, 색깔 | 蓝色 lánsè 명 파란색

해설 여자가 '那辆红色的就是我的'라고 말했으므로 여자의 차가 빨간색임을 알 수 있다.

정답 A

034

女: 你 三十 岁 了 吧?
　　Nǐ sānshí suì le ba?

男: 不, 三十三 岁。
　　Bù, sānshísān suì.

女: 看起来 像 二十五、六 岁。
　　Kàn qǐlái xiàng èrshíwǔ liù suì.

男: 谢谢。
　　Xièxie.

问: 男 的 多大 了?
　　Nán de duōdà le?

A 25 岁　　B 26 岁　　✓C 33 岁
　25 suì　　26 suì　　33 suì

여: 당신 서른 살이죠?
남: 아니요, 서른셋입니다.
여: 보기엔 스물대여섯 같은데요.
남: 고마워요.

질문: 남자는 몇 살인가?

A 25세　　B 26세　　**C 33세**

단어 岁 suì 양 살, 세(나이를 세는 단위) | 看起来 kànqǐlái 보기에 ~하다, 보아하니 | 像 xiàng 부 마치 (~인 것 같다·듯하다)

해설 남자가 '三十三岁'라고 말한 것에서 남자의 나이는 33세임을 알 수 있다.

정답_ C

035

男: 玛丽, 你 昨天 为 什么 迟到 了?
　　Mǎlì, nǐ zuótiān wèi shénme chídào le?

女: 对不起, 李 老师, 我 的 表 坏 了。
　　Duìbuqǐ, Lǐ lǎoshī, wǒ de biǎo huài le.

男: 那 今天 呢?
　　Nà jīntiān ne?

女: 表 还 没 修 好。
　　Biǎo hái méi xiū hǎo.

问: 玛丽 可能 迟到 几 次 了?
　　Mǎlì kěnéng chídào jǐ cì le?

A 1 次　　✓B 2 次　　C 3 次
　yí cì　　èr cì　　sān cì

남: 마리야, 어제 왜 지각했니?
여: 죄송해요 이 선생님, 제 시계가 고장 났어요.
남: 그럼 오늘은?
여: 시계를 아직도 수리하지 못했어요.

질문: 마리는 몇 번 지각했나?

A 1번　　**B 2번**　　C 3번

단어 昨天 zuótiān 명 어제 | 为什么 wèishénme 왜, 무엇 때문에 | 迟到 chídào 동 지각하다 | 表 biǎo 명 시계 | 坏 huài 동 고장 나다, 망가지다 | 今天 jīntiān 명 오늘 | 还 hái 부 여전히, 아직도 | 修 xiū 동 수리하다, 보수하다 | 次 cì 양 차례, 번, 회(횟수를 세는 단위)

해설 '你昨天为什么迟到了?'에서 '어제 왜 지각했니?'라고 했고, '那今天呢?'에서 '그럼 오늘은?'이라고 했으므로 마리가 어제, 오늘 모두 2번 지각했음을 알 수 있다.

정답_ B

二、阅读

第一部分

● 36~40번 : 제시된 문장과 일치하는 그림을 보기에서 찾아 보세요.

036-040

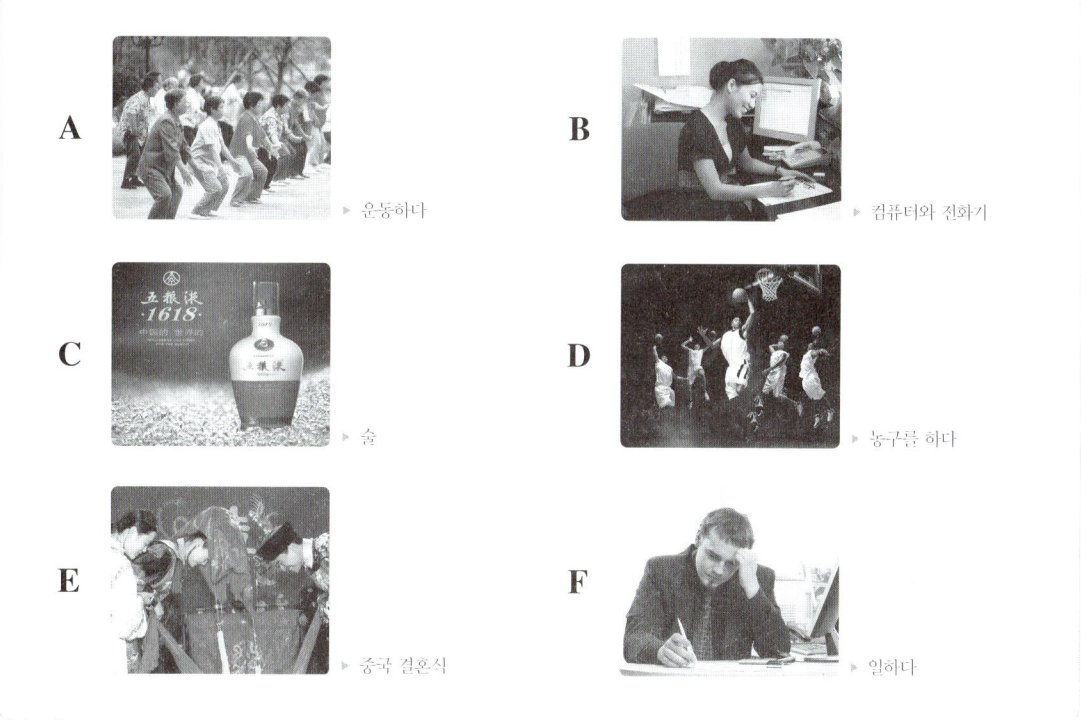

A ▶ 운동하다
B ▶ 컴퓨터와 전화기
C ▶ 술
D ▶ 농구를 하다
E ▶ 중국 결혼식
F ▶ 일하다

036

Tā de zhuōzi shang yǒu yí ge diànnǎo hé yí
她 的 桌子 上 有 一 个 电脑 和 一

ge diànhuà.
个 电话。

그녀의 책상에는 컴퓨터와 전화기가 있다.

단어 桌子 zhuōzi 몡 탁자, 책상 | 电脑 diànnǎo 몡 컴퓨터 | 和 hé 젭 ~와 | 电话 diànhuà 몡 전화

해설 '她的桌子上有一个电脑和一个电话'에서 그녀의 책상에 컴퓨터와 전화기가 있다고 했으므로 여자와 컴퓨터, 전화기가 있는 그림을 찾으면 된다.

정답 B

037

Wǒ juéde, zhè zhǒng jiǔ hěn hǎohē.
我 觉得，这 种 酒 很 好喝。

나는 이 종류의 술이 맛있다고 생각한다.

단어 觉得 juéde 동 ~라고 여기다 | 种 zhǒng 양 종류, 가지 | 酒 jiǔ 명 술 | 好喝 hǎohē 형 (음료수 따위가) 맛있다

해설 '这种酒很好喝'에서 이 종류의 술이 맛있다고 했으므로 술병이 있는 그림을 찾으면 된다.

정답_ C

038

Zhōngguórén jiéhūn de shíhou xǐhuan chuān
中国人 结婚 的 时候 喜欢 穿
hóngsè de yīfu.
红色 的 衣服。

중국인들은 결혼할 때 빨간색 옷을 즐겨 입는다.

단어 中国人 Zhōngguórén 명 중국인 | 结婚 jiéhūn 동 결혼하다 | 时候 shíhou 명 때, 시각 | 喜欢 xǐhuan 동 좋아하다 | 穿 chuān 동 (옷을) 입다, (신발을) 신다 | 红色 hóngsè 명 붉은색, 빨강 | 衣服 yīfu 명 옷

해설 '中国人结婚的时候'에서 중국인들은 결혼할 때라고 했으므로 중국인들이 결혼식을 올리고 있는 그림을 찾으면 된다.

정답_ E

039

Yīnwèi yǒu hěn duō gōngzuò yào zuò, suǒyǐ tā
因为 有 很 多 工作 要 做，所以 他
wǎndiǎnr huí jiā.
晚点儿 回家。

해야 할 일이 많아서 그는 집에 늦게 돌아갔다.

단어 因为~ 所以~ yīnwèi~ suǒyǐ~ ~이기 때문에 ~하다 | 工作 gōngzuò 통 일하다 명 작업, 일 | 要 yào 조동 ~해야 한다, ~할 것이다 | 晚 wǎn 형 늦다 | 回家 huí jiā 통 집으로 돌아가다, 귀가하다

해설 '因为有很多工作要做，所以他晚点儿回家'에서 그는 해야 할 일이 많아서 늦게 집에 갔다고 했으므로 남자가 일을 하고 있는 그림을 찾으면 된다.

정답_ F

> **Tip** 因为A 所以B
>
> 'A이기 때문에 B하다'의 뜻으로 원인이나 이유를 말할 때 주로 쓰인다.
>
> **因为今天是星期天, 所以我在家休息。** Yīnwèi jīntiān shì qīngxīngtiān, suǒyǐ wǒ zài jiā xiūxi.
> 오늘은 일요일이기 때문에 나는 집에서 쉰다.
>
> **因为我喜欢汉语, 所以每天学习。** Yīnwèi wǒ xǐhuan Hànyǔ, suǒyǐ měitiān xuéxí.
> 나는 중국어를 좋아하기 때문에 매일 공부한다.
>
> **因为工作很忙, 所以他很累。** Yīnwèi gōngzuò hěn máng, suǒyǐ tā hěn lèi.
> 일이 바빠서, 그는 매우 피곤하다.

040

Hěn duō Zhōngguórén měitiān zǎoshang zài
很 多 中国人 每天 早上 在
gōngyuán zuò yùndòng.
公园 做 运动。

많은 중국인들은 매일 아침 공원에서 운동을 한다.

단어 早上 zǎoshang 명 아침 | 公园 gōngyuán 명 공원 | 运动 yùndòng 명통 운동(하다)

해설 '在公园做运动'에서 공원에서 운동을 한다고 했으므로 많은 중국인들이 공원에서 태극권을 하고 있는 그림을 찾으면 된다. '在'는 '~에서'라는 뜻으로 '在家'처럼 뒤에 장소를 나타내는 명사가 붙어 어떤 동작을 하는 장소를 나타낸다.

정답_ A

第二部分

● 41~45번 : 괄호 안에 알맞은 단어를 보기에서 찾아 넣어 보세요.

041-045

A 幸福 xìngfú 행복하다	B 做 zuò 하다	C 一本 yì běn 한 권
D 有 yǒu 있다	E 贵 guì 비싸다	F 介绍 jièshào 소개하다

041

教室 后面 的 墙 上 **D 有**
Jiàoshì hòumiàn de qiáng shang yǒu

一 幅 画。
yì fú huà.

교실 뒤쪽 벽에 한 폭의 그림이 **D 있다**.

단어 教室 jiàoshì 명 교실 | 后面 hòumiàn 명 뒤, 뒤쪽 | 墙 qiáng 명 담장, 벽 | 幅 fú 양 폭(옷감·종이·그림 등을 세는 단위) | 画 huà 명 그림

해설 '어느 장소에 어떤 물건이 있다'라고 할 때는 존재를 나타내는 동사 '有'를 쓴다. '벽에[장소] 그림이[물건] 있다'는 의미이므로 동사 '有'가 오는 것이 적합하다.

정답_ **D**

042

我 想 **F 介绍** 一下 我们 公司。
Wǒ xiǎng jièshào yíxià wǒmen gōngsī.

나는 우리 회사를 좀 **F 소개하려고** 한다.

단어 想 xiǎng 조동 ~하고 싶다, ~하려고 하다 | 一下 yíxià 수량 동사 뒤에 쓰여 '시험 삼아 해 보다' 또는 '좀 ~하다'의 뜻을 나타냄 | 我们 wǒmen 대 우리 | 公司 gōngsī 명 회사, 직장

해설 '一下'는 동사 뒤에 쓰이므로 괄호에는 동사가 들어가야 한다. 보기 중에 동사는 '做, 有, 介绍'이고, 주어진 문장은 '회사를 소개하다'의 의미가 되어야 적합하므로 '介绍'가 와야 한다.

정답_ **F**

043

Xīngqīrì de shíhou, nǐ chángcháng zuò shénme?
星期日 的 时候, 你 常常 B 做 什么?

일요일에 너는 보통 무엇을 B 하니?

단어 星期日 xīngqīrì 명 일요일 | 时候 shíhou 명 때, 시각 | 常常 chángcháng 부 항상, 자주 | 什么 shénme 대 무슨, 어떤

해설 괄호 앞의 '常常'은 부사이며, 부사는 동사 앞에 쓰이므로 괄호에는 동사가 들어가야 한다. '星期日的时候'에서 일요일이라는 상황으로 한정했으므로 '일요일에 무엇을 하니?'라는 뜻의 문장이 와야 한다. 그러므로 '하다'라는 뜻을 가진 '做'가 오는 것이 적당하다.

정답_ B

044

Tāmen jiéhūn le, shēnghuó hěn xìngfú.
他们 结婚 了, 生活 很 A 幸福。

그들은 결혼해서 생활이 매우 A 행복하다.

단어 结婚 jiéhūn 동 결혼하다 | 生活 shēnghuó 명 생활 | 很 hěn 부 매우, 대단히, 아주

해설 괄호 앞에 정도부사 '很'이 있으므로 뒤에는 형용사나 감정을 나타내는 동사가 올 수 있으며, 또한 '결혼해서 생활이 (~)하다'라고 했으므로 의미상 어울리는 '幸福'가 와야 한다.

정답_ A

045

Tā zuótiān qù shūdiàn mǎile yì běn cídiǎn.
他 昨天 去 书店 买了 C 一 本 词典。

그는 어제 서점에 가서 사전 C 한 권을 샀다.

단어 昨天 zuótiān 명 어제 | 书店 shūdiàn 명 서점 | 词典 cídiǎn 명 사전

해설 명사 '词典(사전)' 앞에 올 수 있는 것은 '一本(한 권)'이다. '本'은 책을 세는 양사이며 중국어에서는 수사 '一'가 바로 명사를 수식할 수 없기 때문에 '사전 한 권'은 반드시 양사 '本'를 넣어 '一本词典'이라고 해야 한다.

정답_ C

Tip 자주 나오는 양사

① 件 jiàn [옷이나 사건 등을 세는 단위]
  一件衣服 yí jiàn yīfu 옷 한 벌 / 一件事情 yí jiàn shìqing 한 가지 사건

② 张 zhāng [종이 등 표면이 넓은 것을 세는 단위]
  一张桌子 yì zhāng zhuōzi 탁자 한 개 / 一张纸 yì zhāng zhǐ 종이 한 장

③ 家 jiā [가정, 가게, 기업 등을 세는 단위]
  一家公司 yì jiā gōngsī 한 회사 / 一家商店 yì jiā shāngdiàn 한 상점

④ 双 shuāng [짝을 이루는 것을 세는 단위]
  一双鞋 yì shuāng xié 신발 한 켤레 / 一双筷子 yì shuāng kuàizi 젓가락 한 벌

第三部分

● 46~50번 : 주어진 문장을 읽고 질문의 내용과 일치하는지 판단해 보세요.

046

Wǒ zài chē shang, hěn kuài jiù dào xuéxiào le.
我 在 车 上, 很 快 就 到 学校 了。

난 차에 있어. 곧 학교에 도착해.

질문: 나는 학교에 도착했다.

Wǒ dào xuéxiào le.
问: 我 到 学校 了。

단어 车 chē 몡 자동차 | 快 kuài 혱 빠르다 | 到 dào 동 도달하다, 도착하다 | 学校 xuéxiào 몡 학교

해설 '很快就到学校了'는 곧 학교에 도착한다는 뜻으로 아직 도착하지 않았다는 것을 나타낸다. 그러므로 '도착했다'라는 질문 문장과 의미가 일치하지 않는다.

정답_ X

047

Tā yǐjīng zài zhèr gōngzuò jǐ shí nián le,
他 已经 在 这儿 工作 几 十 年 了,
hěn yǒu jīngyàn.
很 有 经验。

그는 여기서 이미 몇 십 년을 근무해서 경험이 풍부합니다.

질문: 그는 경험이 풍부하다.

Tā yǒu hěn duō jīngyàn.
问: 他 有 很 多 经验。

단어 已经 yǐjīng 부 이미, 벌써 | 这儿 zhèr 대 여기, 이곳 | 工作 gōngzuò 동 일하다, 근무하다 명 근무, 일 | 年 nián 명 년, 해 | 经验 jīngyàn 명동 경험(하다), 체험(하다)

해설 '很有经验'에서 경험이 풍부하다고 했으므로 질문 문장 '他有很多经验'과 의미가 일치한다.

정답_ √

048

Tā shuō de tài kuài le, wǒ méi tīng dǒng tā
他 说 得 太 快 了， 我 没 听 懂 他
de huà.
的 话。

그가 너무 빨리 말해서 나는 그의 말을 이해하지 못했어.

질문: 그가 한 말을 나는 알아듣지 못한다.

　　　Tā shuō de huà wǒ tīng bu dǒng
问: 他 说 的 话 我 听 不 懂。

단어 说 shuō 동 말하다 | 得 de 조 동사나 형용사 뒤에 쓰여 결과나 정도를 나타내는 보어와 연결시킴 | 快 kuài 형 빠르다 | 听懂 tīngdǒng 동 알아듣다 | 话 huà 명 말 | 听不懂 tīng bu dǒng 알아들을 수 없다, 알아듣지 못하다

해설 '我没听懂他的话'에서 '没听懂'은 결과보어로 '알아듣지 못하다'라는 뜻을 나타내고, 질문 문장의 '他说的话我听不懂'에서 '听不懂'도 가능보어로 위의 '没听懂'과 같이 '알아듣지 못하다'의 의미를 나타내고 있으므로 두 문장의 의미가 일치한다.

정답 ✓

Tip 결과보어

결과보어는 동사 뒤에 쓰여 동작의 결과를 보충 설명하는 보어이다.

① 긍정형 : 동사 + 결과보어 + (了)
  听懂了 tīng dǒng le 듣고 이해했다.
  吃饱了 chī bǎo le 먹어서 배가 부르다.

② 부정형 : 没 + 동사 + 결과보어 (~한 결과가 나오지 않았다)
  没听懂 méi tīng dǒng 듣고 이해하지 못했다.
  没吃饱 méi chī bǎo 먹었지만 배부르지 않다.

049

Qǐng nín zǒu yòubian rùkǒu, zhèlǐ shì chūkǒu,
请 您 走 右边 入口， 这里 是 出口，
zhǐ néng chū, bù néng jìn.
只 能 出， 不 能 进。

오른쪽 입구로 가세요. 여기는 출구입니다. 나갈 수만 있고 들어갈 수는 없습니다.

질문: 이곳으로도 들어갈 수 있다.

　　Zhèr yě kěyǐ jìnqù.
问: 这儿 也 可以 进去。

단어 走 zǒu 동 걷다 | 右边 yòubian 명 오른쪽, 우측 | 入口 rùkǒu 명 입구 | 这里 zhèlǐ 대 이곳, 여기 | 出口 chūkǒu 명 출구 | 只 zhǐ 부 단지, 다만, 오직 | 进 jìn 동 (밖에서 안으로) 들다 | 可以 kěyǐ 조동 ~해도 좋다, ~해도 된다(허가의 의미를 나타냄) | 进去 jìnqù 동 들어가다

해설 '只能出，不能进'에서 나갈 수만 있고 들어갈 수는 없다고 했으나, 질문 문장에서는 '이곳으로도 들어갈 수 있다'고 했으므로 의미가 일치하지 않는다.

정답 X

050

Shénme? Zhǐ xuéle yì nián Hànyǔ jiù shuō de
什么？只 学了 一 年 汉语 就 说 得
zhème hǎo, tā yě tài cōngming le.
这么 好， 他 也 太 聪明 了。

Tā xuéle yì nián Hànyǔ.
问: 他 学了 一 年 汉语。

뭐? 중국어 공부를 일 년밖에 안 했는데 이렇게 말을 잘하다니, 그는 정말 똑똑하다.

질문: 그는 중국어를 일 년 배웠다.

단어 什么 shénme 대 무엇, 무슨 | 只 zhǐ 부 단지, 다만, 오직 | 学 xué 동 배우다, 학습하다 | 汉语 Hànyǔ 명 중국어 | 这么 zhème 대 이런, 이러한 | 聪明 cōngming 형 똑똑하다, 총명하다

해설 '只学了一年汉语'에서 중국어 공부를 일 년밖에 안 했다고 했고, 질문 문장에서도 '他学了一年汉语'라고 했으므로 의미가 일치한다.

정답 ✓

第四部分

● 51~55번 : 주어진 문장과 어울리는 문장을 보기에서 찾아 보세요.

051-055

A 人不太多, 是一个安静的地方。

B 他一个人在国外一定有很多不习惯的地方。

C 会不会打扰别人休息呀?

D 桌子上什么都没有。

E 他在哪儿呢? 你看见他了吗?

F 我们家的绿茶不多了, 去看看吧。

A 사람이 별로 없는 조용한 곳이다.
B 외국에 혼자 있으니 익숙하지 않은 부분이 반드시 많을 거야.
C 다른 사람의 휴식에 방해가 되지 않니?
D 책상 위에는 아무것도 없어.
E 그는 어디에 있니? 넌 그를 봤니?
F 우리 집 녹차가 많지 않으니 가 보자.

단어 人 rén 명 사람 | 多 duō 형 많다 | 安静 ānjìng 형 조용하다 | 地方 dìfang 명 곳, 장소 | 国外 guówài 명 외국 | 一定 yídìng 부 반드시, 꼭 | 习惯 xíguàn 동 습관이 되다, 적응하다 | 会 huì 조동 ~일 것이다 | 打扰 dǎrǎo 동 방해하다, 지장을 주다 | 别人 biérén 대 다른 사람 | 休息 xiūxi 동 휴식을 취하다, 쉬다 | 桌子 zhuōzi 명 탁자 | 家 jiā 명 집 | 绿茶 lǜchá 명 녹차 | 吧 ba 조 문장 맨 끝에 쓰여, 청유·기대·명령 등의 어기를 나타냄

051

她天天练习弹钢琴, 常常练习到很晚。

그녀는 매일 피아노를 연습하는데 항상 저녁 늦게까지 한다.

단어 天天 tiāntiān 부 매일, 날마다 | 练习 liànxí 동 연습하다 | 弹 tán 동 연주하다 | 钢琴 gāngqín 명 피아노 | 常常 chángcháng 부 항상, 자주 | 晚 wǎn 형 늦다

해설 '피아노 연습을 항상 저녁 늦게까지 한다'라고 했으므로 피아노 소리로 인해 다른 사람의 휴식에 방해가 되지 않는지 묻는 '会不会打扰别人休息呀?'가 오는 것이 문맥상 어울린다.

정답 **C**

052

Zhège shāngdiàn zhèngzài dǎzhé.
这个 商店 正在 打折。

이 상점은 지금 세일하고 있습니다.

단어 商店 shāngdiàn 몡 상점 | 正在 zhèngzài 뷔 지금 ~하고 있다 | 打折 dǎzhé 동 가격을 깎다, 할인하다

해설 '这个商店正在打折'에서 이 상점이 세일 중이라고 했으므로 '녹차가 떨어져 가니 가 보자'라고 한 '我们家的绿茶不多了, 去看看吧'가 오는 것이 문맥상 어울린다.

정답_ F

053

Wǒ érzi yǐjīng dào le, tā shuō chī de
我 儿子 已经 到 了, 他 说 吃 的
dōngxi bù xíguàn, qítā dōu hǎo.
东西 不 习惯, 其他 都 好。

아들은 이미 도착했어요. 먹는 것은 습관이 안 됐지만, 다른 것은 다 좋다고 하네요.

단어 儿子 érzi 몡 아들 | 已经 yǐjīng 뷔 이미 | 东西 dōngxi 몡 물건, 사물 | 习惯 xíguàn 동 습관이 되다, 적응하다 | 其他 qítā 대 기타, 그 외

해설 포인트가 되는 단어는 '习惯'으로 보기 중에 '习惯'에 대해 언급한 것은 B이다. '他一个人在国外一定有很多不习惯的地方'에서 외국에 있으니 습관이 안 되는 것이 많을 것이라고 말하자 '아들이 먹는 것은 습관이 안 됐지만, 다른 것은 좋다'라고 하는 것이 문맥상 어울린다.

정답_ B

054

Wǒ chūshēng zài nánfāng de yí ge xiǎo
我 出生 在 南方 的 一 个 小
chéngshì.
城市。

저는 중국 남방의 한 작은 도시에서 태어났어요.

단어 出生 chūshēng 통 출생하다, 태어나다 | 南方 nánfāng 명 남방 지역, 남쪽 지방 | 城市 chéngshì 명 도시

해설 나는 중국의 작은 도시에서 태어났다며 자신이 태어난 곳을 설명하고 있다. 따라서 보기에서 그 장소를 부연 설명하듯 '사람이 별로 없고 조용한 곳이다'라고 한 '人不太多，是一个安静的地方'과 문맥상 어울린다.

정답_ A

055

Bēizi zài zhuōzi shang, nǐ zìjǐ dào diǎnr
杯子 在 桌子 上，你 自己 倒 点儿
kěkǒukělè ba.
可口可乐 吧。

컵은 책상 위에 있으니 네가 직접 콜라를 따라 마셔라.

단어 杯子 bēizi 명 잔, 컵 | 桌子 zhuōzi 명 탁자 | 自己 zìjǐ 대 자기, 자신 | 倒 dào 통 붓다, 따르다 | 可口可乐 kěkǒukělè 명 코카콜라

해설 컵이 탁자 위에 있으니 콜라를 따라 마시라고 하자 상대방이 탁자 위에는 아무것도 없다고 말하는 '桌子上什么都没有'가 와야 문맥상 어울린다. 주어진 문장과 보기 문장에 공통적으로 '桌子'라는 단어가 들어가는 것도 눈여겨 봐야 한다.

정답_ D

● 56~60번 : 주어진 문장과 어울리는 문장을 보기에서 찾아 보세요.

056-060

A 我看那个男孩儿不错，个子高高的，长得又帅。
Wǒ kàn nàge nánháir búcuò, gèzi gāogāo de, zhǎng de yòu shuài.

B 空气的质量不好，又不是我的错。
Kōngqì de zhìliàng bù hǎo, yòu bú shì wǒ de cuò.

C 你这么一穿，我都不认识你了。
Nǐ zhème yì chuān, wǒ dōu bú rènshi nǐ le.

D 他坐出租车回家。
Tā zuò chūzūchē huíjiā.

E 春节要和全家人都在一起过，别出去了。
Chūnjié yào hé quán jiārén dōu zài yìqǐ guò, bié chūqù le.

A 나는 그 남자애가 괜찮다고 생각해. 키도 크고 얼굴도 잘 생겼잖아.
B 공기가 나쁜 것은 제 탓이 아니에요.
C 네가 이렇게 입으니 난 널 못 알아보겠어.
D 그는 택시를 타고 집에 돌아갔어.
E 설날은 온 가족이 함께 모여서 보내야 하니 나가지 마라.

단어 那个 nàge 때 그, 저 | 男孩儿 nánháir 명 남자아이, 사내아이 | 不错 búcuò 형 좋다, 괜찮다 | 个子 gèzi 명 키 | 长 zhǎng 동 자라다, 생기다 | 又 yòu 부 또, 다시 | 帅 shuài 형 잘생기다, 멋지다 | 空气 kōngqì 명 공기 | 质量 zhìliàng 명 품질, 질 | 错 cuò 명 잘못, 착오 | 这么 zhème 때 이러한, 이렇게 | 穿 chuān 동 (옷을) 입다, (신발을) 신다 | 认识 rènshi 동 알다 | 坐 zuò 동 (교통수단을) 타다 | 出租车 chūzūchē 명 택시 | 回家 huíjiā 동 집으로 돌아가다, 귀가하다 | 春节 chūnjié 명 설, 춘절 | 全 quán 형 온, 전부 | 家人 jiārén 명 한집안 식구, 한 가족 | 一起 yìqǐ 부 같이, 함께 | 别 bié 부 ~하지 마라 | 出去 chūqù 동 나가다

056

现在太晚了，没有公共汽车了。
Xiànzài tài wǎn le, méiyǒu gōnggòng qìchē le.

지금 너무 늦어서 버스가 끊겼다.

단어 现在 xiànzài 명 지금, 현재 | 公共汽车 gōnggòng qìchē 명 버스

해설 너무 늦어서 버스가 끊겼다고 했으므로 교통수단에 대해 말하고 있다. 그러므로 택시를 타고 집에 돌아갔다라는 '他坐出租车回家'가 와야 문맥상 어울린다.

정답_ D

057

Yǐhòu zài yě bù gěi nǐ mǎi báisè de yīfu
以后 再 也 不 给 你 买 白色 的 衣服
le, bàntiān jiù zāng le.
了，半天 就 脏 了。

다시는 너에게 흰옷을 사 주지 않을 거야. 반나절밖에 안 지났는데 벌써 더러워졌잖아.

단어 以后 yǐhòu 몡 이후 | 再 zài 믻 다시, 또 | 买 mǎi 동 사다, 구매하다 | 白 bái 혱 하얗다, 희다 | 衣服 yīfu 몡 옷 | 半天 bàntiān 몡 한나절, 반일 | 脏 zāng 혱 더럽다, 지저분하다

해설 반나절밖에 안 지났는데 벌써 더러워졌다며 옷이 더러워진 것을 책망하는 말을 하고 있으므로 옷이 더러워진 이유로 나쁜 공기의 탓을 하고 있는 '空气的质量不好，又不是我的错'가 오는 것이 적당하다.

정답 **B**

058

Wǒ chuān zhè jiàn yīfu piàoliang ma?
我 穿 这 件 衣服 漂亮 吗?

나 이 옷 입으니까 예쁘지?

단어 穿 chuān 동 (옷을) 입다, (신발을) 신다 | 件 jiàn 양 벌, 건(옷이나 사건 등을 세는 단위) | 衣服 yīfu 몡 옷 | 漂亮 piàoliang 혱 예쁘다, 아름답다

해설 상대방에게 자신이 입은 옷이 예쁜지 물어보고 있다. 그것에 대한 대답으로 네가 이렇게 입으니, 난 너를 못 알아보겠다고 말한 '你这么一穿，我都不认识你了'가 의미상 어울린다.

정답 **C**

059

Tā yídìng yào hé tā jiéhūn.
她 一定 要 和 他 结婚。

그녀는 그와 꼭 결혼하려고 한다.

단어 一定 yídìng 튀 반드시, 꼭 | 要 yào 조동 ~하려 하다 | 和 hé 접 ~와 | 结婚 jiéhūn 동 결혼하다

해설 그녀는 꼭 그와 결혼하려고 한다고 말하고 있는데 그녀가 그와 결혼하려는 이유를 말하고 있는 듯 '나는 그 남자애가 괜찮다고 생각해. 키도 크고 얼굴도 잘 생겼잖아'라고 말한 '我看那个男孩儿不错，个子高高的，长得又帅'가 문맥상 어울린다.

정답_ A

Tip 조동사 '要'

① ~하려고 하다, ~하고 싶다
 我要喝茶。Wǒ yào hē chá. 나는 차를 마시고 싶다.
 我要听音乐。Wǒ yào tīng yīnyuè. 나는 음악을 듣고 싶다.

② ~해야 한다
 你要吃药。Nǐ yào chī yào. 너는 약을 먹어야 한다.
 你要努力学习。Nǐ yào nǔlì xuéxí. 나는 열심히 공부해야 한다.　*努力 nǔlì 열심히 하다, 노력하다

060

Chūnjié de shíhou wǒ xiǎng qù lǚyóu.
春节 的 时候 我 想 去 旅游。

설날에 나는 여행을 가려고 한다.

단어 春节 chūnjié 명 설, 춘절 | 时候 shíhou 명 때, 시각 | 想 xiǎng 조동 ~하고 싶다, ~하려고 하다 | 旅游 lǚyóu 동 여행하다

해설 설날에 여행을 가려고 한다고 말하고 있으며, 보기에서도 '春节'라는 단어가 나오면서 '설날은 가족과 함께 보내야 하니 나가지 마라'라고 한 '春节要和全家人都在一起过，别出去了'가 와야 문맥이 자연스럽게 이어진다.

정답_ E

新HSK 모의고사 2級

3회 해설

一、听力

第一部分

● 1~10번 : 들려주는 내용과 그림이 일치하는지 판단해 보세요.

001

Tā zuì ài chī Zhōngguó cài le.
他 最 爱 吃 中国 菜 了。
그는 중국 요리를 가장 좋아한다.

단어 最 zuì 부 가장, 제일 | 爱 ài 동 좋아하다 | 吃 chī 동 먹다 | 中国 Zhōngguó 명 중국 | 菜 cài 명 요리

해설 '最爱吃中国菜了'에서 중국 요리를 가장 좋아한다고 했으므로 중국 요리 그림과 일치한다.

정답 _ √

002

Zhè zhāng zhuōzi fàng zài nàr hěn hǎokàn.
这 张 桌子 放 在 那儿 很 好看。
이 탁자를 그곳에 놓으니 보기 좋다.

단어 张 zhāng 양 장(종이 등 표면이 넓은 것을 세는 단위) | 桌子 zhuōzi 명 탁자, 책상 | 放 fàng 동 놓다 | 那儿 nàr 대 그곳, 저곳 | 好看 hǎokàn 형 아름답다, 보기 좋다

해설 들려준 문장은 이 탁자를 그곳에 놓으니 보기 좋다는 뜻이므로 거실 중앙에 탁자가 놓여 있는 그림과 일치한다. '张'은 탁자를 세는 양사이다.

정답 _ √

003

Nǐ zǒngshì zhème màn, huǒchē mǎshàng jiù yào kāi le.
你 总是 这么 慢, 火车 马上 就要 开 了。
너는 늘 이렇게 늦는구나. 기차가 곧 떠나겠다.

단어 总是 zǒngshì 부 늘, 줄곧 | 这么 zhème 대 이런, 이러한 | 慢 màn 형 느리다 | 火车 huǒchē 명 기차 | 马上 mǎshàng 부 곧, 즉시 | 就要~了 jiùyào~le 머지않아(곧)~ 하다 | 开 kāi 동 열다, 벌어지다, 운전하다

해설 '火车马上就要开了'에서 기차가 곧 떠난다고 했는데 제시된 그림은 자동차이므로 문장과 그림이 일치하지 않는다. '자동차'는 '汽车 qìchē'이다.

정답 X

004

Tā chuān yì shuāng hěn piàoliang de xié.
她 穿 一 双 很 漂亮 的 鞋。
그녀는 예쁜 신발을 신었다.

단어 穿 chuān 동 (옷을) 입다, (신발을) 신다 | 双 shuāng 양 짝, 켤레(짝을 이루는 물건을 세는 단위) | 漂亮 piàoliang 형 예쁘다, 아름답다 | 鞋 xié 명 신발, 구두

해설 '很漂亮的鞋'에서 예쁜 신발이라고 했으나 주어진 그림엔 모자가 나와 있으므로 문장과 그림이 일치하지 않는다. 신발을 세는 양사 '켤레'는 '双'이며, '(신발을) 신다'라는 동사는 '옷을 입다'와 마찬가지로 '穿'을 쓴다는 것에 주의해야 한다. 모자는 '帽子 màozi'이다.

정답 X

005

Bú yào gěi xiǎogǒu qiǎokèlì, tā huì zhòngdú de.
不要 给 小狗 巧克力，它 会 中毒 的。
강아지한테 초콜릿을 주지 마세요. 중독됩니다.

단어 不要 bú yào 조동 ~하지 마라, ~해서는 안 된다 | 给 gěi 동 ~에게 ~을 주다 | 小狗 xiǎogǒu 명 강아지 | 巧克力 qiǎokèlì 명 초콜릿 | 它 tā 대 그, 저, 그것, 저것(사람 이외의 것을 가리킴) | 会 huì 조동 ~할 가능성이 있다, ~할 것이다 | 中毒 zhòngdú 동 중독되다

해설 '不要给小狗巧克力'에서 강아지에게 초콜릿을 주지 말라고 했는데 고양이 그림이 제시되었으므로 문장과 그림이 일치하지 않는다.

정답_ X

006

Wǒ xiǎng shàngwǎng, kěshì wǎngbā li de rén tài duō le.
我 想 上网，可是 网吧 里 的 人 太 多 了。
인터넷을 하고 싶은데 PC방에 사람이 너무 많다.

단어 想 xiǎng 조동 ~하고 싶다 | 上网 shàngwǎng 동 인터넷을 하다, 인터넷을 연결하다 | 可是 kěshì 접 그러나, 하지만 | 网吧 wǎngbā 명 PC방, 인터넷 카페

해설 '网吧里的人太多了'에서 PC방에 사람이 너무 많다고 했으며 제시된 PC방에 사람들이 가득찬 그림과 일치한다.

정답_ √

007

Shǒujī shì háizimen zuì xǐhuan de shēngrì lǐwù.
手机 是 孩子们 最 喜欢 的 生日 礼物。
휴대전화는 아이들이 가장 좋아하는 생일 선물이다.

단어 手机 shǒujī 명 휴대전화 | 孩子 háizi 명 아이, 어린이 | 最 zuì 부 가장, 제일 | 喜欢 xǐhuan 동 좋아하다 | 生日 shēngrì 명 생일 | 礼物 lǐwù 명 선물

해설 아이들이 가장 좋아하는 생일 선물이 휴대전화라고 했으며, 제시된 휴대전화 그림과 일치한다.

정답_ √

008

Zhè cì nǐ de zuòyè zuò de zuì hǎo.
这 次 你 的 作业 做 得 最 好。
이번에 네가 숙제를 참 잘했구나.

단어 次 cì 양 차례, 번, 회〔횟수를 세는 단위〕 | 做 zuò 동 하다 | 得 de 조 동사나 형용사 뒤에 쓰여 결과나 정도를 나타내는 보어와 연결시킴

해설 '作业做得最好'에서 숙제를 잘했다고 했으며, 학생이 숙제하고 있는 그림이 제시되었으므로 문장과 그림이 일치한다.

정답_ √

> **Tip** 정도보어
>
> 정도보어는 동사 뒤에 쓰여 동작의 정도나 상태를 보충 설명하는 보어이다.
>
> ① 긍정형 : 주어 + 술어(동사/형용사) + 得 +정도보어
> 　他说得很快。Tā shuō de hěn kuài. 그는 매우 빨리 말한다.
> 　她写得很好。Tā xiě de hěn hǎo. 그녀는 아주 잘 쓴다.
>
> ② 부정형 : 주어 + 술어(동사/형용사) + 得 + 不 + 정도보어
> 　他说得不快。Tā shuō de bú kuài. 그는 빠르게 말하지 않는다.
> 　她写得不好。Tā xiě de bù hǎo. 그녀는 잘 쓰지 못한다.

009

🔊 Wéi, nǐ hǎo, shì Běijīng Dàxué ma?
喂，你好，是 北京大学 吗?

여보세요, 안녕하세요. 베이징 대학입니까?

단어 喂 wéi 갑 (전화상에서) 여보세요 | 北京 Běijīng 명 베이징

해설 '是北京大学吗?'에서 베이징 대학인지 묻고 있는데 제시된 그림은 '中国银行(중국은행)'의 간판이므로 문장과 그림이 일치하지 않는다. 은행은 '银行 yínháng'이다.

정답_ X

010

🔊 Zhǐyào nǐ lái, wǒ jiù gěi nǐ nà běn shū.
只要 你 来，我 就 给 你 那 本 书。

네가 오기만 하면, 내가 그 책을 줄게.

단어 只要 zhǐyào 접 ~하기만 하면 | 就 jiù 부 곧, 즉시 | 给 gěi 동 ~에게 ~을 주다 | 那 nà 대 그, 저 | 本 běn 양 권[책 등을 세는 단위] | 书 shū 명 책

해설 '我就给你那本书'에서 내가 그 책을 너에게 줄게라고 했으므로 제시된 펼쳐진 책 그림과 일치한다.

정답_ ✓

Tip 只要A 就B

'A하기만 하면 B하다'라는 뜻으로, 앞절에 조건을 제시하고 뒷절에 결과를 제시하는 조건 관계를 나타낸다.

只要你去, 我就去。Zhǐyào nǐ qù, wǒ jiù qù. 네가 가면 나도 간다.
只要每天努力学习, 就能学好。Zhǐyào měitiān nǔlì xuéxí, jiù néng xué hǎo. 매일 열심히 공부하면 잘할 수 있다.
只要你这样做, 就能知道。Zhǐyào nǐ zhèyàng zuò, jiù néng zhīdào. 이렇게 하기만 하면 알 수 있다.

第二部分

● 11~20번 : 들려주는 내용을 잘 듣고, 보기에서 알맞은 그림을 찾아 보세요.

011-020

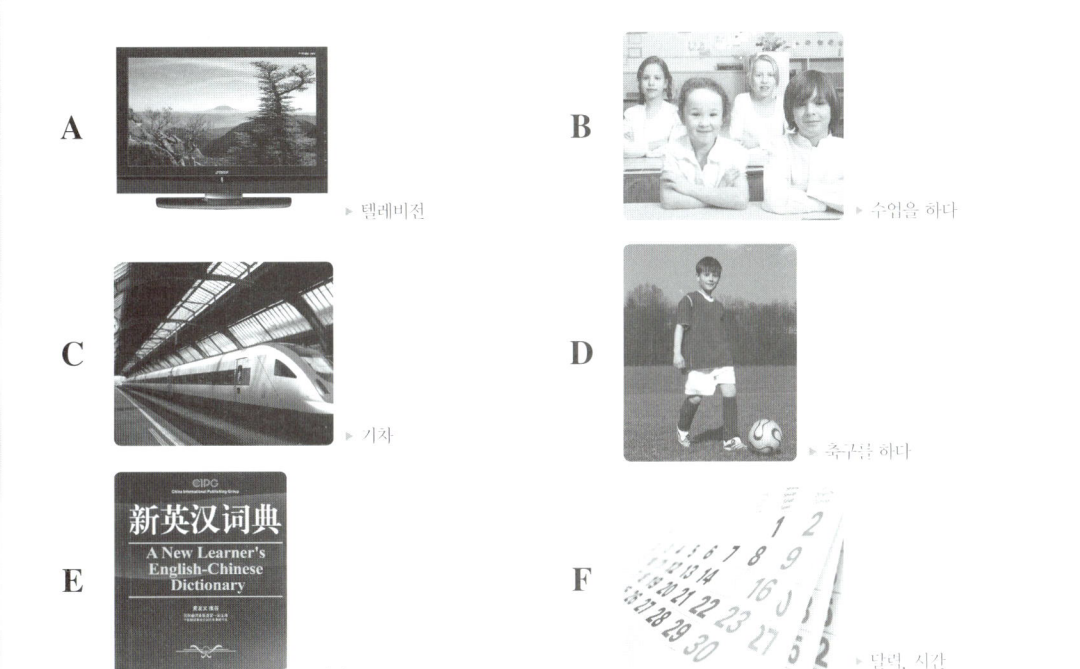

A ▶ 텔레비전
B ▶ 수업을 하다
C ▶ 기차
D ▶ 축구를 하다
E ▶ 사전
F ▶ 달력, 시간

011

🔊 男: 小姐，这个 电视机 多少 钱?
　　　Xiǎojiě, zhège diànshìjī duōshao qián?

女: 两千 元
　　Liǎngqiān yuán.

남: 아가씨, 이 텔레비전은 얼마예요?
여: 2천 위안입니다.

단어 小姐 xiǎojiě 명 아가씨 | 电视机 diànshìjī 명 텔레비전 | 多少 duōshao 대 얼마, 몇 | 钱 qián 명 돈, 화폐 | 千 qiān 수 1000, 천 | 元 yuán 양 위안(중국의 화폐 단위)

해설 '电视机多少钱'에서 텔레비전의 가격을 묻고 있으므로 텔레비전이 있는 그림을 찾으면 된다.

정답 A

Tip 중국의 화폐 단위

元 yuán 위안 = 块 kuài
角 jiǎo 1위안의 10분의 1 = 毛 máo
分 fēn 1위안의 100분의 1

012

男: Yángyang, cídiǎn yòng wán le ma?
阳阳，词典用完了吗？

女: Yǐjīng gěi nǐ le, zài nǐ zhuōzi de yòubian.
已经给你了，在你桌子的右边。

남: 양양, 사전 다 썼니?
여: 이미 너에게 줬잖아, 네 책상 오른쪽에 있어.

단어 词典 cídiǎn 명 사전 | 用 yòng 동 쓰다, 사용하다 | 完 wán 형 마치다, 다하다 | 已经 yǐjīng 부 이미, 벌써 | 给 gěi 동 ~에게 ~을 주다 | 桌子 zhuōzi 명 탁자, 책상 | 右边 yòubian 명 오른쪽

해설 '词典用完了吗?'에서 사전을 다 썼는지 묻고 있으므로 사전이 있는 그림을 찾으면 된다. 동사 뒤에 '完'이 붙으면 동작을 완성했다는 뜻을 나타낸다.

정답_ E

013

男: Wǒ jiā lí huǒchēzhàn hěn jìn, bú yòng zuò chūzūchē.
我家离火车站很近，不用坐出租车。

女: Nà tài hǎo le.
那太好了。

남: 우리 집은 기차역에서 아주 가까워서 택시를 탈 필요가 없어.
여: 그거 참 잘됐다.

단어 离 lí 전 ~에서, ~로부터 | 火车站 huǒchēzhàn 명 기차역 | 近 jìn 형 가깝다 | 不用 bú yòng 부 ~할 필요 없다 | 坐 zuò 동 (교통수단을) 타다 | 出租车 chūzūchē 명 택시

해설 '我家离火车站很近'에서 우리 집은 기차역에서 아주 가깝다고 했으므로 기차가 있는 그림을 찾으면 된다.

정답_ C

Tip 전치사 '离'

'A离B(A는 B에서)'의 형식으로 쓰여 두 지점 사이의 거리를 나타낸다.
我家离学校很远。Wǒ jiā lí xuéxiào hěn yuǎn. 우리 집은 학교에서 멀다.(우리 집과 학교 사이의 거리가 멀다.)

014

男: Hái yǒu sān tiān jiù guò Chūnjié le.
还 有 三 天 就 过 春节 了。

女: Shíjiān guò de zhēn kuài ya.
时间 过 得 真 快 呀。

남: 3일만 지나면 설날이에요.
여: 시간이 정말 빨리 흘러가네요.

단어 过 guò 동 지나다, 경과하다 | 春节 chūnjié 명 설날, 춘절 | 时间 shíjiān 명 시간 | 快 kuài 형 빠르다

해설 '还有三天就过春节了'에서 3일이 지나면 설날이라며 시간이 빨리 흐른다고 얘기하고 있다. 이는 시간과 관련이 있으므로 달력 그림을 찾으면 된다.

정답 **F**

015

男: Shàngkè de shíhou bù kěyǐ shuōhuà.
上课 的 时候 不 可以 说话。

女: Duìbuqǐ, lǎoshī.
对不起, 老师。

남: 수업 시간에 이야기하면 안 돼요.
여: 죄송합니다, 선생님.

단어 时候 shíhou 명 때, 시각 | 说话 shuōhuà 동 말하다, 이야기하다

해설 '上课的时候'에서 '수업할 때'라고 했고, '老师'라는 단어가 있으므로 학생들이 교실에 앉아 있는 그림을 찾으면 된다.

정답 **B**

016-020

A  ▶ 전화 통화 금지

B  ▶ 할아버지, 할머니, 엄마, 아빠, 나

C  ▶ 산책하다

D  ▶ 손목시계

E  ▶ 우유

016

女: Wǒ xīwàng bàba sòng gěi wǒ yí ge shǒubiǎo.
我 希望 爸爸 送 给 我 一 个 手表。

男: Wǒ zhīdào nǐ de yìsi le.
我 知道 你 的 意思 了。

여: 아빠가 저한테 시계를 선물해 줬으면 좋겠어요.
남: 무슨 말인지 알겠어.

단어 希望 xīwàng 동 바라다, 희망하다 | 爸爸 bàba 명 아빠, 아버지 | 送 sòng 동 주다, 선물하다 | 手表 shǒubiǎo 명 손목시계 | 知道 zhīdào 동 알다, 이해하다

해설 아빠가 나에게 손목시계를 선물해 줬으면 좋겠다고 했으므로 손목시계가 있는 그림을 찾으면 된다.

정답_ D

017

男: Bēizi li de niúnǎi shì nǐ hē de?
　　杯子 里 的 牛奶 是 你 喝 的?

女: Bú shì wǒ, shì jiějie.
　　不 是 我, 是 姐姐。

남: 컵에 있던 우유를 네가 마셨니?
여: 내가 아니고 언니가 마셨어요.

단어 杯子 bēizi 명 잔, 컵 | 牛奶 niúnǎi 명 우유 | 喝 hē 동 마시다 | 姐姐 jiějie 명 누나, 언니

해설 '杯子里的牛奶是你喝的?'에서 컵에 있던 우유라고 했으므로 우유가 있는 그림을 찾으면 된다. '不是A是B'는 'A가 아니고 B이다'라는 뜻이다.

정답_ E

018

男: Kuài kǎoshì le, bié chūqù wán le.
　　快 考试 了, 别 出去 玩 了。

女: Xuéxí tài lèi le, suǒyǐ wǒ xiǎng chū qù sànsànbù.
　　学习 太 累 了, 所以 我 想 出 去 散散步。

남: 곧 시험이니 나가서 놀지 마라.
여: 공부하기 너무 힘들어서 산책하러 나가고 싶어요.

단어 考试 kǎoshì 명동 시험(을 보다) | 快~了 kuài~le 곧 ~하다 | 别 bié 부 ~하지 마라 | 出去 chūqù 동 나가다 | 玩 wán 동 놀다 | 学习 xuéxí 동 공부하다, 배우다 | 所以 suǒyǐ 접 그래서 | 散步 sànbù 동 산책하다

해설 '我想出去散散步'에서 산책을 좀 하고 싶다고 했으므로 개와 함께 산책하고 있는 그림을 찾으면 된다. '散散步'는 동사 '散步'의 중첩형으로써 '산책을 좀 하다'는 뜻이다.

정답_ C

019

女: Nǐ pángbiān de lǎorén shì shéi?
你 旁边 的 老人 是 谁?

男: Wǒ nǎinai, dōu qīshí duō suì le.
我 奶奶, 都 70 多 岁 了。

여: 네 옆에 있는 어르신은 누구시니?
남: 우리 할머니예요. 이미 70세가 넘으셨어요.

단어 旁边 pángbiān 명 옆, 곁 | 老人 lǎorén 명 노인 | 谁 shéi 대 누구 | 奶奶 nǎinai 명 할머니 | 都 dōu 부 이미, 벌써 | 岁 suì 양 살, 세(나이를 세는 단위)

해설 '你旁边的老人是谁?'에서 남자아이 옆에 있는 어르신이 누구냐고 묻고 있고, '奶奶'라는 단어가 있으므로 할머니, 할아버지, 엄마, 아빠 등 가족들이 있는 그림을 찾으면 된다.

정답_ B

020

女: Xiānsheng, zhèlǐ bù néng dǎ diànhuà.
先生, 这里 不 能 打 电话。

男: Duìbuqǐ, wǒ méi kànjiàn nàge páizi.
对不起, 我 没 看见 那个 牌子。

여: 저기요, 여기에서 전화하시면 안 됩니다.
남: 죄송해요. 제가 저 팻말을 보지 못했어요.

단어 先生 xiānsheng 명 선생님, ~씨 | 这里 zhèlǐ 대 이곳, 여기 | 不能 bù néng 조동 ~해서는 안 된다 | 打电话 dǎ diànhuà 동 전화를 걸다 | 看见 kànjiàn 동 보다, 보이다, 눈에 띄다 | 牌子 páizi 명 팻말, 공고판

해설 '这里不能打电话'에서 이곳에서 전화하면 안 된다고 했으며 '我没看见那个牌子'에서 '牌子'라는 단어가 있으므로 전화 금지를 뜻하는 팻말 그림을 찾으면 된다. '禁打手机'의 '禁 jìn'은 '금지하다'라는 뜻이다.

정답_ A

第三部分

● 21~30번 : 들려주는 내용을 잘 듣고, 질문에 알맞은 답을 고르세요.

021

男: Shì nǐ ya! Hǎo jiǔ bú jiàn le!
　　是你呀！好久不见了！

女: Shì a, wǒ lái zhèlǐ lǚyóu.
　　是啊，我来这里旅游。

问: Nǚ de lái zhèlǐ gàn shénme?
　　女的来这里干什么？

　　　chūchāi　　　xuéxí　　　lǚyóu
　A 出差　　B 学习　　✓C 旅游

남: 너구나! 오래간만이다!
여: 응. 난 이곳에 여행을 왔어.

질문: 여자는 이곳에 무엇을 하러 왔나?

A 출장　　B 공부　　C 여행

단어 旅游 lǚyóu 통 여행하다, 관광하다 | 出差 chūchāi 통 출장 가다

해설 '我来这里旅游'에서 여자가 이곳에 여행 왔음을 알 수 있다.

정답_ C

022

男: Xiǎo Dōng shuō de Hànyǔ wǒ zěnme yìdiǎnr
　　小东说的汉语我怎么一点儿
　　yě tīng bu dǒng?
　　也听不懂？

女: Wǒ yě tīng bu dǒng.
　　我也听不懂。

问: Shéi shuō de tīng bu dǒng?
　　谁说的听不懂？

　　　nǚ de　　　Xiǎo Dōng　　nán de
　A 女的　　✓B 小东　　C 男的

남: 난 어째서 샤오둥이 하는 중국어를 한마디도 못 알아듣겠지?
여: 나도 못 알아들어.

질문: 누구의 말을 못 알아듣나?

A 여자　　B 샤오둥　　C 남자

단어 汉语 Hànyǔ 명 중국어 | 怎么 zěnme 대 어째서, 왜 | 一点儿 yìdiǎnr 수량 조금

해설 '小东说的汉语我怎么一点儿也听不懂'에서 샤오둥이 하는 중국어를 못 알아듣는다는 것을 알 수 있다.

정답_ B

023

男: 小姐，请问，现在几点？
Xiǎojiě, qǐngwèn, xiànzài jǐ diǎn?

女: 我没有手表。
Wǒ méiyǒu shǒubiǎo.

问: 他们两个谁知道现在的时间？
Tāmen liǎng ge shéi zhīdào xiànzài de shíjiān?

A 男的 nán de
B 女的 nǚ de
✔ C 都不知道 dōu bù zhīdào

남: 아가씨, 말씀 좀 물어볼게요. 지금 몇 시예요?
여: 전 손목시계가 없어요.

질문: 그들 둘 중에 누가 현재 시간을 알고 있나?

A 남자
B 여자
C 모두 모른다

단어 请问 qǐngwèn 동 말씀 좀 여쭙겠습니다 | 现在 xiànzài 명 지금, 현재 | 点 diǎn 양 시 | 手表 shǒubiǎo 명 손목시계 | 知道 zhīdào 동 알다, 이해하다 | 时间 shíjiān 명 시간

해설 '现在几点?'에서 남자가 지금 몇 시냐고 시간을 묻고 있으므로 남자는 현재 시간을 모르며, 또한 여자가 '我没有手表'에서 '전 손목시계가 없어요'라고 했으므로 여자도 현재 시간을 모른다는 것을 알 수 있다. 그러므로 남자와 여자 모두 현재 시간을 모른다는 것을 알 수 있다.

정답_ C

024

男: 你看见王老师，这封信给他。
Nǐ kànjiàn Wáng lǎoshī, zhè fēng xìn gěi tā.

女: 我一个人去他们学校吗？
Wǒ yí ge rén qù tāmen xuéxiào ma?

问: 男的要给王老师什么？
Nán de yào gěi Wáng lǎoshī shénme?

✔ A 信 xìn
B 礼物 lǐwù
C 一个人 yí ge rén

남: 왕 선생님을 보면 이 편지를 그에게 전해 줘.
여: 저 혼자 그 학교에 가는 건가요?

질문: 남자는 왕 선생님한테 무엇을 주려 하나?

A 편지   B 선물   C 한 사람

단어 看 kàn 동 보다 | 封 fēng 양 통(편지 등을 세는 단위) | 信 xìn 명 편지, 서신 | 给 gěi 동 ~에게 ~을 주다 | 学校 xuéxiào 명 학교 | 要 yào 조동 ~하려고 하다 | 礼物 lǐwù 명 선물

해설 '你看见王老师, 这封信给他'에서 남자가 왕 선생님께 주려는 것이 편지임을 알 수 있다.

정답_ A

025

男: Nǐ kuài diǎnr zǒu a, diànyǐng jiù yào kāishǐ le.
你 快 点儿 走 啊, 电影 就 要 开始 了。

女: Kāishǐ jiù kāishǐ ba, běnlái wǒ jiù bù xǐhuan kàn diànyǐng.
开始 就 开始 吧, 本来 我 就 不 喜欢 看 电影。

问: Tāmen yào kàn shénme?
他们 要 看 什么?

✔A 电影 diànyǐng B 电视 diànshì C 足球 zúqiú

남: 너 빨리 좀 걸어. 영화가 곧 시작된단 말이야.
여: 시작하라면 하라지. 난 원래 영화 보는 거 안 좋아해.

질문: 그들은 무엇을 보려고 하는가?

A 영화 B TV C 축구

단어 走 zǒu 동 가다, 걷다 | 开始 kāishǐ 동 시작되다, 개시하다 | 本来 běnlái 부 본래, 원래 | 喜欢 xǐhuan 동 좋아하다 | 电视 diànshì 명 텔레비전 | 足球 zúqiú 명 축구

해설 '你快点儿走啊, 电影就要开始了'에서 그들이 보려고 하는 것이 영화임을 알 수 있다.

정답_ A

Tip 임박태

'就要~了 / 快要~了 / 要~了 / 快~了'를 사용하여 가까운 미래에 어떤 상황이 발생할 것임을 나타낸다.

他就要回国了。 Tā jiù yào huíguó le. 그는 곧 귀국한다.
快要下雨了。 Kuài yào xià yǔ le. 곧 비가 온다.
菜要好了。 Cài yào hǎo le. 요리가 곧 된다.
客人快来了。 Kèrén kuài lái le. 손님이 곧 온다.

026

女: Xiànzài shì shàngbān shíjiān, nǐ bù kěyǐ zài
现在 是 上班 时间, 你 不 可以 在
diànnǎo shang liáotiānr.
电脑 上 聊天儿。

男: Nàme, wǒ kàn xīnwén kěyǐ ma?
那么, 我 看 新闻 可以 吗?

问: Nán de zhèngzài zuò shénme?
男 的 正在 做 什么?

A 看 新闻 kàn xīnwén
✓B 聊天儿 liáotiānr
C 去 上班 qù shàngbān

여: 지금은 근무 시간이니, 컴퓨터로 채팅하면 안 됩니다.
남: 그럼, 뉴스 보는 건 괜찮나요?

질문: 남자는 무엇을 하고 있나?

A 뉴스를 본다
B 채팅을 한다
C 출근하다

단어 上班 shàngbān 동 출근하다, 근무하다 | 时间 shíjiān 명 시간 | 电脑 diànnǎo 명 컴퓨터 | 聊天儿 liáotiānr 동 채팅하다, 잡담하다 | 正在 zhèngzài 부 지금 ~하고 있다(동작이나 행위가 진행 중임을 나타냄)

해설 '现在是上班时间, 你不可以在电脑上聊天儿'에서 남자가 채팅을 하고 있음을 알 수 있다.

정답_ **B**

027

男: Zài zhèlǐ zuò yīhuìr ba.
　　在 这里 坐 一会儿 吧。

女: Zhèlǐ de kōngqì bú tài hǎo, wǒmen huàn yí ge dìfang zuò ba.
　　这里 的 空气 不 太 好，我们 换 一 个 地方 坐 吧。

问: Nǚ de rènwéi zhèlǐ zěnmeyàng?
　　女 的 认为 这里 怎么样？

A 空气 很 好
　　kōngqì hěn hǎo

B 不 安静
　　bù ānjìng

✔C 空气 不 太 好
　　kōngqì bú tài hǎo

남: 여기에 잠깐 앉자.
여: 이곳은 공기가 별로 안 좋으니 다른 곳으로 가자.

질문: 여자는 이곳이 어떻다고 생각하나?

A 공기가 좋다
B 조용하지 않다
C 공기가 그다지 좋지 않다

단어 坐 zuò 동 앉다 | 空气 kōngqì 명 공기 | 换 huàn 동 바꾸다, 교환하다 | 地方 dìfang 명 곳, 장소 | 认为 rènwéi 동 여기다, 생각하다 | 安静 ānjìng 형 조용하다, 고요하다

해설 '这里的空气不太好，我们换一个地方坐吧'에서 이곳은 공기가 별로 안 좋으니 다른 곳으로 가자고 했으므로 여자는 이곳의 공기가 그다지 좋지 않다고 생각하고 있음을 알 수 있다.

정답 **C**

028

女: Nǐ de zuòyè xiě wán le ma?
你的作业写完了吗?

男: Xiě wán le, kěshì yǒu yí ge wèntí wǒ bù míngbai.
写完了,可是有一个问题我不明白。

问: Nǚ de kěnéng shì zuò shénme gōngzuò de?
女的可能是做什么工作的?

A 警察 jǐngchá　　B 售货员 shòuhuòyuán　　✔C 老师 lǎoshī

여: 너 숙제 다 했니?
남: 다 했는데 한 문제를 모르겠어요.

질문: 여자의 직업은 무엇인가?

A 경찰　　B 판매원　　C 선생님

단어 作业 zuòyè 명 숙제, 과제 | 可是 kěshì 접 그러나, 하지만 | 问题 wèntí 명 문제 | 明白 míngbai 동 알다, 이해하다 | 警察 jǐngchá 명 경찰 | 售货员 shòuhuòyuán 명 판매원, 점원

해설 '你的作业做完了吗?'에서 '숙제 다 했니?'라고 물어보는 것으로 보아 여자의 직업은 보기 중에서 선생님이 가장 적합하다.

정답_ C

029

女: Zhè jiàn yīfu zhēn piàoliang, zài nǎge shāngdiàn mǎi de?
这件衣服真漂亮,在哪个商店买的?

男: Zhè shì zài jīchǎng mǎi de.
这是在机场买的。

问: Zhè jiàn yīfu zài nǎr mǎi de?
这件衣服在哪儿买的?

✔A 机场 jīchǎng　　B 商店 shāngdiàn　　C 市场 shìchǎng

여: 이 옷 정말 예쁘다. 어느 상점에서 샀어?
남: 공항에서 샀어.

질문: 이 옷은 어디서 샀는가?

A 공항　　B 상점　　C 시장

단어 衣服 yīfu 명 옷 | 漂亮 piàoliang 형 예쁘다, 아름답다 | 商店 shāngdiàn 명 상점, 판매점 | 机场 jīchǎng 명 공항 | 市场 shìchǎng 명 시장

해설 '这是在机场买的'에서 이 옷은 공항에서 샀음을 알 수 있다.

정답_ A

030

男: Zhuōzi shang nàge báisè de bāo shì shéi de?
　　桌子 上 那个 白色 的 包 是 谁 的?

女: Shì wǒ de.
　　是 我 的。

问: Nǚ de bāo shì shénme yánsè de?
　　女 的 包 是 什么 颜色 的?

✓A 白色 báisè　　B 黑色 hēisè　　C 红色 hóngsè

남: 책상 위의 저 흰 가방은 누구 거예요?
여: 제 것입니다.

질문: 여자의 가방은 무슨 색인가?

A 흰색　　B 검은색　　C 빨간색

단어 桌子 zhuōzi 명 탁자, 책상 | 白色 báisè 명 흰색 | 包 bāo 명 가방 | 谁 shéi 대 누구 | 颜色 yánsè 명 색, 색깔 | 黑色 hēisè 명 검은색 | 红色 hóngsè 명 빨간색

해설 '桌子上那个白色的包是谁的?'에서 책상 위의 흰 가방이 누구 거냐고 묻자, 여자가 '是我的'라고 대답한 것에서 여자의 가방은 하얀색이라는 것을 알 수 있다.

정답_ A

Tip 여러 가지 색

红色 hóngsè 빨간색　　黑色 hēisè 검은색　　黄色 huángsè 노란색　　粉红色 fěnhóngsè 분홍색
白色 báisè 흰색　　蓝色 lánsè 파란색　　绿色 lǜsè 초록색

第四部分

● 31~35번 : 들려주는 내용을 잘 듣고, 질문에 알맞은 답을 고르세요.

031

女： Míngtiān nǐ hé wǒ yìqǐ qù shāngdiàn, wǒ yào mǎi yí jiàn yīfu.
　　明天 你 和 我 一起 去 商店， 我 要 买 一 件 衣服。

男： Nǐ hái yào mǎi yīfu, nǐ de yīfu yǐjīng hěn duō le.
　　你 还 要 买 衣服， 你 的 衣服 已经 很 多 了。

女： Zěnme? Nǐ bù xiǎng qù?
　　怎么? 你 不 想 去?

男： Qù, qù, wǒ nǎ néng bú qù?
　　去， 去， 我 哪 能 不 去?

问： Nán de shì shénme yìsi?
　　男 的 是 什么 意思?

　　bú qù shāngdiàn
A　不 去 商店

　　qù shāngdiàn
✓B　去 商店

　　bù mǎi yīfu
C　不 买 衣服

여: 내일 나랑 같이 상점에 가자. 옷 사고 싶어.
남: 또 옷을 산다는 거야? 넌 이미 옷이 많잖아.
여: 뭐라고? 가기 싫다는 거야?
남: 가, 가, 내가 어떻게 안 갈 수 있겠어?

질문: 남자가 한 말의 뜻은?

A 상점에 안 간다
B 상점에 간다
C 옷을 안 산다

단어 明天 míngtiān 명 내일 | 和 hé 전 ~와(과) | 一起 yìqǐ 부 같이, 함께 | 商店 shāngdiàn 명 상점, 판매점 | 件 jiàn 양 벌, 건(옷이나 사건 등을 세는 단위) | 还 hái 부 또, 더 | 要 yào 조동 ~할 것이다, ~하려고 하다 | 已经 yǐjīng 부 이미, 벌써 | 哪 nǎ 부 어떻게, 어째서(의문, 부정 또는 일부러 반문할 때 쓰임)

해설 반어적인 표현인 '我哪能不去?'를 잘 파악하는 것이 관건이다. 이 문장을 직역하면 '내가 안 가는 것이 어떻게 가능하겠냐'이며 이 말의 뜻은 '갈 수밖에 없다'는 뜻이므로, 남자의 말은 '상점에 간다'는 뜻이다.

정답_B

032

男: Píngguǒ duōshao qián yì jīn?
　　苹果 多少 钱 一 斤?

女: Guì de sān kuài qián yì jīn, piányi de yí kuài qián yì jīn.
　　贵 的 三 块 钱 一 斤, 便宜 的 一 块 钱 一 斤。

男: Háishì mǎi piányi de ba.
　　还是 买 便宜 的 吧。

女: Guì de hěn hǎochī.
　　贵 的 很 好吃。

问: Nán de yào mǎi shénmeyàng de píngguǒ?
　　男 的 要 买 什么样 的 苹果?

　　A 贵的　　✔B 便宜的　　C 不知道
　　　guì de　　　piányi de　　　bù zhīdào

남: 사과 한 근에 얼마예요?
여: 비싼 건 한 근에 3위안이고, 싼 건 한 근에 1위안입니다.
남: 싼 것으로 주세요.
여: 비싼 게 맛있어요.

질문: 남자는 어떤 사과를 사려고 하나?

A 비싼 것　　B 싼 것　　C 모른다

단어 苹果 píngguǒ 몡 사과 | 斤 jīn 양 근(무게의 단위) | 贵 guì 형 비싸다 | 便宜 piányi 형 (값이) 싸다 | 好吃 hǎochī 형 맛있다 | 什么样 shénmeyàng 대 어떠한, 어떤 모양

해설 '还是买便宜的吧'에서 남자가 싼 것을 사려고 한다는 것을 알 수 있다. '还是~吧'는 '~하는 편이 낫다'는 뜻이다.

정답_ B

033

🔊 男: Xiǎo Zhāng, zhège zuòyè xīngqīsān yídìng yào gěi lǎoshī.
　　小 张，这个 作业 星期三 一定 要 给 老师。

女: Bù xíng.
　　不 行。

　　Jīntiān dōu xīngqīyī le, kěnéng zuò bù wán.
　　今天 都 星期一 了，可能 做 不 完。

男: Nà shénme shíhou zuò wán?
　　那 什么 时候 做 完？

女: Xīngqīwǔ kěyǐ zuò wán.
　　星期五 可以 做 完。

问: Zuòyè zuì kěnéng shénme shíhou zuò wán?
　　作业 最 可能 什么 时候 做 完？

　　　　xīngqīwǔ　　　　xīngqīsān　　　　xīngqīyī
✓A 星期五　　B 星期三　　C 星期一

남: 샤오장, 이 숙제는 수요일에 반드시 선생님께 제출해야 해.
여: 안 돼요. 오늘이 벌써 월요일이잖아요. 다 못할 것 같아요.
남: 그럼 언제 끝나니?
여: 금요일까지는 끝낼 수 있어요.

질문: 숙제를 언제 끝낼 수 있는가?

A 금요일　　B 수요일　　C 월요일

단어 作业 zuòyè 몡 숙제, 과제 | 星期三 xīngqīsān 몡 수요일 | 一定 yídìng 븬 반드시, 꼭 | 给 gěi 동 ~에게 ~을 주다 | 老师 lǎoshī 몡 선생님 | 不行 bù xíng 동 안 된다 | 星期一 xīngqīyī 몡 월요일 | 可能 kěnéng 븬 아마도 | 可以 kěyǐ 조동 ~할 수 있다

해설 '星期五可以做完'에서 금요일에 숙제를 끝낼 수 있음을 알 수 있다.

정답_ A

034

女: Tīngshuō zhège diànyǐng hěn hǎo, wǒmen yě qù
听说 这个 电影 很 好, 我们 也 去
kànkan ba.
看看 吧。

男: Wǒ hěn máng, nǐ hé mèimei yīqǐ qù ba.
我 很 忙, 你 和 妹妹 一起 去 吧。

女: Zhēn de bù néng qù ma?
真 的 不 能 去 吗?

男: Duìbuqǐ.
对不起。

问: Nǚ de kěnéng hé shéi yīqǐ kàn diànyǐng?
女 的 可能 和 谁 一起 看 电影?

A 朋友　　B 丈夫　　✓C 妹妹
　péngyou　　zhàngfu　　mèimei

여: 이 영화가 아주 재미있다던데 우리도 보러 가요.
남: 난 바쁘니까 동생이랑 같이 보러 가.
여: 정말 못 가요?
남: 미안해.

질문: 여자는 누구와 함께 영화를 보러 가나?

A 친구　　B 남편　　C 여동생

단어 听说 tīngshuō 통 듣자하니, 듣건대 ~라고 하다 | 电影 diànyǐng 명 영화 | 也 yě 부 ~도 | 忙 máng 형 바쁘다 | 妹妹 mèimei 명 여동생 | 一起 yīqǐ 부 같이, 함께 | 丈夫 zhàngfu 명 남편

해설 '我很忙, 你和妹妹一起去吧'에서 남자가 여자에게 자신은 바빠서 못 가니 여동생과 같이 보러 가라고 했으므로 여자는 동생과 함께 영화를 보러 간다는 것을 알 수 있다.

정답 C

035

🔊
男: Liàngliang, kuài bāng wǒ kànkan, zuótiān mǎi de
　　亮亮，快 帮 我 看看， 昨天 买 的
　　cídiǎn zhǎo bu dào le.
　　词典 找 不 到 了。

女: Nǐ fàng zài nǎr le?
　　你 放 在 哪儿 了?

男: Kěnéng zài shūbāo li.
　　可能 在 书包 里。

女: Wǒ bāng nǐ zhǎo.
　　我 帮 你 找。

问: Tāmen zhèngzài zhǎo shénme?
　　他们 正在 找 什么?

　　　shūbāo　　　 cídiǎn　　　　Liàngliang
　A　书包　　✔B　词典　　C　亮亮

남: 량량, 빨리 와서 좀 봐 줘. 어제 산 사전을 못 찾겠어.
여: 어디에 뒀는데?
남: 아마 가방 안에 있을거야.
여: 찾는 거 도와줄게.

질문: 그들은 무엇을 찾고 있나?

A 책가방　　B 사전　　C 량량

단어 帮 bāng 동 돕다, 거들다 | 昨天 zuótiān 명 어제 | 词典 cídiǎn 명 사전 | 放 fàng 동 놓다 | 正在 zhèngzài 부 지금 ~하고 있다(동작이나 행위가 진행 중임을 나타냄) | 书包 shūbāo 명 책가방

해설 '快帮我看看, 昨天买的词典找不到了'에서 그들이 어제 산 사전을 찾고 있음을 알 수 있다.

정답 **B**

二、阅读

第一部分

● 36~40번 : 제시된 문장과 일치하는 그림을 보기에서 찾아 보세요.

036-040

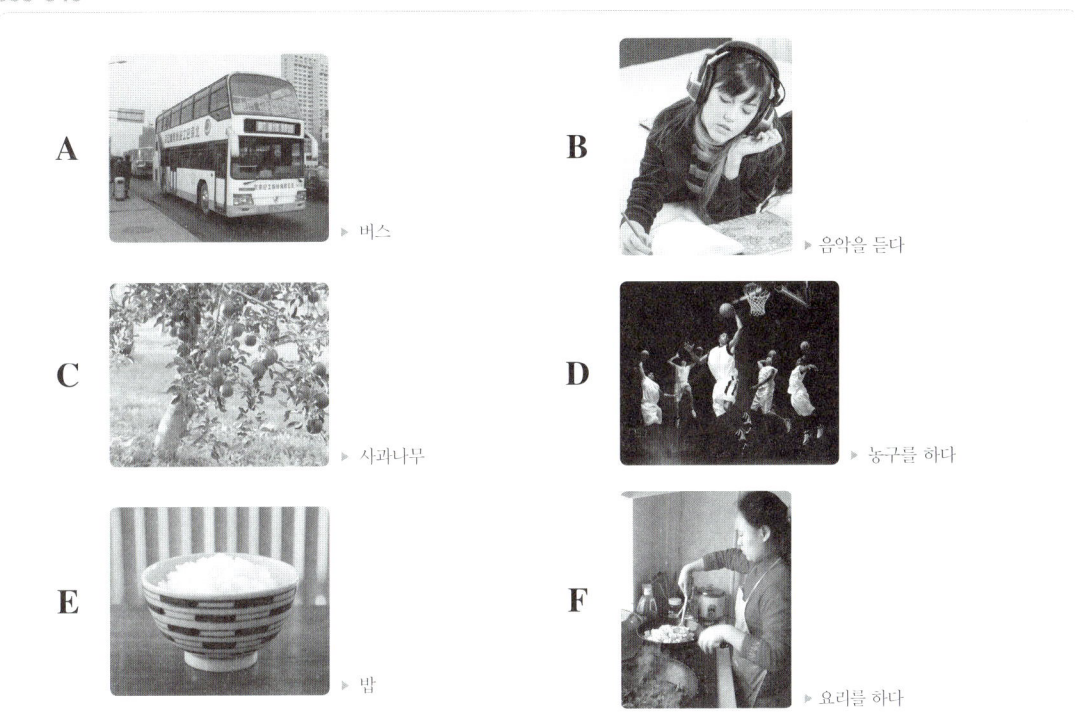

A ▶ 버스
B ▶ 음악을 듣다
C ▶ 사과나무
D ▶ 농구를 하다
E ▶ 밥
F ▶ 요리를 하다

036

Māma zhèngzài zuò fàn ne.
妈妈 正在 做 饭 呢。

엄마는 요리를 하고 계신다.

단어 妈妈 māma 몡 엄마, 어머니 | 正在 zhèngzài 부 지금 ~하고 있다(동작이나 행위가 진행 중임을 나타냄) | 做饭 zuò fàn 동 밥을 하다

해설 '正在做饭呢'에서 밥을 하고 있다고 했으므로 어머니가 음식을 하고 있는 그림을 찾으면 된다.

정답_F

037

Tā xǐhuan tīng Zhōngguó gē.
她 喜欢 听 中国 歌。

그녀는 중국 음악 듣는 것을 좋아한다.

단어 喜欢 xǐhuan 동 좋아하다 | 听 tīng 동 듣다

해설 '听中国歌'에서 중국 음악을 듣는다고 했으므로 여자아이가 헤드폰을 끼고 음악을 듣고 있는 그림을 찾으면 된다.

정답_ B

038

Xuéxiào de dōngbian yǒu yì kē píngguǒ shù.
学校 的 东边 有 一 棵 苹果 树。

학교 동쪽에 사과나무 한 그루가 있다.

단어 学校 xuéxiào 명 학교 | 东边 dōngbian 명 동쪽 | 棵 kē 양 그루, 포기(식물을 세는 단위)

해설 '有一棵苹果树'에서 사과나무 한 그루가 있다고 했으므로 사과나무가 있는 그림을 찾으면 된다. '棵'는 '그루'라는 뜻의 나무를 세는 양사이다.

정답_ C

039

Wǒ zuò gōnggòng qìchē qù shàngbān.
我 坐 公共汽车 去 上班。

나는 버스를 타고 출근한다.

단어 坐 zuò 동 (교통수단을) 타다 | 公共汽车 gōnggòng qìchē 명 버스 | 上班 shàngbān 동 출근하다

해설 '坐公共汽车去上班'에서 버스를 타고 출근을 한다고 했으므로 버스 그림을 찾으면 된다.

정답_ A

040

Tāmen jiā měitiān dōu chī mǐfàn.
他们 家 每天 都 吃 米饭。

그들의 집은 매일 쌀밥을 먹는다.

단어 家 jiā 명 집 | 每天 měitiān 명부 매일 | 都 dōu 부 모두 | 吃 chī 동 먹다 | 米饭 mǐfàn 명 쌀밥

해설 '每天都吃米饭'에서 매일 쌀밥을 먹는다고 했으므로 공기에 밥이 담겨져 있는 그림을 찾으면 된다.

정답_ E

第二部分

- 41~45번 : 괄호 안에 알맞은 단어를 보기에서 찾아 넣어 보세요.

041-045

	yìqǐ		xuéguo		yīnwèi
A	一起	B	学过	C	因为
	함께		배운 적이 있다		~때문에
	cóng		guì		yǐjing
D	从	E	贵	F	已经
	~에서 부터		비싸다		이미, 벌써

041

Wǒ yǐjing kànle zhège diànyǐng.
我 F 已经 看了 这个 电影。

나는 F 이미 이 영화를 봤다.

단어 看 kàn 동 보다, 구경하다 | 电影 diànyǐng 명 영화

해설 동사 술어 '看' 앞에 들어갈 수 있는 것은 부사인데, 보기에서 부사는 '一起'와 '已经'이 있다. 의미상 '이미 이 영화를 봤다'가 어울리고, '一起'는 '和~一起(~와 같이)'의 형식으로 쓰이므로 이 문장에는 '已经'이 오는 것이 적합하다.

정답_ F

042

Yīnwèi yǔ xià, suǒyǐ tāmen méi qù tī zúqiú.
C 因为 雨 下, 所以 他们 没 去 踢 足球。

비가 왔기 C 때문에, 그들은 축구를 하러 가지 않았다.

단어 雨 yǔ 명 비 | 下 xià 동 내리다 | 所以 suǒyǐ 접 그래서 | 踢足球 tī zúqiú 동 축구를 하다

해설 '因为~所以~'는 '~때문에 ~하다'는 뜻이며 '因为' 뒤에는 원인이, '所以' 뒤에는 결과가 온다. 축구를 하러 가지 않은 이유는 비가 왔기 때문이므로 원인을 이끌 수 있는 '因为'가 와야 한다.

정답_ C

043

Tā hé lǎoshī yiqǐ qù yīyuàn.
他 和 老师 **A 一起** 去 医院。

그는 선생님과 **A 함께** 병원에 갔다.

단어 和 hé 전 ~와, ~과 | 老师 lǎoshī 명 선생님 | 去 qù 동 가다 | 医院 yīyuàn 명 병원

해설 괄호는 동사 앞의 자리로 부사가 올 수 있다. 보기 중 '一起'는 '和~一起(~와 같이)'의 형식으로 쓰여 '어떤 행동을 ~와 같이 하다'는 뜻을 나타낸다. 의미상 '그는 선생님과 함께 병원에 갔다'가 되므로 '一起'가 오는 것이 적합하다.

정답 A

044

Cóng nǐ jiā dào xuéxiào yuǎn ma?
D 从 你 家 到 学校 远 吗?

너희 집 **D 에서** 학교까지 머니?

단어 家 jiā 명 집 | 到 dào 전 ~까지, ~로 | 学校 xuéxiào 명 학교 | 远 yuǎn 형 멀다

해설 '从~到~'는 '~부터 ~까지'라는 뜻이다. 의미상 두 지점 사이의 거리가 먼지 묻고 있으므로 출발점을 이끌 수 있는 '从'이 와야 한다.

정답 D

> **Tip** 从A 到B
>
> 'A부터 B까지'의 뜻이다.
>
> 从这儿到医院近吗? Cóng zhèr dào yīyuàn jìn ma? 이곳에서 병원까지 가깝습니까?
> 我从10点到11点学习汉语。 Wǒ cóng shí diǎn dào shíyī diǎn xuéxí Hànyǔ. 나는 10시부터 11시까지 중국어를 공부한다.
>
> 전치사 '从'과 '到'를 따로 쓸 수도 있는데, '从' 뒤에는 출발점이 '到' 뒤에는 도착점이 온다.
>
> 他刚从学校回来。 Tā gāng cóng xuéxiào huílái. 그는 막 학교에서 돌아왔다.
> 这个电影从几点开始? Zhège diànyǐng cóng jǐ diǎn kāishǐ? 이 영화는 몇 시부터 시작하나요?
> 他到商店去。 Tā dào shāngdiàn qù. 그는 상점에 간다.

045

Gēge zài Zhōngguó xuéguo Hànyǔ.
哥哥 在 中国 **B 学过** 汉语。

형은 중국에서 중국어를 **B 배운 적이 있다**.

단어 哥哥 gēge 명 형, 오빠 | 在 zài 전 ~에서 | 中国 Zhōngguó 명 중국 | 汉语 Hànyǔ 명 중국어

해설 괄호는 이 문장의 술어 부분이다. 목적어가 '汉语(중국어)'이므로 '중국어를 ~하다'에 어울리는 단어를 찾아야 한다. 제시된 보기 중 '学过'를 넣어 '중국어를 배운 적이 있다'를 만들 수 있으므로 '学过'가 오는 것이 적합하다.

정답 B

第三部分

● 46~50번 : 주어진 문장을 읽고 질문의 내용과 일치하는지 판단해 보세요.

046

Dàjiā dōu shuō tā de Hànyǔ hěn hǎo, kěshì
大家 都 说 他 的 汉语 很 好, 可是
tā shuō hái chà de yuǎn.
他 说 还 差 得 远。

Tā shuō tā de Hànyǔ bù hǎo.
问: 他 说 他 的 汉语 不 好。

모두들 그가 중국어를 잘한다고 하지만 그는 아직 부족하다고 말한다.

질문: 그는 자신이 중국어를 못한다고 말한다.

단어 大家 dàjiā 대 모두, 다들 | 可是 kěshì 접 그러나, 하지만 | 还 hái 부 여전히, 아직도 | 差 chà 동 부족하다, 모자르다

해설 '他说还差得远'의 '差得远'은 '아직 멀었다' 즉, '아직 잘하지 못한다'는 뜻이므로 질문 문장의 '그는 자신이 중국어를 못한다고 한다'와 의미가 일치한다.

정답_ ✓

047

Běijīng de dōngtiān huì hěn lěng, nǐ lái de
北京 的 冬天 会 很 冷, 你 来 的
shíhou duō chuān yīfu.
时候 多 穿 衣服。

Nǐ lái de shíhou bú yào duō chuān yīfu.
问: 你 来 的 时候 不 要 多 穿 衣服。

베이징의 겨울은 추울 테니 옷을 많이 입고 와.

질문: 너 올 때 옷을 많이 입고 오지 마라.

단어 北京 Běijīng 명 베이징 | 冬天 dōngtiān 명 겨울 | 会 huì 조동 ~일 것이다 | 冷 lěng 형 춥다, 차다 | 时候 shíhou 명 때, 시각 | 穿 chuān 동 (옷을) 입다, (신발을) 신다 | 衣服 yīfu 명 옷 | 不要 bú yào 조동 ~하지 마라, ~해서는 안 된다

해설 '你来的时候多穿衣服'에서 옷을 많이 입고 오라고 했으나 질문 문장에서는 '~하지 마라'라는 뜻의 '不要'를 사용하여 '옷을 많이 입고 오지 마라'라고 했으므로 의미가 일치하지 않는다.

정답_ X

048

Tā mǎile nà jiàn yīfu, yīnwèi yòu piányi
他 买了 那 件 衣服，因为 又 便宜
yòu piàoliang.
又 漂亮。

그는 그 옷이 싸고 예뻐서 샀다.

Nà jiàn yīfu bú guì.
问: 那 件 衣服 不 贵。

질문: 그 옷은 비싸지 않다.

단어 买 mǎi 동 사다, 구매하다 | 件 jiàn 양 벌, 건(옷이나 사건 등을 세는 단위) | 衣服 yīfu 명 옷 | 因为 yīnwèi 접 왜냐하면, ~때문에 | 便宜 piányi 형 (값이) 싸다 | 漂亮 piàoliang 형 예쁘다, 아름답다 | 贵 guì 형 비싸다

해설 '又便宜又漂亮'에서 그 옷을 산 이유가 싸고 예뻐서라고 했으므로 질문 문장의 '그 옷은 비싸지 않다'와 의미가 일치한다.

정답_ ✓

> **Tip** 又A 又B : A하기도 하고 B하기도 하다
> 몇 가지 상태가 동시에 존재함을 나타낸다.
> 　　这个菜又好吃又便宜。Zhège cài yòu hǎochī yòu piányi.　이 음식은 맛있고 싸다.
> 　　那个地方又干净又漂亮。Nàge dìfang yòu gānjìng yòu piàoliang.　그곳은 깨끗하고 아름답다. * 干净 gānjìng 깨끗하다

049

Zhèbiān dǎ diànhuà de shì wǒ de zhàngfu.
这边 打 电话 的 是 我 的 丈夫。

이쪽에서 전화하고 있는 사람이 내 남편입니다.

Zhàngfu zài dǎ diànhuà ne.
问: 丈夫 在 打 电话 呢。

질문: 남편은 전화하고 있다.

단어 这边 zhèbiān 대 이곳, 이쪽 | 丈夫 zhàngfu 명 남편

해설 '这边打电话的是我的丈夫'에서 '이쪽에서 전화하고 있는 사람이 내 남편입니다'라고 했으므로 남편이 지금 전화하고 있음을 알 수 있다. 따라서 질문 문장과 내용이 일치한다.

정답_ ✓

050

Tā de Hànzì xiě de zhēn piàoliang.
他 的 汉字 写 得 真 漂亮。

Tā bú huì xiě Hànzì.
问: 他 不 会 写 汉字。

그는 한자를 잘 쓴다.

질문: 그는 한자를 쓸 줄 모른다.

단어 汉字 Hànzì 명 한자 | 写 xiě 동 쓰다 | 得 de 조 동사나 형용사 뒤에 쓰여 정도를 나타내는 보어와 연결시킴 | 真 zhēn 부 확실히, 참으로 | 不会 bú huì 조동 ~할 수 없다, ~할 줄 모르다

해설 '写得真漂亮'는 '글을 잘 쓴다'는 뜻으로, 이는 '글을 쓸 줄 알며, 게다가 잘 쓴다'는 의미이기 때문에 한자를 쓸 줄 모른다는 질문 문장과 내용이 일치하지 않는다.

정답 X

第四部分

● 51~55번 : 주어진 문장과 어울리는 문장을 보기에서 찾아 보세요.

051-055

A Tā bù xǐhuan hé wǒmen yìqǐ dǎ lánqiú.
   他 不 喜欢 和 我们 一起 打 篮球。

B Nǐ xǐhuan lǚyóu, kěnéng qùguo bù shǎo difang ba?
   你 喜欢 旅游, 可能 去过 不 少 地方 吧?

C Wǒ rènshi nàge háizi, tā jiù zhù zài wǒmen duìmiàn de.
   我 认识 那个 孩子, 他 就 住 在 我们 对面 的。

D Duìbuqǐ, shì wǒ kàn cuò le shíjiān.
   对不起, 是 我 看 错 了 时间。

E Tā zài nǎr ne? Nǐ kànjiàn tā le ma?
   他 在 哪儿 呢? 你 看见 他 了 吗?

F Zhèlǐ de huánjìng hěn měi.
   这里 的 环境 很 美。

A 그는 우리와 함께 농구하는 것을 좋아하지 않아.
B 너는 여행을 좋아하니까 많은 곳에 가 봤겠지?
C 나는 그 아이를 알아. 그는 우리 맞은편에 살아.
D 죄송합니다. 제가 시간을 잘못 봤네요.
E 그는 어디에 있니? 넌 그를 봤니?
F 이곳의 환경은 아름다워.

단어 喜欢 xǐhuan 동 좋아하다 | 和 hé 전 ~와, ~과 | 篮球 lánqiú 명 농구 | 旅游 lǚyóu 동 여행하다, 관광하다 | 可能 kěnéng 부 아마도 | 认识 rènshi 동 알다, 인식하다 | 孩子 háizi 명 아이, 어린이 | 对面 duìmiàn 명 맞은편 | 错 cuò 동 틀리다, 맞지 않다 | 时间 shíjiān 명 시간 | 环境 huánjìng 명 환경 | 美 měi 형 아름답다, 예쁘다

051

Zhè shì míngtiān de huǒchē piào.
这 是 明天 的 火车 票。

이건 내일 기차표입니다.

단어 明天 míngtiān 명 내일 | 火车票 huǒchēpiào 명 기차표

해설 '这是明天的火车票'에서 기차표이긴 하나, 때(내일)를 강조한 '이것은 내일 기차표입니다'라고 했으므로 '시간을 잘못 봤다'고 한 '对不起, 是我错了时间'이 오는 것이 문맥상 어울린다.

정답 D

052

Zhè běn shū shì zhōngxuéshēng xiě de, zhēn búcuò!
这 本 书 是 中学生 写 的，真 不错！

이 책은 중·고등학생이 쓴 거야, 정말 대단해!

단어 本 běn 양 권(책 등을 세는 단위) | 书 shū 명 책 | 中学生 zhōngxuéshēng 명 중·고등학생 | 写 xiě 동 쓰다 | 真 zhēn 부 정말로, 참으로 | 不错 búcuò 형 좋다, 잘하다

해설 '这本书是中学生写的'에서 이 책을 중·고등학생이 썼다고 했는데 그 학생을 지칭하는 말인 '那个孩子'가 있는 '我认识那个孩子, 他就住在我们对面的'가 와서 두 문장이 이어진다는 것을 알 수 있다.

정답_C

053

Yǒu hěn duō lǜshù、xiǎocǎo hé xiānhuā.
有 很 多 绿树、小草 和 鲜花。

푸르른 나무와 풀 그리고 꽃이 있어.

단어 绿树 lǜshù 명 푸른 잎이 무성한 나무 | 草 cǎo 명 풀 | 和 hé 전 ~와(과) | 鲜花 xiānhuā 명 생화, 꽃

해설 '有很多绿树、小草和鲜花'에서 푸른 나무와 풀 그리고 꽃이 있다고 했는데 이는 주위 환경을 이야기하는 것임을 알 수 있다. 그러므로 이곳의 환경이 아름답다고 말한 '这里的环境很美'가 이어지는 것이 자연스럽다.

정답_F

054

Tā měitiān yí ge rén pǎobù.
他 每天 一 个 人 跑步。

그는 매일 혼자 조깅한다.

단어 跑步 pǎobù 통 달리다

해설 '他每天一个人跑步'에서 그는 매일 혼자 조깅한다는 것에서 운동 관련 주제임을 알 수 있으며, 이는 보기의 우리와 함께 농구하는 것을 좋아하지 않는다는 문장 '他不喜欢和我们一起打篮球'와 의미상 연결된다.

정답 **A**

055

Wǒ qùguo Běijīng   Shànghǎi děng hěn duō dìfang.
我 去过 北京、 上海 等 很 多 地方。

나는 베이징과 상하이 등 많은 곳에 가 봤어요.

단어 过 guo 조 ~한 적이 있다 | 北京 Běijīng 명 베이징 | 上海 Shànghǎi 명 상하이 | 等 děng 조 등(나열하는 말 뒤에 쓰임) | 地方 dìfang 명 곳, 장소

해설 '我去过北京、上海等很多地方'에서 베이징과 상하이 같은 많은 곳에 가 봤다고 말하고 있는데 이는 '너는 여행을 좋아하니 많은 곳에 가 봤겠지?'라는 '你喜欢旅游, 可能去过不少地方吧'에 대한 대답임을 알 수 있다.

정답 **B**

Tip 동태조사 '过'

'过'는 동사 뒤에 놓여서 동작을 해 본 경험이 있다는 것을 나타낸다.

① 긍정형 : 주어 + 동사 + 过 + 목적어
   我去过中国。 Wǒ qùguo Zhōngguó. 나는 중국에 가 본 적이 있다.
   他吃过中国菜。 Tā chīguo Zhōngguó cài. 그는 중국 음식을 먹어 본 적이 있다.

② 부정형 : 주어 + 没 + 동사 + 过 + 목적어
   我没去过中国。 Wǒ méi qùguo Zhōngguó. 나는 중국에 가 본 적이 없다.
   他没吃过中国菜。 Tā méi chīguo Zhōngguó cài. 그는 중국 음식을 먹어 본 적이 없다.

● 56~60번 : 주어진 문장과 어울리는 문장을 보기에서 찾아 보세요.

056-060

A　Zhōngguórén xǐhuan chī jiǎozi. 　　中国人 喜欢 吃 饺子。	A 중국인은 만두를 즐겨 먹는다.
B　Tā gèzi gāo, dǎ lánqiú yídìng hěn hǎo. 　　他 个子 高, 打 篮球 一定 很 好。	B 그는 키가 크니 분명히 농구를 잘할거야.
C　Nǐmen yào xiàng zuǒbian zǒu. 　　你们 要 向 左边 走。	C 왼쪽으로 가야 합니다.
D　Tiānqì yùbào shuō yǒu yǔ,　nǐ dài yǔsǎn ba. 　　天气 预报 说 有 雨, 你 带 雨伞 吧。	D 일기 예보에서 비가 온다고 했으니 우산 가져가.
E　Wǒ kàn, nǐmen shì hěn hǎo de péngyou. 　　我 看, 你们 是 很 好 的 朋友。	E 내가 볼 때 너희 둘은 좋은 친구인 것 같아.

단어 中国人 Zhōngguórén 몡 중국인 | 喜欢 xǐhuan 동 좋아하다 | 吃 chī 동 먹다 | 饺子 jiǎozi 몡 만두 | 个子 gèzi 몡 (사람의) 키 | 高 gāo 형 (높이가) 높다, (키가) 크다 | 打篮球 dǎ lánqiú 동 농구를 하다 | 一定 yídìng 부 반드시 | 要 yào 조동 마땅히 ~해야만 한다, ~해야 한다 | 向 xiàng 전 ~(으)로, ~에게, ~을(를) 향하여 | 左边 zuǒbian 몡 좌(측), 왼쪽, 왼편 | 走 zǒu 동 가다, 걷다 | 天气预报 tiānqì yùbào 몡 일기 예보 | 雨 yǔ 몡 비 | 带 dài 동 (몸에) 지니다, 휴대하다 | 雨伞 yǔsǎn 몡 우산 | 吧 ba 조 문장 맨 끝에 쓰여, 제의 · 청유 · 명령 등의 어기를 나타냄 | 看 kàn 동 ~라고 보다, ~라고 생각하다 | 朋友 péngyou 몡 친구

056

Nà kě bù yídìng a, děi kànguo le cái zhīdào. 那 可 不 一定 啊, 得 看过 了 才 知道。	그건 모르지, 봐야 알지.

단어 那 nà 대 그(저)것 | 可 kě 부 평서문에 쓰여 강조를 나타냄 | 不一定 bù yídìng 형 확정할 수 없다, 확정적이지 않다 | 得 děi 조동 ~해야 한다 | 才 cái 부 오직 ~해야만, 비로소 | 知道 zhīdào 동 알다

해설 '那可不一定啊'에서 그건 모른다고 했으므로 보기 중에서 '那'가 가리키는 것이 무엇인지를 찾아야 한다. 여기서 '那'가 가리키는 것은 그는 키가 크니 반드시 농구를 잘할 거라고 생각하는 것, 즉 '他个子高, 打篮球一定很好' 이므로, 이에 대한 대답은 '그건 모르지, 봐야 알지'와 문맥상 어울린다.

정답 _ **B**

057

Bú dài le, tiān zhème qíng, nǎli xià de yǔ ya.
不 带 了，天 这么 晴，哪里 下 的 雨 呀。

안 가져갈래. 날씨가 이렇게 좋은데 무슨 비가 온다고 그래.

단어 带 dài 통 (몸에) 지니다, 가지다 | 天 tiān 명 날씨 | 这么 zhème 대 이런, 이러한 | 晴 qíng 형 맑다 | 哪里 nǎli 대 어디, 어떻게 | 下 xià 통 내리다, 떨어지다

해설 안 가져간다고 한 '不带了'는 우산을 가져가라고 한 '你带雨伞吧'에 대한 대답임을 알 수 있다. 그리고 날씨 관련 주제로 이어지며, '天气预报说有雨'에서 '일기 예보에서 비가 온다고 했어'라는 말에 '天这么晴, 哪里下的雨呀(날씨가 이렇게 좋은데 무슨 비가 온다고 그래)'라고 대답하고 있다.

정답_ **D**

058

Wǒmen shì tóngxué, chángcháng zài yìqǐ.
我们 是 同学， 常常 在 一起。

우리는 같은 반이어서 늘 함께 있어.

단어 同学 tóngxué 명 학우, 학교 친구 | 常常 chángcháng 부 늘, 자주 | 在 zài 통 ~에 있다 | 一起 yìqǐ 명 한곳, 같은 곳 부 같이, 함께

해설 '我们是同学, 常常在一起(우리는 같은 반이어서 늘 함께 있다)'에서 우정과 관련된 문장임을 알 수 있는데 이는 좋은 친구라는 뜻의 '我看, 你们是很好的朋友'와 문맥상 어울린다.

정답_ **E**

059

> Zài shāngdiàn li kěyǐ mǎi dào, yě kěyǐ
> 在 商店 里可以 买 到，也 可以
> zìjǐ bāo.
> 自己 包。

상점에서 사도 되고, 자기가 빚어도 된다.

단어 商店 shāngdiàn 명 상점, 판매점 | 可以 kěyǐ 조동 ~해도 좋다, ~해도 된다 | 买 mǎi 동 사다, 구매하다 | 也 yě 부 ~도 | 自己 zìjǐ 대 자기, 자신 | 包 bāo 동 빚다, 싸다

해설 '也可以自己包'에서 자기가 빚어도 된다고 했으므로 '(만두를) 빚다'는 뜻을 가진 '包'를 통해 공통된 주제를 찾을 수 있다. 따라서 '중국인은 만두를 즐겨 먹는다'는 '中国人喜欢吃饺子' 문장과 어울린다.

정답_ A

Tip 조동사 '可以'

① ~할 수 있다
  今天我可以去。 Jīntiān wǒ kěyǐ qù. 나는 오늘 갈 수 있다.
  他可以游100米。 Tā kěyǐ yóu yì bǎi mǐ. 그는 수영해서 100미터 갈 수 있다. *游 yóu 수영하다

② ~해도 된다
  我可以进来吗? Wǒ kěyǐ jìnlái ma? 제가 들어가도 됩니까?
  这儿可以照相。 Zhèr kěyǐ zhàoxiàng. 이곳에서 사진을 찍어도 됩니다.

060

> Wǒmen yào qù huǒchēzhàn, qǐngwèn zěnme zǒu?
> 我们 要 去 火车站， 请问 怎么 走？

우리는 기차역에 가려고 하는데 어떻게 가나요?

단어 要 yào 조동 ~하려 하다 | 火车站 huǒchēzhàn 명 기차역 | 请问 qǐngwèn 동 말씀 좀 여쭙겠습니다 | 怎么 zěnme 대 어떻게 | 走 zǒu 동 가다

해설 '기차역에 가려고 하는데 어떻게 가나요?'라고 했으므로 길을 묻고 있음을 알 수 있다. '왼쪽으로 가야 한다'고 한 '你们要向左边走'가 어울린다.

정답_ C

新HSK 모의고사 2級

4회 해설

一、听力

第一部分

● 1~10번 : 들려주는 내용과 그림이 일치하는지 판단해 보세요.

001

🔊 Zuótiān tā mǎile yí jiàn yīfu.
昨天 他 买了 一 件 衣服。
어제 그는 옷 한 벌을 샀다.

단어 昨天 zuótiān 명 어제 | 买 mǎi 동 사다, 구매하다 | 件 jiàn 양 벌, 건(옷이나 사건 등을 세는 단위) | 衣服 yīfu 명 옷

해설 '买了一件衣服'에서 옷 한 벌을 샀다고 했으나 주어진 그림은 컵이므로 내용과 그림이 일치하지 않는다. 컵은 '杯子 bēizi'이다.

정답_ X

002

🔊 Wǒ hěn cháng shíjiān méiyǒu hé māma jiànmiàn le.
我 很 长 时间 没有 和 妈妈 见面 了。
나는 오랫동안 엄마와 만나지 못했다.

단어 长 cháng 형 (시간이) 길다, 오래다 | 时间 shíjiān 명 시간 | 和 hé 전 ~와(과) | 妈妈 māma 명 엄마, 어머니 | 见面 jiànmiàn 동 만나다

해설 '没有和妈妈见面了'에서 엄마와 만나지 못했다고 하고 있는데 주어진 그림은 엄마와 함께 있는 그림이므로 내용과 그림이 일치하지 않는다.

정답_ X

003

Tā de zhuōzi shang yǒu hěn duō shū.
他 的 桌子 上 有 很 多 书。
그의 책상 위에는 많은 책이 있다.

단어 桌子 zhuōzi 명 탁자, 책상 | 有 yǒu 동 있다 | 书 shū 명 책

해설 '桌子上有很多书'에서 책상 위에 많은 책이 있다고 했으므로 책상 위에 책이 많이 쌓여 있는 그림과 일치한다.

정답 ✓

> **Tip** 존재의 '有, 在'
>
> ① 어떤 장소에 어떤 사물이 있다고 표현할 때는 동사 '有'를 쓴다. (장소 + 有 + 사물)
> 　桌子上有一个杯子。Zhuōzi shang yǒu yí ge bēizi. 탁자 위에 컵 하나가 있다.
> 　东边有一个商店。Dōngbiān yǒu yí ge shāngdiàn. 동쪽에 상점이 하나 있다.
>
> ② 어떤 사물이 어떤 장소에 있다고 표현할 때는 동사 '在'를 쓴다. (사물 + 在 + 장소)
> 　你的杯子在桌子上。Nǐ de bēizi zài zhuōzi shang. 네 컵은 탁자 위에 있다.
> 　他在教室里。Tā zài jiàoshì li. 그는 교실에 있다.

004

Háizimen zài tī zúqiú ne.
孩子们 在 踢 足球 呢。
아이들이 축구를 하고 있다.

단어 孩子 háizi 명 아이, 어린이 | 在~呢 zài~ne 마침 ~하고 있다, 막 ~하고 있는 중이다 | 踢足球 tī zúqiú 동 축구를 하다

해설 '在踢足球呢'에서 축구를 하고 있다고 했으나 그림에서는 학생들이 서예를 하고 있으므로 내용과 그림이 일치하지 않는다. 서예는 '书法 shūfǎ'이다.

정답 X

005

◁)) Nín hǎo, qǐng ràng wǒ kàn yíxià nín de piào.
您好，请 让 我 看 一下 您 的 票。

안녕하세요, 표 좀 보여 주십시오.

단어 请 qǐng 동 (상대가 어떤 일을 하기 바라는 의미로) ~하세요 | 让 ràng 동 ~로 하여금 ~하게 하다 | 一下 yíxià 수량 동사 뒤에 쓰여 '시험 삼아 해 보다' 또는 '좀 ~하다'의 뜻을 나타냄

해설 '请让我看一下您的票'에서 표를 보여 달라고 했고 주어진 그림은 베이징까지 가는 기차표이기 때문에 문장과 그림이 일치한다. 기차표는 '火车票 huǒchēpiào'이다.

정답 ✓

006

◁)) Tā àihào yùndòng, chángcháng pǎobù.
他 爱好 运动， 常常 跑步。

그는 운동을 좋아해서 늘 조깅한다.

단어 爱好 àihào 동 ~하기를 즐기다 | 运动 yùndòng 명동 운동(하다) | 常常 chángcháng 부 늘, 자주 | 跑步 pǎobù 동 달리다

해설 '常常跑步'에서 자주 조깅한다고 했으나 주어진 그림은 수영을 하고 있는 그림이므로 문장과 그림이 일치하지 않는다. 수영하다는 '游泳 yóuyǒng'이다.

정답 X

007

🔊 Tā hái méi qǐchuáng, tā shēngbìng le.
她 还 没 起床， 她 生病 了。
그녀는 병이 나서 아직 일어나지 않았다.

단어 起床 qǐchuáng 동 (잠자리에서) 일어나다 | 生病 shēngbìng 동 병이 나다

해설 '还没起床'에서 그녀는 아직 안 일어나지 않았다고 했으므로 침대에서 자고 있는 여자의 그림과 일치한다.

정답 ✓

008

🔊 Jīntiān shì xīngqītiān, xuéshengmen bú shàngkè.
今天 是 星期天， 学生们 不 上课。
오늘은 일요일이어서 학생들은 수업하지 않는다.

단어 星期天 xīngqītiān 명 일요일 | 上课 shàngkè 동 수업을 듣다

해설 '学生们不上课'에서 학생들은 수업하지 않는다고 했으나 주어진 그림은 학생들이 수업을 듣고 있는 그림이므로 문장과 그림이 일치하지 않는다.

정답 ✗

009

🔊 Xiànzài kuài shí'èr diǎn le ba?
现在 快 十二 点 了 吧?
이제 곧 12시가 되죠?

🔖 **단어** 现在 xiànzài 몡 지금, 현재 | 快~了 kuài~le 곧~하다

🔍 **해설** '快十二点了'에서 곧 12시가 된다고 했으므로 11시 58분대를 가리키며 12시를 향해 가고 있는 시계 그림과 일치한다.

정답_ √

010

🔊 Měitiān zǎoshang hé bàba, māma yìqǐ kàn bàozhǐ.
每天 早上 和 爸爸、妈妈 一起 看 报纸。
매일 아침 아빠, 엄마와 함께 신문을 본다.

🔖 **단어** 早上 zǎoshang 몡 아침 | 一起 yìqǐ 부 같이, 함께 | 报纸 bàozhǐ 몡 신문

🔍 **해설** '和爸爸、妈妈一起看报纸'에서 아빠, 엄마와 함께 신문을 본다고 했으므로 세 식구가 함께 신문을 보고 있는 그림과 일치한다.

정답_ √

第二部分

● 11~20번 : 들려주는 내용을 잘 듣고, 보기에서 알맞은 그림을 찾아 보세요.

011-020

A ▶ 우산
B ▶ 태극기
C ▶ 아프다
D ▶ 축구를 하다
E ▶ 사과
F ▶ 기쁘다

011

男: Nín hǎo, qǐngwèn Zhāng lǎoshī zài ma?
您好，请问 张 老师 在 吗?

女: Tā shēngbìng le, méi lái shàngbān.
他 生病 了，没 来 上班。

남: 안녕하세요, 실례지만 장 선생님 계신가요?
여: 편찮으셔서 출근 안 하셨어요.

단어 老师 lǎoshī 명 선생님 | 生病 shēngbìng 동 병이 나다 | 上班 shàngbān 동 출근하다

해설 '他生病了'에서 그는 아프다고 했으므로 사람이 병상에 누워 있는 그림을 찾으면 된다.

정답_ C

012

男: Nǐ shì cóng nǎr lái de?
　　你 是 从 哪儿 来 的?

女: Wǒ shì cóng Hánguó lái de.
　　我 是 从 韩国 来 的。

남: 당신은 어디에서 오셨어요?
여: 저는 한국에서 왔습니다.

단어 从 cóng 전 ~부터 | 哪儿 nǎr 대 어디, 어느 곳 | 韩国 Hánguó 명 한국

해설 '从韩国来的'에서 한국에서 왔다고 했으므로 한국 국기인 태극기가 있는 그림을 찾으면 된다. '你是从哪儿来的?'는 출신을 묻는 표현이다.

정답_ B

013

男: Nǐ zěnme zhème gāoxìng?
　　你 怎么 这么 高兴?

女: Wǒ bàba yào lái kàn wǒ.
　　我 爸爸 要 来 看 我。

남: 너 왜 이렇게 신났어?
여: 아빠가 나를 보러 오신대.

단어 怎么 zěnme 대 왜, 어째서 | 这么 zhème 대 이런, 이러한 | 高兴 gāoxìng 형 기쁘다, 즐겁다 | 要 yào 조동 ~하려고 하다

해설 '你怎么这么高兴'에서 왜 이렇게 신났냐고 했으므로 신나서 활짝 웃고 있는 그림을 찾으면 된다.

정답_ F

014

男: Nǐ zěnme bú qù?
你 怎么 不 去?

女: Wàibian xià yǔ le.
外边 下 雨 了。

남: 너 왜 안 가니?
여: 밖에 비가 와.

단어 怎么 zěnme 때 왜, 어째서 | 外边 wàibian 명 밖, 바깥 | 下雨 xià yǔ 동 비가 오다

해설 '下雨了'라고 했으므로 우산이 있는 그림을 찾으면 된다. 우산은 '雨伞 yǔsǎn'이다.

정답_ A

015

男: Píngguǒ duōshao qián yì jīn?
苹果 多少 钱 一 斤?

女: Sān kuài qián yì jīn.
三 块 钱 一 斤。

남: 사과 한 근에 얼마예요?
여: 한 근에 3위안입니다.

단어 苹果 píngguǒ 명 사과 | 多少 duōshao 때 얼마, 몇 | 钱 qián 명 돈, 화폐 | 斤 jīn 양 근(무게 단위) | 块 kuài 양 중국의 화폐 단위이며, '元'에 해당함

해설 '苹果多少钱一斤'에서 사과는 한 근에 얼마인지 묻고 있으므로 사과 그림을 찾으면 된다.

정답_ E

016-020

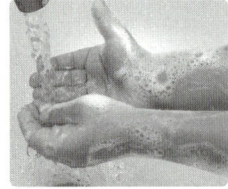
▶ 손을 씻다

▶ 기차표를 사다

▶ 4명의 학생

▶ 책을 보다

▶ 물을 마시다

016

女: Zhīdào ma, wàimian xià xuě le, kě piàoliang le!
知道 吗, 外面 下 雪 了, 可 漂亮 了!

男: Shì ma? Wǒmen zài túshūguǎn kàn shū, méi kànjiàn.
是 吗? 我们 在 图书馆 看 书, 没 看见。

여: 알고 있어요? 밖에 눈이 내리는데 너무 예뻐요!
남: 그래요? 우리는 도서관에서 책 보느라 못 봤어요.

단어 知道 zhīdào 동 알다, 이해하다 | 外面 wàimian 명 바깥 | 下雪 xià xuě 동 눈이 내리다 | 可 kě 부 매우(강조를 나타냄) | 漂亮 piàoliang 형 예쁘다 | 图书馆 túshūguǎn 명 도서관 | 看书 kàn shū 동 책을 보다 | 看见 kànjiàn 동 보다, 보이다

해설 '在图书馆看书'에서 도서관에서 책을 봤다고 했으므로 책을 보고 있는 그림을 찾으면 된다.

정답_ D

017

男: Xiànzài xiàkè le, nǐ yào qù nǎr?
　　现在 下课 了，你 要 去 哪儿?

女: Wǒ yào qù huǒchēzhàn, mǎi huǒchē piào.
　　我 要 去 火车站，买 火车票。

남: 수업 끝났는데 어디 가려고?
여: 나는 기차역에 가서 기차표를 사야 해.

단어 现在 xiànzài 명 지금, 현재 | 下课 xiàkè 동 수업이 끝나다, 수업을 마치다 | 哪儿 nǎr 대 어디, 어느 곳 | 要 yào 조동 ~하려고 한다 | 火车站 huǒchēzhàn 명 기차역 | 火车票 huǒchēpiào 명 기차표

해설 '我要去火车站, 买火车票'에서 기차역에 가서 기차표를 살 거라고 했으므로 기차역 매표소에서 표를 사고 있는 그림을 찾으면 된다.

정답 B

018

女: Xiǎo Wáng, nǐ zài zuò shénme?
　　小 王，你 在 做 什么?

男: Wǒ zài xǐshǒu ne.
　　我 在 洗手 呢。

여: 샤오왕, 너 뭐하고 있어?
남: 손 씻고 있어.

단어 在 zài 부 ~하고 있다 | 做 zuò 동 하다 | 洗手 xǐshǒu 동 손을 씻다

해설 '在洗手呢'에서 손을 씻고 있다고 했으므로 손을 씻고 있는 그림을 찾으면 된다.

정답 A

019

🔊 男: Jiàoshì li yǒu jǐ ge xuésheng?
　　　教室 里 有 几 个 学生？

　　女: Jiàoshì li yǒu sì ge xuésheng.
　　　教室 里 有 四 个 学生。

남: 교실에 몇 명의 학생이 있나요?
여: 교실엔 네 명의 학생이 있어요.

단어 教室 jiàoshì 몡 교실 | 学生 xuésheng 몡 학생

해설 '教室里有四个学生'에서 교실에 네 명의 학생이 있다고 했으므로 교실에 네 명의 학생이 앉아 있는 그림을 찾으면 된다.

정답_ **C**

020

🔊 男: Nǐ xiǎng hē chá?
　　　你 想 喝 茶？

　　女: Wǒ bù xiǎng hē chá, wǒ xiǎng hē shuǐ.
　　　我 不 想 喝 茶, 我 想 喝 水。

남: 너 차 마시고 싶니?
여: 난 차는 마시고 싶지 않고 물을 마시고 싶어.

단어 想 xiǎng 조동 ~하고 싶다 | 喝 hē 동 마시다 | 茶 chá 몡 차 | 水 shuǐ 몡 물

해설 '想喝水'에서 물을 마시고 싶다고 했으므로 여자가 물을 마시고 있는 그림을 찾으면 된다.

정답_ **E**

第三部分

● 21~30번 : 들려주는 내용을 잘 듣고, 질문에 알맞은 답을 고르세요.

021

男: Nǐmen zhèlǐ yǒu méiyǒu Hánguó cài?
你们 这里 有 没有 韩国 菜?

女: Yǒu, wǒmen hái yǒu Zhōngguó cài.
有, 我们 还 有 中国 菜。

问: Tāmen zuì kěnéng zài nǎli?
他们 最 可能 在 哪里?

A jiā li 家里
B shāngdiàn 商店
✓C fàndiàn 饭店

남: 여기 한국 요리를 하나요?
여: 네, 저희 중국 요리도 해요.

질문: 그들은 어디에 있나?

A 집   B 상점   C 식당

단어 韩国 Hánguó 명 한국 | 还 hái 부 또, 더 | 中国 Zhōngguó 명 중국 | 菜 cài 명 요리 | 商店 shāngdiàn 명 상점, 판매점 | 饭店 fàndiàn 명 식당

해설 '这里有没有韩国菜'에서 여기에서 한국 요리를 하는지 묻고 있으므로 그들이 식당에 있음을 알 수 있다.

정답 C

Tip 나라 이름

中国 Zhōngguó 중국   美国 Měiguó 미국   英国 Yīngguó 영국
韩国 Hánguó 한국   日本 Rìběn 일본   加拿大 Jiānádà 캐나다

022

🔊 女: Wǒmen qù Běijīng de shíhòu, zuò fēijī qù
我们 去 北京 的 时候, 坐 飞机 去
ma?
吗?

男: Zuò huǒchē qù jiù xíng, liǎng ge xiǎoshí jiù néng
坐 火车 去 就 行, 两 个 小时 就 能
dào.
到。

问: Tāmen zěnme qù Běijīng?
他们 怎么 去 北京?

A zuò gōnggòng qìchē
坐 公共汽车

✓B zuò huǒchē
坐 火车

C zuò chūzūchē
坐 出租车

여: 우리 베이징에 갈 때 비행기 타고 가?
남: 기차 타고 가도 돼. 2시간 이면 도착하거든.

질문: 그들은 베이징에 어떻게 가나?

A 버스를 탄다
B 기차를 탄다
C 택시를 탄다

단어 北京 Běijīng 몡 베이징 | 坐 zuò 동 (교통수단을) 타다 | 飞机 fēijī 몡 비행기 | 火车 huǒchē 몡 기차 | 行 xíng 동 좋다, ~해도 된다 | 能 néng 조동 ~할 수 있다 | 公共汽车 gōnggòng qìchē 몡 버스 | 出租车 chūzūchē 몡 택시

해설 '坐火车去就行'에서 기차를 타고 가도 된다고 했으므로 그들은 베이징에 기차를 타고 갈 것이라는 것을 알 수 있다.

정답_ B

> **Tip 교통수단**
>
> ① '坐(zuò)'와 결합하는 교통수단
> 公共汽车 gōnggòng qìchē 버스　　出租车 chūzūchē 택시　　汽车 qìchē 자동차
> 火车 huǒchē 기차　　　　　　　地铁 dìtiě 지하철　　　飞机 fēijī 비행기
>
> ② '骑(qí)'와 결합하는 교통수단
> 自行车 zìxíngchē 자전거

023

🔊 男: Hòutiān yǒu zúqiú bǐsài, nǐ xiǎng qù kàn ma?
　　后天 有 足球 比赛, 你 想 去 看 吗?

女: Hěn duō nǚháizi dōu bù xǐhuan kàn, kě wǒ
　　很 多 女孩子 都 不 喜欢 看, 可 我
　　bú shì.
　　不 是。

问: Nǚ de xǐhuan kàn zúqiú bǐsài ma?
　　女 的 喜欢 看 足球 比赛 吗?

　　　xǐhuan　　　　bù xǐhuan　　　bù zhīdào
✔A 喜欢　　　B 不 喜欢　　　C 不 知道

남: 모레 축구 시합이 있는데, 너 보러 갈래?
여: 많은 여자애들은 축구 경기 보는 거 안 좋아하지만 난 아니야.

질문: 여자는 축구 경기 보는 것을 좋아하나?

A 좋아한다　B 싫어한다　C 모른다

단어 后天 hòutiān 명 모레 | 足球 zúqiú 명 축구 | 比赛 bǐsài 명 경기, 시합 | 想 xiǎng 조동 ~하고 싶다 | 女孩子 nǚháizi 명 여자아이 | 喜欢 xǐhuan 동 좋아하다 | 可 kě 접 그러나

해설 '很多女孩子都不喜欢看, 可我不是'에서 많은 여자애들은 축구 경기 보는 거 안 좋아하지만 난 아니라고 했으므로 여자는 다른 여자아이들과는 달리 축구 경기 보는 것을 좋아한다는 것을 알 수 있다.

정답_ A

024

🔊 男: Nǐ yǒu háizi ma?
　　你 有 孩子 吗?

女: Wǒ hái méi jiéhūn ne, nǎ huì yǒu háizi?
　　我 还 没 结婚 呢, 哪 会 有 孩子?

问: Nǚ de shì shénme yìsi?
　　女 的 是 什么 意思?

　　　yǒu háizi
A 有 孩子

　　　méiyǒu háizi
✔B 没有 孩子

　　　jiéhūn le
C 结婚 了

남: 당신은 아이 있으세요?
여: 저는 아직 결혼도 안 했는데, 어떻게 애가 있겠어요?

질문: 여자의 말은 무슨 뜻인가?

A 아이가 있다
B 아이가 없다
C 결혼했다

단어 还 hái 부 아직, 아직도 | 结婚 jiéhūn 동 결혼하다

해설 '我还没结婚呢, 哪会有孩子?'는 '저는 아직 결혼도 안 했는데, 어떻게 애가 있겠어요?'라는 뜻이며 이는 결혼을 안 했으므로 애도 없다는 뜻이다.

정답_ B

025

男: Zhèlǐ yǒu kòng fángjiān ma?
这里 有 空 房间 吗?

女: Xiànzài lǚyóu de rén hěn duō, yǐjīng méiyǒu kòng fángjiān le.
现在 旅游 的 人 很 多, 已经 没有 空 房间 了。

问: Tāmen zuì kěnéng zài nǎr?
他们 最 可能 在 哪儿?

A 学校 xuéxiào   ✓B 宾馆 bīnguǎn   C 医院 yīyuàn

남: 여기 빈방 있습니까?
여: 지금 여행객이 많아서 방이 다 나갔어요.

질문: 그들은 어디에서 대화하고 있나?

A 학교   B 호텔   C 병원

단어 空 kòng 형 비다, 텅 비다 | 房间 fángjiān 명 방 | 旅游 lǚyóu 동 여행하다, 관광하다 | 多 duō 형 (수량이) 많다 | 已经 yǐjīng 부 이미, 벌써 | 没有~了 méiyǒu ~le 없어졌다, 떨어졌다

해설 '现在旅游的人很多, 已经没有空房间了'에서 지금은 여행객이 많아서 방이 다 나갔다고 했으므로 여행객과 빈방이라는 단어를 통해 그들이 호텔에 있음을 알 수 있다.

정답_ B

026

女: Hòutiān shíliù hào, wǒ yào qù Shànghǎi.
后天 16 号, 我 要 去 上海。

男: Nǐ bú shì shuō, jīntiān qù ma?
你 不 是 说, 今天 去 吗?

问: Nán de rènwéi nǚ de shénme shíhou qù Shànghǎi?
男 的 认为 女 的 什么 时候 去 上海?

✓A 14 号 shísì hào   B 15 号 shíwǔ hào   C 16 号 shíliù hào

여: 모레 16일에 나 상하이에 가.
남: 너 오늘 간다고 하지 않았어?

질문: 남자는 여자가 언제 상하이로 간다고 생각하나?

A 14일   B 15일   C 16일

단어 后天 hòutiān 명 모레 | 号 hào 명 일 | 上海 Shànghǎi 명 상하이 | 认为 rènwéi 동 여기다, 생각하다

해설 여자가 '后天16号, 我要去上海'라며 모레인 16일에 상하이에 간다고 했고, 남자는 '你不是说, 今天去吗?'에서 '오늘 간다고 하지 않았어?'라고 했으므로 남자는 여자가 오늘, 즉 14일에 상하이에 간다고 생각했음을 알 수 있다.

정답_ A

027

男: Nǐ juéde chī píngguǒ hǎo háishi chī xīguā hǎo?
你 觉得 吃 苹果 好 还是 吃 西瓜 好?

女: Wǒ juéde chī píngguǒ bǐ chī xīguā hǎo.
我 觉得 吃 苹果 比 吃 西瓜 好。

问: Nǚ de shì shénme yìsi?
女 的 是 什么 意思?

✓ A 吃 苹果 好 chī píngguǒ hǎo

B 吃 西瓜 好 chī xīguā hǎo

C 吃 什么 都 不 好 chī shénme dōu bù hǎo

남: 너는 사과 먹는 게 좋아 아니면 수박 먹는 게 좋다고 생각해?
여: 난 사과 먹는 게 수박 먹는 것보다 좋다고 생각해.

질문: 여자가 한 말의 뜻은?

A 사과 먹는 것이 좋다
B 수박 먹는 것이 좋다
C 무엇을 먹든 모두 안 좋다

단어 觉得 juéde 동 ~라고 여기다 | 苹果 píngguǒ 명 사과 | 还是 háishi 접 또는, 아니면 | 西瓜 xīguā 명 수박 | 比 bǐ 전 ~보다

해설 '我觉得吃苹果比吃西瓜好'에서 사과 먹는 것이 수박 먹는 것보다 좋다고 했다.

정답 A

Tip '比' 비교문

A + 比 + B + 술어(비교 내용): A는 B보다 ~하다

我比他高。Wǒ bǐ tā gāo. 나는 그보다 크다.

这个比那个好。Zhège bǐ nàge hǎo. 이것은 저것보다 좋다.

买这件衣服比买那件衣服好。Mǎi zhè jiàn yīfu bǐ mǎi nà jiàn yīfu hǎo. 이 옷을 사는 것이 저 옷을 사는 것보다 낫다.

028

男: Zhè shì gěi nǐ de shēngrì lǐwù, zhù nǐ
这 是 给 你 的 生日 礼物, 祝 你
shēngrì kuàilè!
生日 快乐!

女: Nǐ jīntiān cái xiǎng qǐlái, wǒ de shēngrì
你 今天 才 想 起来, 我 的 生日
zuótiān dōu guò wán le.
昨天 都 过 完 了。

问: Nǚ de nǎ tiān guò shēngrì?
女 的 哪 天 过 生日?

✔A 昨天 zuótiān   B 今天 jīntiān   C 明天 míngtiān

남: 이건 네 생일 선물이야. 생일 축하해!
여: 오늘에서야 생각난 거야? 내 생일은 어제 이미 지났어.

질문: 여자의 생일은 언제인가?

A 어제   B 오늘   C 내일

단어 给 gěi 동 ~에게 주다 | 生日 shēngrì 명 생일 | 礼物 lǐwù 명 선물 | 祝 zhù 동 기원하다 | 快乐 kuàilè 형 즐겁다, 행복하다 | 才 cái 부 이제야, 비로소 | 想起来 xiǎngqǐlái 생각이 나다 | 过 guò 동 지나가다, 경과하다, 지내다 | 完 wán 동 마치다, 완결되다

해설 '我的生日昨天都过完了'에서 내 생일은 어제 이미 지났다고 했으므로 생일이 어제였음을 알 수 있다.

정답_A

029

女: Jiāli yǒu niúnǎi ma?
家里 有 牛奶 吗?

男: Kěnéng yǒu, yě kěnéng méiyǒu.
可能 有, 也 可能 没有。

问: Nán de shì shénme yìsi?
男 的 是 什么 意思?

A 有 牛奶 yǒu niúnǎi
B 没有 牛奶 méiyǒu niúnǎi
✔C 不 知道 bù zhīdào

여: 집에 우유 있어?
남: 있을 수도 있고 없을 수도 있어요.

질문: 남자가 한 말의 뜻은?

A 우유가 있다
B 우유가 없다
C 모른다

단어 家里 jiāli 명 집, 집안 | 牛奶 niúnǎi 명 우유 | 可能 kěnéng 부 아마도

해설 '可能有, 也可能没有'에서 있을 수도 있고 없을 수도 있다고 했는데 이는 우유가 있는지 없는지 불확실하다는 뜻으로 정확히 모른다는 것을 알 수 있다.

정답_C

030

男: Wǒ xiǎng míngnián kǎo Shǒu'ěr Dàxué.
　　我 想 明年 考 首尔大学。

女: Nǐ měitiān wánr, néng kǎoshàng ma?
　　你 每天 玩儿，能 考上 吗？

问: Nǚ de rènwéi nán de zěnmeyàng?
　　女 的 认为 男 的 怎么样？

A　néng kǎoshàng
　　能 考上

✓B　bù néng kǎoshàng
　　不 能 考上

C　měitiān xuéxí
　　每天 学习

남: 나는 내년에 서울대 입학 시험을 보고 싶어.
여: 매일 노는데, 붙을 수 있을까?

질문: 여자는 남자가 어떻다고 생각하나?

A 붙을 수 있다
B 붙을 수 없다
C 매일 공부한다

단어 想 xiǎng 조동 ~하고 싶다 | 考 kǎo 동 시험을 보다 | 首尔 Shǒu'ěr 명 서울 | 大学 dàxué 명 대학 | 玩儿 wánr 동 놀다, 즐기다 | 能 néng 조동 ~할 수 있다 | 考上 kǎoshàng 동 시험에 합격하다 | 认为 rènwéi 동 여기다 | 怎么样 zěnmeyàng 대 어떻다

해설 '你每天玩儿，能考上吗?'에서 '매일 노는데, 붙을 수 있을까?'라고 했으므로 여자는 남자가 붙을 수 없을 거라고 생각하고 있음을 알 수 있다.

정답_ B

第四部分

● 31~35번 : 들려주는 내용을 잘 듣고, 질문에 알맞은 답을 고르세요.

031

🔊 女: Nǐmen zhōngwǔ xiūxi duō cháng shíjiān?
你们 中午 休息 多 长 时间?

男: Dōngtiān yí ge bàn xiǎoshí, xiàtiān liǎng ge xiǎoshí.
冬天 一 个 半 小时, 夏天 两 个 小时。

女: Zhōngwǔ huíjiā chīfàn ma?
中午 回家 吃饭 吗?

男: Xiūxi liǎng ge xiǎoshí de shíhou kěyǐ huíjiā.
休息 两 个 小时 的 时候 可以 回家。

问: Nán de shì shénme yìsi?
男 的 是 什么 意思?

A xiàtiān bù huíjiā
夏天 不 回家

✓B dōngtiān bù huíjiā
冬天 不 回家

C měitiān huíjiā
每天 回家

여: 당신은 점심에 얼마 동안 쉬나요?
남: 겨울엔 한 시간 반 쉬고, 여름엔 두 시간 쉽니다.
여: 점심 땐 집에 가서 식사하나요?
남: 두 시간 쉴 때는 집에 갈 수 있죠.

질문: 남자가 한 말의 뜻은?

A 여름에 집에 가지 않는다
B 겨울에 집에 가지 않는다
C 매일 집에 간다

단어 中午 zhōngwǔ 몡 정오, 낮 12시 전후 | 休息 xiūxi 통 휴식하다 | 长 cháng 혱 (시간이) 길다 | 时间 shíjiān 몡 시간 | 冬天 dōngtiān 몡 겨울 | 夏天 xiàtiān 몡 여름 | 回家 huíjiā 통 집으로 돌아가다 | 可以 kěyǐ 조동 ~할 수 있다

해설 '冬天一个半小时, 夏天两个小时'에서 겨울에 한 시간 반 쉬고, 여름에 두 시간 쉰다고 했으며 '休息两个小时的时候可以回家'에서 두 시간 쉴 때는 집에 갈 수 있다고 했으므로 점심시간에 두 시간 쉴 수 있는 여름에는 집에 가며 한 시간 반 쉬는 겨울에는 집에 가지 않는다는 것을 알 수 있다.

정답_ B

032

🔊
女：Wǒ de zìxíngchē huài le, nǐ kěyǐ bāng wǒ xiūyixiū ma?
我的自行车坏了，你可以帮我修一修吗?

男：Wǒ bú huì.
我不会。

女：Nà zěnme bàn?
那怎么办?

男：Nǐ kěyǐ qù xuéxiào de ménkǒu, nàli kěyǐ xiū.
你可以去学校的门口，那里可以修。

问：Nǚ de yào zuò shénme?
女的要做什么?

A mǎi zìxíngchē
　 买 自行车

B zuò qìchē
　 坐 汽车

✓C xiū zìxíngchē
　 修 自行车

여: 내 자전거가 고장 났는데 수리 좀 해줄래?
남: 난 할 줄 몰라.
여: 그럼 어쩌지?
남: 학교 입구로 가봐. 그곳에서 수리할 수 있을 거야.

질문: 여자는 무엇을 하려고 하나?

A 자전거를 사다
B 차를 타다
C 자전거를 수리하다

단어 自行车 zìxíngchē 명 자전거 | 坏 huài 동 고장 나다, 망가지다 | 帮 bāng 동 돕다, 거들다 | 修 xiū 동 수리하다 | 怎么办 zěnme bàn 어쩌나? 어떡해? | 学校 xuéxiào 명 학교 | 门口 ménkǒu 명 입구

해설 '我的自行车坏了，你可以帮我修一修吗？'에서 '내 자전거가 고장 났는데 수리 좀 도와줄래?'라고 했으므로 여자는 자전거를 수리하려 한다는 것을 알 수 있다.

정답_ C

033

男: 你 在 做 什么 呢?
　　Nǐ zài zuò shénme ne?

女: 我 在 写 信。
　　Wǒ zài xiě xìn.

男: 你 为 什么 不 用 电脑?
　　Nǐ wèi shénme bú yòng diànnǎo?

女: 爸爸、妈妈 不 会 用 电脑。
　　Bàba, māma bú huì yòng diànnǎo.

问: 女 的 在 做 什么?
　　Nǚ de zài zuò shénme?

✓ A 写 信　xiě xìn

B 写 作业　xiě zuòyè

C 写 字　xiě zì

남: 너 뭐하고 있어?
여: 편지 쓰고 있어.
남: 왜 컴퓨터로 하지 않아?
여: 아빠, 엄마는 컴퓨터를 못하시거든.

질문: 여자는 무엇을 하고 있나?

A 편지를 쓴다
B 숙제를 한다
C 글씨를 쓴다

단어　在 zài 匣 ~하고 있다 | 做 zuò 匣 하다 | 什么 shénme 匣 무엇, 무슨 | 为什么 wèishénme 왜, 어째서 | 用 yòng 匣 쓰다, 사용하다 | 写 xiě 匣 쓰다 | 信 xìn 匣 편지 | 电脑 diànnǎo 匣 컴퓨터 | 电子邮件 diànzǐ yóujiàn 匣 전자 우편, 이메일

해설　'我在写信'에서 편지를 쓰고 있다고 했으므로 여자는 편지를 쓰고 있음을 알 수 있다.

정답_ A

034

女: Míngtiān nǐ hé wǒ yìqǐ qù shāngdiàn mǎi
　　明天 你 和 我 一起 去 商店 买
　　dōngxi, kěyǐ ma?
　　东西, 可以 吗?

男: Bù xíng, wǒ míngtiān yào qù yīyuàn kàn nǎinai.
　　不 行, 我 明天 要 去 医院 看 奶奶。

女: Bú qù bù xíng ma?
　　不 去 不 行 吗?

男: Bù xíng.
　　不 行。

问: Nán de shì shénme yìsi?
　　男 的 是 什么 意思?

　A　qù shāngdiàn
　　　去 商店

　B　qù mǎi dōngxi
　　　去 买 东西

✔C　qù kàn nǎinai
　　　去 看 奶奶

여: 내일 나랑 같이 상점에 쇼핑하러 가는 거 어때?
남: 안 돼. 나 내일 할머니 뵈러 병원에 가야 해.
여: 안 가면 안 돼?
남: 안 돼.

질문: 남자가 한 말의 뜻은?

A 상점에 간다
B 물건을 사러 간다
C 할머니를 뵈러 간다

단어 明天 míngtiān 명 내일 | 一起 yìqǐ 부 같이, 함께 | 商店 shāngdiàn 명 상점, 판매점 | 东西 dōngxi 명 물건 | 不行 bùxíng 동 안 된다, 허락하지 않다 | 医院 yīyuàn 명 병원 | 奶奶 nǎinai 명 할머니

해설 '不行, 我明天要去医院看奶奶'에서 '안 돼. 나 내일 할머니 뵈러 병원에 가야 해'라고 했으므로 남자는 할머니를 뵈러 병원에 갈 것임을 알 수 있다.

정답 C

035

女: Nǐ gàn shénme ne?
你 干 什么 呢?

男: Wǒ kàn diànshì ne.
我 看 电视 呢。

女: Nǐ de zuòyè xiě wán le ma?
你 的 作业 写 完 了 吗?

男: Míngtiān hái yǒu yì tiān de shíjiān ne.
明天 还 有 一 天 的 时间 呢。

问: Nán de shì shénme yìsi?
男 的 是 什么 意思?

A míngtiān kàn diànshì
　　明天 看 电视

✔B míngtiān xiě zuòyè
　　明天 写 作业

C míngtiān qù xuéxiào
　　明天 去 学校

여: 너 뭐해?
남: 텔레비전 보고 있어.
여: 숙제는 다 했어?
남: 내일 하루 더 남았잖아.

질문: 남자가 한 말의 뜻은?

A 내일 텔레비전을 본다
B 내일 숙제를 한다
C 내일 학교에 간다

단어 干 gàn 동 (일 등을) 하다 | 呢 ne 조 서술문 뒤에 쓰여 동작이나 상황이 지속됨을 나타냄 | 电视 diànshì 명 텔레비전 | 作业 zuòyè 명 숙제, 과제 | 写 xiě 동 (글씨를) 쓰다 | 还 hái 부 또, 더 | 天 tiān 명 일, 날 | 时间 shíjiān 명 시간

해설 '你的作业写完了吗?'에서 '숙제는 다 했어?'라는 질문에 '明天还有一天的时间呢'에서 내일 하루 더 남았다고 말하고 있으므로 남자는 내일 숙제할 것임을 알 수 있다.

정답_ B

二、阅读

第一部分

● 36~40번 : 제시된 문장과 일치하는 그림을 보기에서 찾아 보세요.

036-040

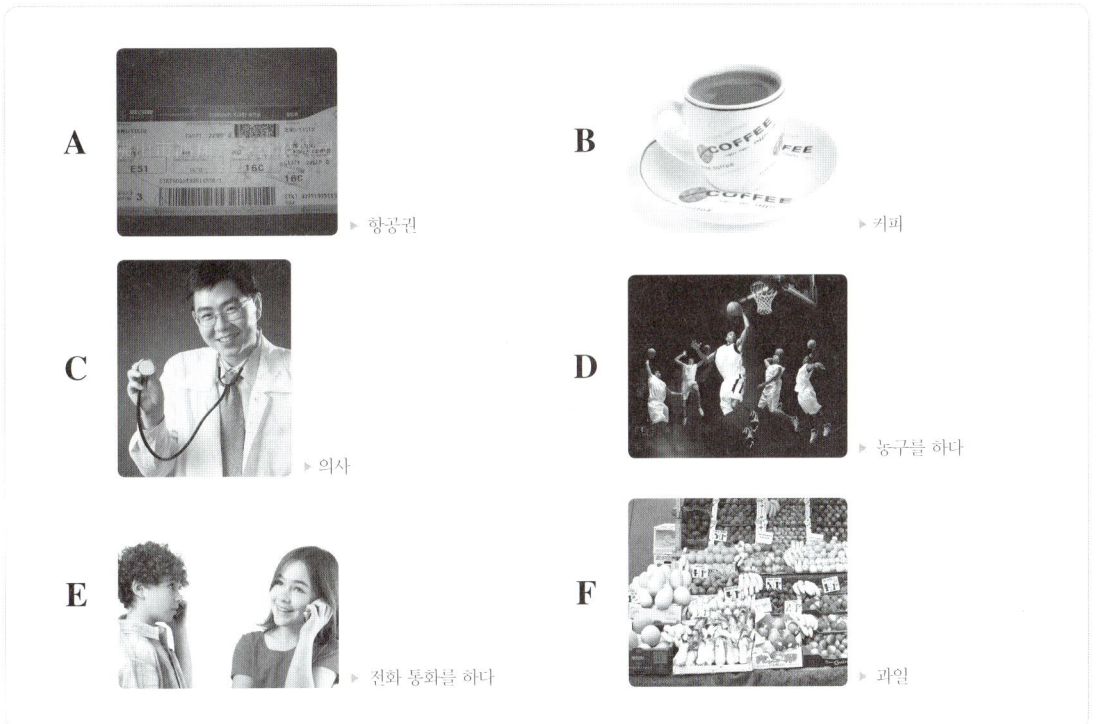

A ▶ 항공권
B ▶ 커피
C ▶ 의사
D ▶ 농구를 하다
E ▶ 전화 통화를 하다
F ▶ 과일

036

Yīshēng ràng tā duō xiūxi, zhèyàng cái néng
医生 让 她 多 休息，这样 才 能
bù shēngbìng.
不 生病。

의사는 그녀에게 푹 쉬어야 이렇게 병에 걸리지 않는다고 했다.

단어 医生 yīshēng 명 의사 | 让 ràng 동 ~로 하여금 ~하게 하다 | 休息 xiūxi 동 휴식하다 | 这样 zhèyàng 대 이렇다, 이와 같다 | 才 cái 부 비로소 | 能 néng 조동 ~할 수 있다 | 生病 shēngbìng 동 병이 나다

해설 '医生让她多休息'에서 의사가 그녀에게 푹 쉬라고 처방을 내리고 있으므로 의사가 있는 그림을 찾으면 된다.

정답 **C**

037

> Kāfēi duì shēntǐ bù hǎo, bú yào hē
> 咖啡 对 身体 不 好, 不 要 喝
> tài duō.
> 太 多。

커피는 몸에 좋지 않으니 너무 많이 마시지 마라.

단어 咖啡 kāfēi 몡 커피 | 对 duì 젠 ~대해서 | 身体 shēntǐ 몡 몸, 신체 | 不要 bú yào 조동 ~하지 마라 | 喝 hē 통 마시다 | 太 tài 뷔 아주, 매우

해설 '咖啡对身体不好'에서 커피는 몸에 좋지 않다고 했으므로 커피 한 잔이 있는 그림을 찾으면 된다.

정답_ B

038

> Tā dào le jīchǎng cái zhīdào, jīpiào méiyǒu
> 他 到 了 机场 才 知道, 机票 没 有
> le.
> 了。

그는 공항에 도착해서야 비로소 비행기 티켓이 없다는 것을 알았다.

단어 到 dào 통 도달하다, 도착하다 | 机场 jīchǎng 몡 공항 | 才 cái 뷔 비로소 | 知道 zhīdào 통 알다 | 机票 jīpiào 몡 비행기 티켓, 항공권

해설 '机票没有了'에서 비행기 티켓이 없다고 했으므로 항공권 그림을 찾으면 된다.

정답_ A

039

> Shāngdiàn li yǒu hěn duō shuǐguǒ, wǒ dōu xiǎng chī.
> 商店 里 有 很 多 水果，我 都 想 吃。

상점에 수많은 과일이 있는데 나는 모두 먹고 싶다.

단어 商店 shāngdiàn 명 상점, 판매점 | 水果 shuǐguǒ 명 과일 | 想 xiǎng 조동 ~하고 싶다

해설 '商店里有很多水果'에서 상점에 수많은 과일이 있다고 했으므로 과일 파는 상점 그림을 찾으면 된다.

정답_ F

040

> Zài xuéxiào li, tóngxuémen kěyǐ yòng shǒujī dǎ diànhuà.
> 在 学校 里，同学们 可以 用 手机 打 电话。

학교에서 학생들은 휴대전화로 전화를 할 수 있다.

단어 学校 xuéxiào 명 학교 | 同学 tóngxué 명 급우, 학교 친구 | 用 yòng 동 쓰다, 사용하다 | 手机 shǒujī 명 휴대전화 | 打电话 dǎ diànhuà 전화를 걸다, 전화하다

해설 '同学们可以用手机打电话'에서 학생들은 휴대전화로 전화를 할 수 있다고 했으므로 두 학생이 휴대전화를 들고 전화 통화하는 그림을 찾으면 된다.

정답_ E

第二部分

● 41~45번 : 괄호 안에 알맞은 단어를 보기에서 찾아 넣어 보세요.

041-045

	qǐng		wèishénme		xiàozhe
A	请	B	为什么	C	笑着
	청하다		왜, 어째서		웃고 있다

	juéde		guì		Běijīng
D	觉得	E	贵	F	北京
	~라고 느끼다, 생각하다		비싸다		베이징

041

Tā   xiàozhe shuō   "Nǐ hǎo!"
她 __C__ 笑着 说   "你好！"。

그녀는 **C 웃으면서** "안녕"이라고 했다.

단어 她 tā 때 그녀 | 说 shuō 통 말하다

해설 '말하다'라는 동사 '说' 앞에 괄호가 있으므로 '说'를 꾸며 주는 말이 필요하다는 것을 알 수 있다. '동사+着' 뒤에 다른 동사가 오면 '~하면서 ~하다'는 뜻이다. 즉, '笑着' 뒤에 '说'가 오면 '웃으면서 말하다'는 뜻이 되므로 '笑着'가 오는 것이 적합하다.

정답_ **C**

> **Tip** 동태조사 '着'
> ① 동작의 지속을 나타낸다.
>   我看着书。Wǒ kànzhe shū. 나는 책을 보고 있다.
>   她写着信。Tā xiězhe xìn. 그녀는 편지를 쓰고 있다.
> ② '동사A+着' 뒤에 다른 동사B가 따라오면 동작이나 행위의 방식을 나타내어 'A하면서 B하다'는 뜻이다.
>   他坐着看书。Tā zuòzhe kàn shū. 그는 앉아서 책을 본다.
>   她躺着听音乐。Tā tǎngzhe tīng yīnyuè. 그녀는 누워서 음악을 듣는다. * 躺 tǎng 눕다

042

Yáng lǎoshī míngtiān   qǐng kèrén dào
杨 老师 明天 __A__ 请 客人 到
zìjǐ   jiā chīfàn.
自己 家 吃饭。

양 선생님은 손님에게 내일 자기 집에 와서 식사하라고 **A 초대했다**.

단어 老师 lǎoshī 명 선생님 | 明天 míngtiān 명 내일 | 客人 kèrén 명 손님, 방문객 | 自己 zìjǐ 때 자기, 자신

해설 양 선생님이 손님에게 자신의 집으로 와서 밥을 먹으라고 ~했다고 했으므로 무엇을 했는지를 나타내는 동사가 와야 한다. 의미상 '초대하다'는 의미의 '请'이 오는 것이 어울린다.

정답_ **A**

043

Hěn duō Zhōngguórén dōu xīwàng dào
很 多 中国人 都 希望 到
Běijīng kànyikàn.
F 北京 看一看。

많은 중국인들은 F 베이징 에 가 보고 싶어한다.

단어 中国人 Zhōngguórén 명 중국인 | 希望 xīwàng 명동 희망(하다), 소망(하다)

해설 '到' 뒤에 괄호가 있으므로 '到'와 어울리는 목적어가 와야 하는데 '到'는 '도착하다, 도달하다'는 뜻으로써 뒤에 장소 목적어가 와야 한다. 보기 중 장소는 '北京' 뿐이며, 의미상 중국인이 가 보고 싶어하는 곳으로 '北京'이 오는 것이 적합하다.

정답 **F**

044

Zhège Zhōngguó chá wǒ juéde hěn
这个 中国 茶 我 D 觉得 很
hǎohē.
好喝。

나는 이 중국 차가 매우 맛있다고 D 생각한다.

단어 茶 chá 명 차 | 好喝 hǎohē 형 (음료수 따위가) 맛있다, 마시기 좋다

해설 '我'와 '매우 맛있다'는 뜻의 '很好喝' 사이에 괄호가 있고, 목적어인 '这个中国茶'는 문장의 맨 앞으로 도치되었다. 이 문장은 '나는 중국차가 맛있다고 (~)'이므로, 전체 술어 자리에 올 수 있으며 내용상으로도 어울리는 '觉得'가 오는 것이 적합하다.

정답 **D**

045

Xiànzài yǐjīng hěn wǎn le, háizi
现在 已经 很 晚 了, 孩子
wèishénme bù huíjiā?
B 为什么 不 回家?

지금 이미 늦었는데 아이가 B 왜 안 돌아오지?

단어 现在 xiànzài 명 지금, 현재 | 已经 yǐjīng 부 이미, 벌써 | 晚 wǎn 형 늦다 | 孩子 háizi 명 아이, 어린이

해설 '现在已经很晚了'를 통해 시간이 많이 늦었음을 알 수 있고, 뒷절을 통해서는 아이가 아직 안 돌아왔음을 알 수 있으므로 아이가 돌아오지 않는 이유를 묻는 말이 어울린다. 따라서 '왜, 어째서'라는 뜻을 가지는 '为什么'가 오는 것이 적합하다.

정답 **B**

第三部分

● 46~50번 : 주어진 문장을 읽고 질문의 내용과 일치하는지 판단해 보세요.

046

Bùguǎn tiānqì hǎobuhǎo, wǒ dōu hé nǐ qù
不管 天气 好不好，我 都 和 你 去
shāngdiàn mǎi yīfu.
商店 买 衣服。

　　　Wǒ bù néng qù shāngdiàn.
问: 我 不 能 去 商店。

날씨가 좋든 나쁘든 나는 너와 함께 상점에 가서 옷을 살 거야.

질문: 나는 상점에 못 간다.

단어 不管 bùguǎn 접 ~을 막론하고 | 天气 tiānqì 명 날씨, 일기 | 商店 shāngdiàn 명 상점, 판매점 | 买 mǎi 동 사다, 구매하다 | 衣服 yīfu 명 옷

해설 '不管天气好不好，我都和你去商店买衣服'에서 날씨가 좋든 나쁘든 나는 너와 함께 상점에 가서 옷을 살 거라고 했으므로 날씨와 상관없이 상점에 간다는 것을 알 수 있다. 질문 문장에서는 상점에 못 간다고 했으므로 일치하지 않는다.

정답 X

Tip 不管A 都B

'A임에 관계없이 B하다'의 뜻으로, 어떠한 조건에서도 결과가 변하지 않음을 나타낸다.

不管什么时候, 都可以去。Bùguǎn shénme shíhou, dōu kěyǐ qù. 언제든지 갈 수 있다.

不管好吃不好吃, 我都要买。Bùguǎn hǎochī bù hǎochī, wǒ dōu yào mǎi. 맛이 있든 없든 나는 살 것이다.

047

Māma bú ràng bàba zài chōuyān le,
妈妈 不 让 爸爸 再 抽烟 了，
kěshì bàba bù tīng
可是 爸爸 不 听。

　　　Bàba chángcháng chōuyān.
问: 爸爸 常常 抽烟。

어머니는 아버지에게 담배를 못 피우게 하셨지만, 아버지는 듣지 않으셨다.

질문: 아버지는 늘 담배를 피운다.

단어 让 ràng 동 ~로 하여금 ~하게 하다 | 再 zài 부 재차, 또 | 抽烟 chōuyān 동 담배를 피우다 | 可是 kěshì 접 그러나, 하지만 | 听 tīng 동 듣다, 따르다 | 常常 chángcháng 부 늘, 자주

해설 '妈妈不让爸爸再抽烟了，可是爸爸不听'에서 어머니가 아버지에게 담배를 못 피우게 하셨지만, 아버지는 듣지 않았다는 것을 알 수 있으므로 아버지는 늘 담배를 피운다는 질문 문장과 일치한다. 이 문장에서 '听'은 '(의견을) 따르다'는 뜻으로 쓰였다.

정답 ✓

048

Tā qù Zhōngguó, zài Běijīng Dàxué xuéxíguo.
他 去 中国, 在 北京大学 学习过。

그는 중국의 베이징 대학에서 공부한 적이 있다.

Tā zhèngzài Běijīng Dàxué xuéxí.
问: 他 正在 北京大学 学习。

질문: 그는 베이징 대학에서 공부하고 있다.

단어 中国 Zhōngguó 명 중국 | 北京 Běijīng 명 베이징 | 大学 dàxué 명 대학 | 学习 xuéxí 동 공부하다, 배우다 | 正在 zhèngzài 부 지금 ~하고 있다

해설 '在北京大学学习过'에서 동사 '学习' 뒤에 붙은 '过'는 과거의 경험을 나타내므로 이 문장은 베이징 대학에 가서 공부한 경험이 있다는 뜻이다. 그러나 질문 문장 '他正在北京大学学习'에서는 동작의 진행을 나타내는 '正在'이 있어 지금 베이징 대학에서 공부하고 있다는 뜻이 되므로 두 문장의 뜻은 일치하지 않는다.

정답 X

049

Wǒ de nánpéngyou gōngzuò hěn máng, yǒu de
我 的 男朋友 工作 很 忙, 有的
shíhou xīngqītiān yě bù néng xiūxi, wǒ hěn
时候 星期天 也 不 能 休息, 我 很
shēngqì.
生气。

내 남자친구는 일이 너무 바빠서 어떤 때는 일요일에도 쉬지 못해 나는 화가 났다.

Wǒ bù xǐhuan nánpéngyou
问: 我 不 喜欢 男朋友。

질문: 나는 남자친구를 좋아하지 않는다.

단어 男朋友 nánpéngyou 명 남자친구 | 工作 gōngzuò 동 일하다 명 직업, 일 | 忙 máng 형 바쁘다 | 有的 yǒude 명 어떤 것, 어떤 사람 | 时候 shíhou 명 때, 시각 | 休息 xiūxi 동 휴식하다 | 生气 shēngqì 동 화내다, 성나다 | 喜欢 xǐhuan 동 좋아하다

해설 '我很生气'에서 나는 화가 났다고 했으며 화가 난 이유는 '我的男朋友工作很忙'에서 일이 너무 바빠서라고 말하고 있으므로 남자친구를 좋아하지 않는다는 질문 문장과 뜻이 일치하지 않는다.

정답 X

050

Wǒ shì yí ge yīshēng, zài yīyuàn li, yīshēng de gōngzuò hěn lèi, dànshì wǒ hěn xǐhuan.
我 是 一 个 医生, 在 医院 里, 医生 的 工作 很 累, 但是 我 很 喜欢。

Wǒ xǐhuan yīshēng de gōngzuò.
问: 我 喜欢 医生 的 工作。

나는 의사이다. 병원에서 의사의 일은 매우 피곤하지만 나는 좋다.

질문: 나는 의사의 일을 좋아한다.

단어 医生 yīshēng 몡 의사 | 医院 yīyuàn 몡 병원 | 工作 gōngzuò 동 일하다 몡 일, 업무 | 累 lèi 형 피곤하다 | 但是 dànshì 접 그러나, 그렇지만

해설 '医生的工作很累, 但是我很喜欢'에서 의사의 일은 매우 피곤하지만 나는 좋다고 했으므로 질문 문장과 의미가 일치한다.

정답 ✓

第四部分

● 51~55번 : 주어진 문장과 어울리는 문장을 보기에서 찾아 보세요.

051-055

A　Wǒ yào mǎi yí ge dàngāo.
　　我 要 买 一 个 蛋糕。

B　Kuài qǐng jìnlái zuò, nǐ xiǎng hē shénme?
　　快 请 进来 坐, 你 想 喝 什么?

C　Xuéxiào de duìmiàn shì shāngdiàn, wǒ yào qù nàli mǎi shǒujī.
　　学校 的 对面 是 商店, 我 要 去 那里 买 手机。

D　Tāmen chángcháng zài yìqǐ.
　　他们 常常 在 一起。

E　Tā zài nǎr ne? Nǐ kànjiàn tā le ma?
　　他 在 哪儿 呢? 你 看见 他 了 吗?

F　Māma měitiān hěn lèi.
　　妈妈 每天 很 累。

A 나는 케이크를 사려고 해.
B 빨리 들어와서 앉아. 뭐 마실래?
C 학교 맞은편에 상점이 있는데 나는 그곳에 가서 휴대전화를 살 거야.
D 그들은 항상 같이 있어.
E 그는 어디에 있니? 넌 그를 봤니?
F 엄마는 매일 피곤하다.

단어 要 yào 조동 ~하려 하다 | 买 mǎi 동 사다 | 蛋糕 dàngāo 명 케이크 | 快 kuài 부 빨리 | 进来 jìnlái 동 들어오다 | 坐 zuò 동 앉다 | 想 xiǎng 조동 ~하고 싶다 | 喝 hē 동 마시다 | 什么 shénme 대 무엇 | 学校 xuéxiào 명 학교 | 对面 duìmiàn 명 맞은편, 건너편 | 商店 shāngdiàn 명 상점, 판매점 | 那里 nàli 대 그곳, 저곳 | 手机 shǒujī 명 휴대전화 | 常常 chángcháng 부 늘, 자주 | 在 zài 동 ~에 있다 | 一起 yìqǐ 부 같이, 함께 | 妈妈 māma 명 엄마, 어머니 | 每天 měitiān 명부 매일 | 累 lèi 형 피곤하다

051

Tiānqì hěn rè, wǒ xiǎng hē shuǐ.
天气 很 热, 我 想 喝 水。

날씨가 더워서 물 마시고 싶어요.

단어 天气 tiānqì 명 날씨 | 热 rè 형 덥다, 뜨겁다 | 喝 hē 동 마시다 | 水 shuǐ 명 물

해설 '天气很热, 我想喝水'에서 날씨가 더워서 물을 마시고 싶다고 한 말은 무엇을 마시겠냐고 한 '快请进来坐, 你想喝什么?'에 대한 대답임을 알 수 있다.

정답 **B**

052

Tā yǒu yí ge piàoliang de nǚpéngyou.
他 有 一 个 漂亮 的 女朋友。

그는 예쁜 여자친구가 있습니다.

단어 漂亮 piàoliang 형 예쁘다 | 女朋友 nǚpéngyou 명 여자친구

해설 '他有一个漂亮的女朋友'에서 그는 예쁜 여자친구가 있다고 했으므로 그들은 항상 함께 있다고 말한 '他们常常在一起'가 이어지는 것이 자연스럽다. '他们'은 그와 그의 여자친구를 가리키는 것이다.

정답_ D

053

Wǒ yào zǎo yìdiǎnr huíjiā zuò fàn,
我 要 早 一点儿 回家 做 饭,

děngzhe māma huíjiā.
等着 妈妈 回家。

나는 좀 일찍 집에 돌아가서 밥을 해 놓고 엄마가 오시기를 기다려야 해.

단어 早 zǎo 형 (때가) 이르다, 빠르다 | 一点儿 yìdiǎnr 수량 조금 | 回家 huíjiā 동 집으로 돌아가다 | 做 zuò 동 하다 | 等 děng 동 기다리다

해설 '我要早一点儿回家做饭, 等着妈妈回家'에서 나는 좀 일찍 집에 돌아가서 밥을 해 놓고 엄마가 오시기를 기다리는 이유는 엄마가 힘드시기 때문이다. 그러므로 엄마는 매일 피곤하다고 한 '妈妈每天很累'가 오는 것이 어울린다.

정답_ F

054

Jīntiān shì tā de shēngrì.
今天 是 他 的 生日。

오늘은 그의 생일이야.

단어 今天 jīntiān 명 오늘 | 生日 shēngrì 명 생일

해설 '今天是他的生日'에서 오늘이 그의 생일이라고 했으므로 케이크를 사려고 한다는 문장 '我要买一个蛋糕'가 오는 것이 어울린다.

정답 A

055

Jīntiān shì xīngqīliù, mǎi dōngxi de rén
今天 是 星期六， 买 东西 的 人
hěn duō.
很 多。

오늘은 토요일이어서 물건을 사는 사람들이 아주 많아.

단어 星期六 xīngqīliù 명 토요일 | 东西 dōngxi 명 물건 | 人 rén 명 사람

해설 물건을 사는 사람들이라는 '买东西的人'과 C의 '商店'이 의미상 어울린다. '学校的对面是商店，我要去那里买手机'에서 학교 맞은편에 상점이 있는데 나는 그곳에 가서 휴대전화를 사려고 한다고 말하면 '今天是星期六，买东西的人很多(토요일이라 물건을 사는 사람들이 많다)'라고 하는 것이 의미상 어울린다.

정답 C

● 56~60번 : 주어진 문장과 어울리는 문장을 보기에서 찾아 보세요.

056-060

A 手机 里 有 很 多 朋友们 的 电话 号码。 Shǒujī li yǒu hěn duō péngyoumen de diànhuà hàomǎ. B 欢迎 您 来 到 我们 学校! Huānyíng nín lái dào wǒmen xuéxiào! C 我 的 自行车 坏 了。 Wǒ de zìxíngchē huài le. D 手表 太 贵 了, 我 不 能 买。 Shǒubiǎo tài guì le, wǒ bù néng mǎi. E 你 给 我们 介绍 一下。 Nǐ gěi wǒmen jièshào yíxià.	A 휴대전화에는 많은 친구들의 전화번호가 있다. B 우리 학교에 오신 것을 환영합니다! C 내 자전거는 고장 났어. D 손목시계가 너무 비싸서, 난 살 수가 없어. E 우리에게 소개 좀 해주세요.

단어 手机 shǒujī 명 휴대전화 | 朋友 péngyou 명 친구 | 电话号码 diànhuà hàomǎ 명 전화번호 | 欢迎 huānyíng 동 환영하다 | 来 lái 동 오다 | 到 dào 전 ~에, ~로 | 学校 xuéxiào 명 학교 | 自行车 zìxíngchē 명 자전거 | 坏 huài 동 고장나다 형 나쁘다 | 手表 shǒubiǎo 명 손목시계 | 太~了 tài~le 매우 ~하다 | 贵 guì 형 비싸다 | 给 gěi 전 ~에게 | 介绍 jièshào 동 소개하다 | 一下 yíxià 수량 동사 뒤에 쓰여 '시험 삼아 해 보다' 또는 '좀 ~하다'의 뜻을 나타냄

056

学校 的 旁边 可以 修理。　　　　학교 옆에서 수리할 수 있어.
Xuéxiào de pángbiān kěyǐ xiūlǐ.

단어 学校 xuéxiào 명 학교 | 旁边 pángbiān 명 옆, 곁 | 可以 kěyǐ 조동 ~할 수 있다 | 修理 xiūlǐ 동 수리하다

해설 '学校的旁边可以修理'의 학교 옆에서 수리할 수 있다는 말에서 물건이 고장 났음을 알 수 있다. 즉, 자전거가 고장 났다고 한 '我的自行车坏了'와 어울린다.

정답 C

057

Wǒ qùnián gěi liúxuéshēng shàngguo kǒuyǔ
我 去年 给 留学生 上过 口语
kè hé tīnglì kè.
课 和 听力 课。

나는 작년에 유학생들에게 회화와 듣기 수업을 가르친 적이 있다.

단어 去年 qùnián 몡 작년 | 留学生 liúxuéshēng 몡 유학생 | 口语 kǒuyǔ 몡 회화 | 听力 tīnglì 몡 듣기 | 课 kè 몡 수업, 강의

해설 '上过口语课和听力课'에서 회화와 듣기 수업을 가르친 적이 있다고 한 것은 선생님이 할 수 있는 말이므로 '우리 학교에 오신 것을 환영합니다'라고 한 '欢迎您来到我们学校'와 문맥상 어울린다.

정답 B

> **Tip** '给'의 다양한 의미
>
> ① 동사: ~에게 ~을 주다
>   他给我一个面包。Tā gěi wǒ yí ge miànbāo. 그는 나에게 빵 한 개를 주었다.
>   我给他一本汉语书。Wǒ gěi tā yì běn Hànyǔ shū. 나는 그에게 중국어 책 한 권을 주었다.
>
> ② 전치사: ~에게
>   你给我介绍一下吧。Nǐ gěi wǒ jièshào yíxià ba. 나에게 소개해 주세요.
>   她给我做饭。Tā gěi wǒ zuò fàn. 그녀는 나에게 밥을 해 주었다.

058

Zhè shì wǒ de péngyou, Xiǎo Lǐ. Tā shì cóng
这 是 我 的 朋友, 小 李。他 是 从
Zhōngguó lái de.
中国 来 的。

이쪽은 제 친구 샤오리예요. 그는 중국에서 왔어요.

단어 从 cóng 동 ~에서 | 中国 Zhōngguó 몡 중국

해설 '这是我的朋友, 小李。他是从中国来的'에서 '이 사람은 내 친구 샤오리예요. 그는 중국에서 왔어요'라며 친구를 소개하고 있다. 이것은 '우리에게 소개 좀 해주세요'라고 한 '你给我们介绍一下'와 어울린다.

정답 E

059

Shǒujī bú jiàn le, zěnme bàn?
手机 不 见 了，怎么 办?

휴대전화가 안 보여, 어쩌지?

단어 手机 shǒujī 명 휴대전화 | 见 jiàn 동 보이다 | 怎么办 zěnme bàn 어쩌냐?, 어떡해?

해설 '手机不见了'에서 휴대전화가 보이지 않는다고 했으며, 이는 휴대전화 속에 많은 친구들의 전화번호가 있다고 한 '手机里有很多朋友们的电话号码'와 의미상 어울린다.

정답_A

060

Zhège shǒubiǎo shì wǒ gēge sòng gěi wǒ de.
这个 手表 是 我 哥哥 送 给 我 的。

이 손목시계는 오빠가 나에게 준 거야.

단어 手表 shǒubiǎo 명 손목시계 | 哥哥 gēge 명 형, 오빠 | 送 sòng 동 ~에게 ~를 주다

해설 '这个手表是我哥哥送给我的'에서 이 손목시계는 오빠가 나에게 준 것이라고 했으며, 손목시계가 비싸서 난 살 수 없다고 한 '手表太贵了，我不能买'와 문맥상 연결이 된다.

정답_D